## 出るとこだけ!
# 乙種第4類
# 危険物取扱者
## 頻出200問

# contents

危険物取扱者（乙種第四類）試験の概要 ...... 4
消防試験研究センター都道府県連絡先 ...... 6

## PART 1 基礎的な物理学及び基礎的な化学

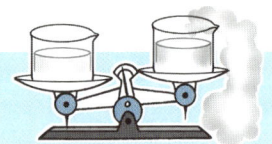

### Section 1〜10

1 物質の状態変化 ...... 8
2 熱量と比熱 ...... 14
3 静電気 ...... 20
4 燃焼の仕方 ...... 28
5 引火点と発火点 ...... 34
6 自然発火・粉じん爆発 ...... 40
7 消火の三要素 ...... 46
8 物質の変化と種類 ...... 52
9 酸・塩基・中和 ...... 58
10 元素の分類と有機化合物 ...... 64

## PART 2 危険物の性質並びにその火災予防及び消火の方法

### Section 11〜20

11 危険物の類ごとの性状 ...... 72
12 第四類危険物の特性 ...... 78
13 第一石油類① ...... 84
14 第一石油類② ...... 90
15 第二石油類 ...... 96
16 第三・第四石油類、動植物油類 ...... 102
17 特殊引火物とアルコール類 ...... 108
18 共通する火災予防の方法 ...... 114
19 共通する消火の方法 ...... 120
20 第四類危険物の事故事例と対策 ...... 126

● contents ●

## PART 3 危険物に関する法令

**Section 21〜35**

- **21** 消防法上の危険物 ……… 136
- **22** 指定数量と倍数の計算 ……… 142
- **23** 危険物規制及び製造所等の区分 ……… 148
- **24** 各種申請手続きと届出 ……… 154
- **25** 危険物取扱者制度と保安講習 ……… 160
- **26** 危険物取扱者免状の交付・書換え ……… 166
- **27** 危険物保安監督者ほか ……… 172
- **28** 予防規程 ……… 178
- **29** 定期点検 ……… 184
- **30** 保安距離・保有空地 ……… 190
- **31** 各製造所等の基準と標識・掲示板 ……… 196
- **32** 消火設備と警報設備 ……… 206
- **33** 貯蔵・取扱いの基準 ……… 212
- **34** 運搬と移送の基準 ……… 218
- **35** 行政命令 ……… 224

| 合格アドバイス ……… 70, 134 |
| --- |
| 資料集 ……… 230 |

- ◆ 燃焼の仕方／物質の危険性と燃焼の難易／自然発火のときの発熱の種類 … 230
- ◆ 消防法別表第一に定める危険物の種類と指定数量 … 231
- ◆ 主な第四類危険物の性状等比較表 … 232
- ◆ 製造所等 … 233
- ◆ 製造所等に義務づけられる事項／危険物保安監督者・危険物施設保安員・危険物保安統括管理者 … 234
- ◆ 火災の区別／消火設備の区分／消火器の区分 … 235
- ◆ 各種消火設備（政令別表第五） … 236
- ◆ 各種の法則 … 237
- ◆ 元素の周期表 … 238

編集協力・DTP：有限会社清流書房

# 危険物取扱者（乙種第四類）試験の概要

## 1 乙種危険物取扱者とは

国家試験である乙種危険物取扱者試験に合格し、都道府県知事から免状の交付を受けている者をいいます。免状の交付を受けると、消防法で定められている危険物を取扱えるほか、保安の監督及び定期点検が行えるようになります。

## 2 試験の実施機関と申請について

危険物取扱者の資格取得試験は消防試験研究センターが都道府県別に実施しています。
受験願書の提出先や試験の実施場所・日時等は都道府県によって異なるので、各支部（➡P.6）に問い合わせるか、下記ホームページ（HP）で確認しましょう。

- 申請に必要な書類
- 手数料と納入方法
- 結果の発表
- 免状交付申請

これらは変わる場合があるので消防試験研究センターのHP等で必ず確認しようね

消防試験研究センター　https://www.shoubo-shiken.or.jp

合格までの流れは次のとおりです。

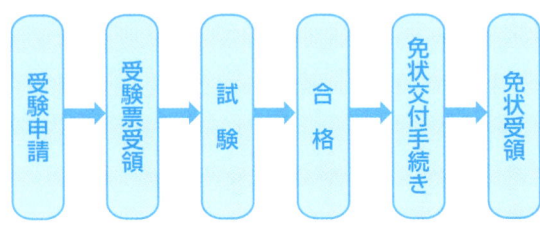

受験申請 → 受験票受領 → 試験 → 合格 → 免状交付手続き → 免状受領

## 3 試験内容

| 試験科目（問題数） | 試験時間 | 解答の形式 | 合格基準 |
|---|---|---|---|
| ①危険物に関する法令（15問）<br>②基礎的な物理学及び基礎的な化学（10問）<br>③危険物の性質並びにその火災予防及び消火の方法（10問） | 2時間 | 5肢択一式 | 3科目それぞれ6割の正解<br>※①～③のうち6割に満たない科目が一つでもあると、ほかの科目が満点でも不合格となる |

## 4 受験願書の提出方法

①受験願書等を入手し、受験申請に必要な書類を作成する。
②専用封筒に入れ、受付期間内に消防試験研究センターへ郵送又は持参する。
- 特定記録(締切当日の消印有効)で郵送します。

③受験票は試験日の約1週間前までに送られてくる。
※消防試験研究センターのHPから電子申請も可能です。

受験願書は、各地の消防署にも置いてあります

## 5 受験申請に必要な書類

①受験願書
②郵便振替払込受付証明書
③他の類の危険物取扱者免状の交付を受けている者は、その免状の写し
④写真(受験票に貼付し試験日に持参する)
- 受験願書提出前6ヶ月以内に撮影した無帽・無背景・正面上三分身像。
- 縦4.5cm×横3.5cmの大きさで枠なし。
- 裏面に氏名、年齢、撮影年月日を記入する。

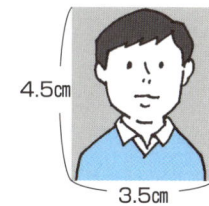

## 6 受験手数料と納入方法

乙種第四類危険物取扱者試験の手数料は所定の振込用紙で振り込み、郵便振替払込受付証明書(受験願書添付用)を受験願書に貼付します。
なお本人用の受領書では受け付けてもらえません。

## 7 試験結果の発表と合格者の免状交付申請について

①合格発表日は都道府県によって異なる。
- 消防試験研究センターのHPで確認しましょう。

②免状交付申請の手続きは合格発表後に引続いて行われる(免状交付手数料が必要)。
③免状の交付は、指定日(約2週間後)に各消防試験研究センターで行われる。

免状交付申請時に郵送手続きを行えば、郵送での受領もできます

# 消防試験研究センター都道府県連絡先

試験の内容については、各県の消防試験研究センターに問い合わせよう。

※所在地等は変わる場合があります。

| 名　称 | 郵便番号 | 所　在　地 | 電話番号 |
|---|---|---|---|
| 本　　部 | 100-0013 | 東京都千代田区霞が関 1-4-2 大同生命霞が関ビル 19 階 | 03-3597-0220 |
| 北海道支部 | 060-8603 | 札幌市中央区北 5 条西 6-2-2 札幌センタービル 12 階 | 011-205-5371 |
| 青森県支部 | 030-0861 | 青森市長島 2-1-5 みどりやビルディング 4 階 | 017-722-1902 |
| 岩手県支部 | 020-0015 | 盛岡市本町通 1-9-14 MEZY 本町通ビル 5 階 | 019-654-7006 |
| 宮城県支部 | 981-8577 | 仙台市青葉区堤通雨宮町 4-17 県仙台合同庁舎 5 階 | 022-276-4840 |
| 秋田県支部 | 010-0001 | 秋田市中通 6-7-9 秋田県畜産会館 6 階 | 018-836-5673 |
| 山形県支部 | 990-0041 | 山形市緑町 1-9-30 緑町会館 6 階 | 023-631-0761 |
| 福島県支部 | 960-8043 | 福島市中町 4-20 エスケー中町ビル 2 階 | 024-524-1474 |
| 茨城県支部 | 310-0852 | 水戸市笠原町 978-25 茨城県開発公社ビル 4 階 | 029-301-1150 |
| 栃木県支部 | 320-0032 | 宇都宮市昭和 1-2-16 県自治会館 1 階 | 028-624-1022 |
| 群馬県支部 | 371-0854 | 前橋市大渡町 1-10-7 群馬県公社総合ビル 5 階 | 027-280-6123 |
| 埼玉県支部 | 330-0062 | さいたま市浦和区仲町 2-13-8 ほまれ会館 2 階 | 048-832-0747 |
| 千葉県支部 | 260-0843 | 千葉市中央区末広 2-14-1 ワクボビル 3 階 | 043-268-0381 |
| 中央試験センター | 151-0072 | 東京都渋谷区幡ヶ谷 1-13-20 | 03-3460-7798 |
| 神奈川県支部 | 231-0015 | 横浜市中区尾上町 5-80 神奈川中小企業センタービル 7 階 | 045-633-5051 |
| 新潟県支部 | 950-0965 | 新潟市中央区新光町 10-3 技術士センタービルⅡ7 階 | 025-285-7774 |
| 富山県支部 | 939-8201 | 富山市花園町 4-5-20 富山県防災センター 2 階 | 076-491-5565 |
| 石川県支部 | 920-0901 | 金沢市彦三町 2-5-27 名鉄北陸開発ビル 7 階 | 076-264-4884 |
| 福井県支部 | 910-0003 | 福井市松本 3-16-10 福井県福井合同庁舎 5 階 | 0776-21-7090 |
| 山梨県支部 | 400-0026 | 甲府市塩部 2-2-15 湯村自動車学校内 | 055-253-0099 |
| 長野県支部 | 380-0837 | 長野市大字南長野字幅下 667-6 長野県土木センター 1 階 | 026-232-0871 |
| 岐阜県支部 | 500-8384 | 岐阜市薮田南 1-5-1 第 2 松波ビル 1 階 | 058-274-3210 |
| 静岡県支部 | 420-0031 | 静岡市葵区常磐町 1-4-11 杉徳ビル 4 階 | 054-271-7140 |
| 愛知県支部 | 453-0016 | 名古屋市中村区竹橋町 36-31 2 階 | 052-433-7707 |
| 三重県支部 | 514-0002 | 津市島崎町 314 島崎会館 1 階 | 059-226-8930 |
| 滋賀県支部 | 520-0806 | 大津市打出浜 2-1 コラボしが 21 4 階 | 077-525-2977 |
| 京都府支部 | 602-8054 | 京都市上京区出水通油小路東入了子風呂町 104-2 京都府西別館 3 階 | 075-411-0095 |
| 大阪府支部 | 540-0012 | 大阪市中央区谷町 1-5-4 近畿税理士会館・大同生命ビル 6 階 | 06-6941-8430 |
| 兵庫県支部 | 650-0024 | 神戸市中央区海岸通 3 シップ神戸海岸ビル 14 階 | 078-385-5799 |
| 奈良県支部 | 630-8115 | 奈良市大宮町 5-2-11 奈良大宮ビル 5 階 | 0742-32-5119 |
| 和歌山県支部 | 640-8137 | 和歌山市吹上 2-1-22 日赤会館 6 階 | 073-425-3369 |
| 鳥取県支部 | 680-0011 | 鳥取市東町 1-271 鳥取県庁第 2 庁舎 8 階 | 0857-26-8389 |
| 島根県支部 | 690-0886 | 松江市母衣町 55 島根県林業会館 2 階 | 0852-27-5819 |
| 岡山県支部 | 700-0824 | 岡山市北区内山下 2-11-16 小山ビル 4 階 | 086-227-1530 |
| 広島県支部 | 730-0013 | 広島市中区八丁堀 14-4 JEI 広島八丁堀ビル 9 階 | 082-223-7474 |
| 山口県支部 | 753-0072 | 山口市大手町 7-4 KRY ビル 5 階（県庁前） | 083-924-8679 |
| 徳島県支部 | 770-0943 | 徳島市中昭和町 1-3 山一興業ビル 4 階 | 088-652-1199 |
| 香川県支部 | 760-0066 | 高松市福岡町 2-2-2 香川県産業会館 4 階 | 087-823-2881 |
| 愛媛県支部 | 790-0011 | 松山市千舟町 4-5-4 松山千舟 454 ビル 5 階 | 089-932-8808 |
| 高知県支部 | 780-0823 | 高知市菜園場町 1-21 四国総合ビル 4 階 401 号 | 088-882-8286 |
| 福岡県支部 | 812-0034 | 福岡市博多区下呉服町 1-15 ふくおか石油会館 3 階 | 092-282-2421 |
| 佐賀県支部 | 840-0826 | 佐賀市白山 2-1-12 佐賀商工ビル 4 階 | 0952-22-5602 |
| 長崎県支部 | 850-0032 | 長崎市興善町 6-5 興善町イーストビル 5 階 | 095-822-5999 |
| 熊本県支部 | 862-0976 | 熊本市中央区九品寺 1-11-4 熊本県教育会館 4 階 | 096-364-5005 |
| 大分県支部 | 870-0034 | 大分市都町 1-2-19 大分都町第一生命ビルディング 5 階 | 097-537-0427 |
| 宮崎県支部 | 880-0805 | 宮崎市橘通東 2-7-18 大淀開発ビル 4 階 | 0985-22-0239 |
| 鹿児島県支部 | 890-0064 | 鹿児島市鴨池新町 6-6 鴨池南国ビル 3 階 | 099-213-4577 |
| 沖縄県支部 | 900-0029 | 那覇市旭町 116-37 自治会館 6 階 | 098-941-5201 |

# PART 1

# 基礎的な物理学及び基礎的な化学

Section **1〜10**

# Section 1 物質の状態変化

## 1 物質の三態と状態変化

### ①物質の三態

物質の三態とは、物質を取りまく条件（温度·圧力）の変化により、**固体**·**液体**·**気体**と状態が変わること。三態の間の物理変化を**状態変化**という。

水の場合、容器に入れた水（液体）を冷凍庫で冷やすと氷（固体）になり、ガスコンロで熱を加えると水蒸気（気体）になる。

ドライアイスや
ナフタリンが
いつのまにか
消えちゃうのは
昇華です

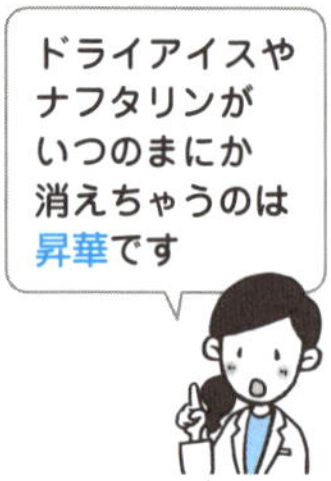

| 三態 | 粒子運動 | 熱運動 | 例 |
|---|---|---|---|
| 固体 | 規則的に集まっている | 弱い | 氷 |
| 液体 | 不規則に集まっている | やや盛ん | 水 |
| 気体 | 自由に運動している | 非常に盛ん | 水蒸気 |

状態変化には、**融解**·**凝固**·**昇華**·**蒸発（気化）**·**凝縮（液化）**がある。

〈水の場合〉

水蒸気
100℃
水
氷
0℃

気 体
⇄：熱の移動
昇華
昇華
蒸発
凝縮
融解
凝固
固 体
液 体

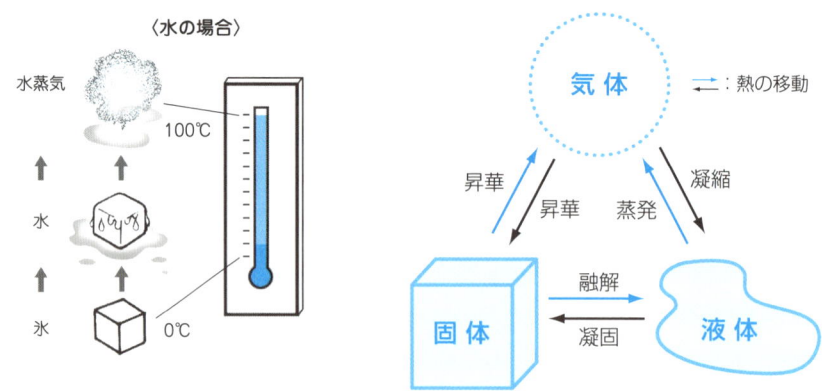

### ②潮解と風解

固体物質が空気中の水分を吸収して溶解する現象を**潮解**といい、結晶水を含んだ物質を空気中に放置すると、結晶水の一部又はすべてを失う現象を**風解**という。こうした性質を持つ危険物を保管するときは、特に注意が必要である。

| 潮解性のある危険物 | 風解性のある危険物 |
|---|---|
| ●塩素酸ナトリウム<br>●過塩素酸ナトリウム<br>●三酸化クロム　など | ●結晶炭酸ナトリウム<br>●結晶硫酸ナトリウム　など |

## 2 密度と比重

密度とは、物質1cm³（単位体積）当たりの質量のことで、固体・液体の単位はg/cm³、気体の単位はg/ℓである。
比重とは、物質の質量（密度）と同じ体積の標準物質の質量（密度）との比のことで、単位はない。気体の比重は分子量の大きいものほど大きくなる。

| 状態 | 標準物質 | 例 |
|---|---|---|
| 固体 | 1気圧・4℃のときの純水の密度1.00g/cm³ | 液比重という。比重が1より小さいときは水より軽く、1より大きいときは水より重く水に沈む |
| 液体 | | |
| 気体 | 1気圧・0℃（標準状態）のときの空気1ℓの重さ約1.293g | 蒸気比重という。ガソリンの蒸気比重は3～4であるが、これは、空気の3～4倍の重さであることを示す |

## 3 圧 力

圧力とは、単位面積当たりにはたらく力のこと。単位は、慣用的にはatm、国際単位ではPa（パスカル）を用いる。

　　1気圧 ＝ 1atm ≒ 1013hPa（ヘクトパスカル）

- ボイルの法則　温度が一定であれば、気体の体積は圧力に反比例する。体積 × 圧力 の値は常に一定
- パスカルの原理　密閉した容器の中で静止している液体の一部の圧力を、ある大きさだけ増加させると、液体内すべての点の圧力もそれと等しい大きさだけ増加する

## 4 沸騰と沸点

沸騰とは、一定の圧力のもとで液体を加熱したとき、液体の表面及び内部からも激しく蒸発が起こり、気泡が発生する現象をいう。
沸騰するときの温度を沸点といい、液体の蒸気圧（飽和蒸気圧）と外圧（外界の圧力）は等しい状態である。沸点は外圧の大小により変化し、外圧が大きくなると沸点は高くなり、外圧が小さくなると沸点は低くなる。
また、不純物（不揮発性物質）を溶かした水溶液の沸点は、水の沸点（100℃）より高くなる。

> 山などの高地では96℃で水が沸騰することもあるらしい

## 練習問題

**よく出る**

### 問1 物質の状態変化について、誤っているものは次のうちどれか。

1 固体のナフタリンやドライアイスが、直接気体になることを昇華という。
2 気体から液体になることを凝縮という。
3 液体が気体になることを蒸発という。
4 0℃の氷と水が存在するのは蒸発熱のためである。
5 固体から液体になることを融解という。

### 問2 比重についての説明として、誤っているものは次のうちどれか。

1 水の比重は0℃のときが最も大きい。
2 氷の比重は1より小さい。
3 第四類の危険物の蒸気比重は、一般に1より大きい。
4 物質の蒸気比重は分子量の大きいものほど大きい。
5 軽油が水に浮かぶのは、軽油が水に不溶で、かつ比重が1より小さいためである。

### 問3 沸点と蒸気圧について、正しいものは次のうちどれか。

1 沸点は加圧すると低くなり減圧すると高くなる。
2 液表面から蒸発（気化）が激しく起こり始めた状態を沸騰という。
3 1気圧下のすべての液体は、液温が100℃になると沸騰する。
4 不揮発性物質が溶けこんでも沸点は変化しない。
5 液体の飽和蒸気圧と外圧が等しくなるときの液体の温度を沸点という。

**問4** 潮解と風解について、誤っているものは次のうちどれか。
1 潮解とは、固体が空気中の水分を吸収し、溶解する現象をいう。
2 風解とは、空気中に放置しておくことで結晶水の一部又は全部を失う現象をいう。
3 危険物に含まれる潮解物質はすべて第一類の物質である。
4 潮解性及び風解性を有する物質は密封保管をする必要がある。
5 潮解性はニトロベンゼンにはなく、塩素酸ナトリウムにはある。

**問5** 温度が一定条件下において、3.0気圧で15ℓの気体を容器に入れたところ、内部の圧力が5.0気圧となった。この容器の容積として、正しいものは次のうちどれか。
1 3ℓ
2 5ℓ
3 9ℓ
4 12ℓ
5 25ℓ

**問6** 空気の成分が体積で酸素：窒素 = 1：4のとき、空気の平均分子量（見かけの分子量）として正しいものは次のうちどれか。ただし、原子量はO = 16、N = 14とする。
1 14　　2 18　　3 22　　4 29　　5 30

**問7** 次の気体のうち、最も比重の大きいものはどれか。ただし、原子量はC = 12、H = 1、O = 16とする。
1 水素（$H_2$）
2 エタノール（蒸気）（$C_2H_5OH$）
3 一酸化炭素（$CO$）
4 二酸化炭素（$CO_2$）
5 アセチレン（$C_2H_2$）

**練習問題 正解 と 解説**

**問1  4**  ○P.8 **1**

1 ○ 固体から液体の状態を経ずに気体に直接なること、又は気体が液体の状態を経ずに固体に直接なることを昇華という。昇華する物質例にナフタリンやドライアイスがある。
2 ○ 気体から液体になることを凝縮（液化）といい、液体から固体になることは凝固という。
3 ○ 液体が気体になることを蒸発又は気化といい、蒸発熱や気化熱（吸熱）が関係する。
4 × 0℃の氷と水が存在するのは融解熱と凝固熱とが等しく、温度変化をもたらさない潜熱のためである。
5 ○ 固体から液体に変わることを融解といい、融解熱（吸熱）が関係する。

**問2  1**  ○P.9 **2**

1 × 水の比重は0℃のとき0.99987で、4℃のとき1.00000である。
2 ○ 氷（0℃）の比重は0.917であり、1より小さい。
3 ○ 第四類危険物の蒸気比重は、一般に1より大きいため空気より重く、低所に滞留する。
4 ○ 物質の蒸気比重は、分子量の大きいものほど大きくなる。
5 ○ 軽油の比重は0.85程度で、水に不溶であるため水に浮かぶ。

**問3  5**  ○P.9 **4**

1 × 沸点は外圧の大小により変化する。外圧が高くなれば（加圧すれば）高くなり、外圧が低くなれば（減圧すれば）低くなる。
2 × 液表面ばかりでなく、液内部からも気化が激しく起こり気泡を発生し始めた状態を沸騰という。
3 × 純粋な物質は、一定圧力のもとでそれぞれ一定の沸点を持っており、すべての液体が1気圧下、100℃になると沸騰するわけではない。
4 × 不揮発性物質が溶けこむと沸点は変化し、不揮発性物質を溶かした水溶液の沸点は水の沸点（100℃）より高くなる。
5 ○ 沸点とは、液体の飽和蒸気圧が外界の圧力（外圧）と等しくなる液温をいう。

1 ● 物質の状態変化

**問4** **3** ➡P.8 **1**

1 ○ 固体物質が空気中の水蒸気を吸収することにより溶解する。
2 ○ 空気中に放置しておくと、結晶水の一部又は全部を徐々に失って粉末になる現象を風解という。
3 × ヒドロキシルアミンは第五類であるため、すべて第一類とはいえない。
4 ○ 潮解性や風解性を有する物質は瓶や缶に密封し、暗所に保管する。
5 ○ ニトロベンゼン(第四類・第三石油類)には、潮解性はない。塩素酸ナトリウムは潮解性物質である。

**問5** **3** ➡P.9 **3**

温度が一定なのでボイルの法則を利用すると、$P_1V_1 = P_2V_2$ より
$P_1 = 3.0$(気圧)、$V_1 = 15$(ℓ)、$P_2 = 5.0$(気圧)なので
$3.0 \times 15 = 5.0 \times V_2$、
$V_2 = \dfrac{3.0 \times 15}{5.0} = 9.0$(ℓ)となる。したがって、3が正解である。

**問6** **4** ➡P.9 **2**

空気の平均分子量は、(酸素の分子量 × 割合) + (窒素の分子量 × 割合)で求められる。

$(16 \times 2 \times \dfrac{1}{5}) + (14 \times 2 \times \dfrac{4}{5}) = 6.4 + 22.4 = 28.8 ≒ 29$

したがって、4が正解である。

**問7** **2** ➡P.9 **2**

気体の比重は分子量に比例するので、1~5の物質の分子量を求める。

1 $H_2$ ……… $1 \times 2 = 2$
2 $C_2H_5OH$ …… $12 \times 2 + 1 \times 5 + 16 \times 1 + 1 \times 1 = 46$
3 $CO$ ………… $12 \times 1 + 16 \times 1 = 28$
4 $CO_2$ ………… $12 \times 1 + 16 \times 2 = 44$
5 $C_2H_2$ ………… $12 \times 2 + 1 \times 2 = 26$

したがって、2が正解である。

# Section 2 熱量と比熱

## 1 温度

温度とは、物質が温かいか冷たいかの度合を表す物理的な尺度のことで、温度によって物質が変化することを利用して測ることができる。
セ氏温度、華氏温度、絶対温度があり、絶対温度の単位はケルビン（K）で、セ氏温度の0℃は絶対温度の273Kに等しい。

絶対温度（K）＝ セ氏温度（℃）＋ 273

> セ氏温度は、1気圧での氷の融点（0℃）と水の沸点（100℃）の間を100等分したものです。
> 華氏温度はアメリカやイギリスで使われていて、水の凝固点を32°F、沸点を212°Fとしています

## 2 熱量と熱量計算

熱量とは、物質の持つ分子の運動エネルギーのことで、熱量の単位には国際単位としてのジュール（J）と、従来計量単位のカロリー（cal）がある。
純粋な水1gの温度を14.5℃から15.5℃まで1℃上昇させるのに必要な熱量を1calと定め、1cal＝4.186Jである。
物質に一定量の熱を与えても、物質の種類や量によって温度の上昇の仕方は異なり、ある物質の温度を1℃上昇させるのに必要な熱量を熱容量（単位はJ/℃又はJ/K）という。質量1gの物質の熱容量のことを比熱といい、これらには次の関係がある。

熱容量 ＝ 比熱 × 質量
熱　量 ＝ 比熱 × 質量 × 温度差 ＝ 熱容量 × 温度差

> 比熱の大きい物体は、温まりにくく冷めにくいの

◆熱量の計算式

> **問題** 15℃、100gの液体に2.0kJの熱量を加えた。このときの液体の温度は何℃になるか計算せよ。ただし、比熱は2.0J/(g・K)とする。
>
> **解答・解説**
> 熱量を加えた後の液体の温度を $x$（℃）とすると
> 　熱量Q（J）＝ 熱容量C（J/℃）× 温度差（℃）
> 　＝ 比熱c（J/(g・℃)）× ある物質の質量m（g）× 温度差（℃）より
> 　2.0kJ × 1000 ＝ 2.0J/(g・K) × 100（g）×（$x$℃ − 15℃）
> これを解くと、$x$ ＝ 25℃

上の公式に当てはめただけ…

## 3 熱の移動と熱膨張

### ①熱の移動

熱の移動の仕方には、**伝導・対流・放射（ふく射）**がある。

| 伝導 | 対流 | 放射（ふく射） |
|---|---|---|
| 熱の高い所から低い所へ、隣り合う物質に次々に熱が伝わっていく現象。**熱伝導率**の大小は燃焼の仕方に関係がある | 液体や気体の一部が、温められ膨張して軽くなり、移動して熱を伝える現象 | 温められた物体が放射熱（ふく射熱）を出し、他の物体に熱を与える現象 |

熱が伝導する度合を**熱伝導率**といい、物質の熱伝導率が**大きい**ほど、熱を**伝えやすく**なる。可燃性物質の場合には、熱伝導率が小さいほど燃焼しやすい。

◆**熱伝導率**

- 熱伝導率が大きい → 物質が熱を伝えやすい・燃焼しにくい
- 熱伝導率の大小 → 熱伝導率は、固体は液体より、金属は非金属より、それぞれ大きい

　大　　金属　＞　非金属（固体　＞　液体　＞　気体）　　小
　（良導体）　　　　　　　　　　　　　　　　　　　　　　（不良導体）

### ②熱膨張

物質を加熱すると体積が増えることを**熱膨張**という。

気体では、温度が1℃上がるごとに**体積が273分の1**ずつ膨張する。

また、液体の熱膨張率は固体より大きいため、液体の危険物を保管するときは、容器に**空間容積**を多くとらないと危険である。

たとえば、10℃で3,000ℓのガソリン（体膨張率は0.00135）が30℃になると体積が何ℓ増えるかを計算すると

　**膨張したときに増える体積 ＝ 元の体積 × 温度差 × 体膨張率**　より
　3,000ℓ ×（30℃ − 10℃）× 0.00135 ＝ 81ℓ

この状態でガソリンは、体積が81ℓ増えることになる。

## 練習問題

**問1** 質量をm (g)、比熱をc (J/(g・℃)) とする物質の熱容量Cを表す式は次のうちどれか。

1　$C = c \times m$
2　$C = c \times m^2$
3　$C = c^2 \times m$
4　$C = \dfrac{c}{m}$
5　$C = \dfrac{c^2}{m}$

**問2** 比熱が2.0J/(g・K)の液体100gの温度を、15℃から25℃まで上昇させるのに必要な熱量は次のうちどれか。

1　2kJ
2　4kJ
3　8kJ
4　16kJ
5　20kJ

**問3** 熱に関する一般的な説明として、正しいものは次のうちどれか。

1　気体の体積は、一定の圧力で温度が1℃上昇すると約273分の1収縮する。
2　体膨張率は、固体が最も大きく、気体が最も小さい。
3　比熱の大きい物質は、温まりにくく冷めにくい。
4　熱伝導率の小さい物質は、熱を伝えやすい。
5　物質1gが液体から気体に変化するのに必要な熱量を、比熱という。

### 問4 熱の伝わり方で、誤っているものは次のうちどれか。

1 ストーブから離れているにもかかわらず、面している部分が温まったのは、放射熱によるものである。
2 浴槽の湯を混ぜずに入ったら下の方が冷たかったのは、熱の伝導によるものである。
3 鉄の火箸で熱い炭をつかむと手が温かくなるのは、熱の伝導によるものである。
4 暖房装置で温められた空気により室内が暖かくなるのは、熱の対流によるものである。
5 日光が当たっている場所の温度が上がるのは、放射熱によるものである。

### 問5 液体の危険物を保管するときに、容器に空間容積を必要とする理由として最も関係があるものは次のうちどれか。

1 容器をつくる物質の体膨張による破損を防ぐため。
2 容器内の液体の体膨張による容器の破損を防ぐため。
3 移動で持ち運ぶときに軽くするため。
4 空間が少ないと急激な温度変化を起こすため。
5 容器内の液体の変質を防ぐため。

**よく出る**

### 問6 液温10℃で内容積2,000ℓのタンク内を満たしているガソリンを30℃まで上昇させた場合、タンク外に流出する量として正しいものは次のうちどれか。ただし、ガソリンの体膨張率は0.00135K$^{-1}$とし、タンクの膨張及びガソリンの蒸発は考えないものとする。

1 5.40ℓ
2 13.5ℓ
3 27.0ℓ
4 54.0ℓ
5 81.0ℓ

## 練習問題 正解 と 解説

### 問1　1　→P.14 2

物質の温度を1℃上昇させるのに必要な熱量をその物質の熱容量という。
1　○　質量m（g）の物体の比熱をc（J/(g・℃)）とすると、熱容量Cは、c × m と表せる。
2　×　熱容量を表す式では質量mを2乗しない。
3　×　熱容量を表す式では比熱cを2乗しない。
4　×　熱容量を表す式では比熱cを質量mで除算しない。
5　×　熱容量を表す式では比熱cを2乗したものを質量mで除算しない。

### 問2　1　→P.14 2

この物質に出入りする熱量をQ（J）とすると、質量m（g）の物質の温度がΔt（℃）だけ変化するとき、

　$Q = C \times \Delta t = c \times m \times \Delta t$

　　C；熱容量（J/℃又はJ/K）、Δt；温度変化（℃）
　　c；比熱（J/(g・℃)又はJ/(g・K)）、m；質量（g）

と表せる。
問題より、c = 2.0J/(g・K)、m = 100g、Δt =（25−15）℃ であるから
　$Q = 2.0 \times 100 \times (25-15) = 2000J = 2.0kJ$　（1000J = 1kJ）
したがって、1が正解である。

### 問3　3　→P.14 2

1　×　気体の体積は、一定の圧力で温度が1℃上昇すると約273分の1膨張する。
2　×　体膨張率は、固体が最も小さく、気体が最も大きい。
3　○　比熱の大きい物質は、温まりにくく冷めにくい。
4　×　熱伝導率の大きい物質は熱を伝えやすい。
5　×　比熱とは、物質1gを1℃（又は1K）上げるのに必要な熱量をいう。

## 問4  2  → P.15 ③

1 ○ 熱せられたストーブが、面している部分に熱を与えることを放射といい、このときの熱を放射熱（ふく射熱）という。
2 × 浴槽の湯を混ぜずに入ったら下の方が冷たかったのは、熱の伝導ではなく、対流によるものである。
3 ○ 鉄の火箸で熱い炭をつかむと手が温かくなるのは、熱の伝導によるものである。
4 ○ 暖房器具により室内の空気が温められ、温度差によって室内の空気が移動し暖かくなるのは、熱の対流によるものである。
5 ○ 太陽熱は放射熱によってのみ伝わる。そのため、日光が当たっている場所の温度が上がるのは、放射熱によるものである。

## 問5  2  → P.15 ③

1 × 容器に空間容積を必要とする理由として、容器自体の体膨張による破損はさほど考えない。
2 ○ 容器自体の体膨張より容器に収納されている物質の体膨張が大きい場合、十分な空間容積がないと容器の破損が起こる。
3 × 持ち運びを軽くする理由はない。
4 × 適正な温度管理をしていない限り、空間を多くしても急激な温度変化は防げない。
5 × 適正な保存方法をしていない限り、空間を多くしても収納されている物質の変質は防げない。

## 問6  4  → P.15 ③

30℃のときのガソリンの体積を$V$とすると、$V = V_0 \times (1 + \alpha t)$
　$V_0 = 2,000\ell$（もとの体積）、$\alpha = 0.00135 K^{-1}$（ガソリンの体膨張率）
　$t = \{(273 + 30) - (273 + 10)\} = 20K$（温度差）を代入すると
$V = 2000 \times (1 + 0.00135 \times 20) = 2054$
したがって、ガソリンの体積は30℃では2,054ℓになる。
タンク外に流出する量を求めればよいので、2054 − 2000 = 54ℓ
よって、タンク外に流出するガソリンは4の54.0ℓである。

# Section 3 静電気

## 1 静電気の発生

静電気は摩擦電気ともいわれ、物体どうしの摩擦によって、電気的に絶縁された2つの異なる物質が接触して離れるときに、片方に正電荷（＋）が、他方に負電荷（－）が帯電することで発生する。発生する正電荷と負電荷は、接触する物質の組合せによって変化する。

◆帯電列

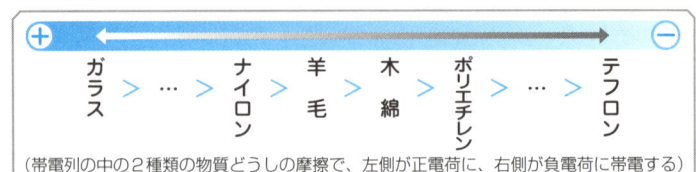

（帯電列の中の2種類の物質どうしの摩擦で、左側が正電荷に、右側が負電荷に帯電する）

第四類の石油類は、流動や動揺によって静電気が発生しやすい。ガソリンや灯油等の引火性液体が給油ホース内を流れるときに発生することもある。
引火性液体を取扱う場所等では、静電気放電（静電気火花）が点火源になる危険性が大きいため、静電気への対策と注意が必要となる。
静電気の放電エネルギーは次の式で求められる。

◆静電気の放電エネルギー E（J）

$$\text{放電エネルギー E (J)} = \frac{1}{2} \times \text{帯電量 (Q)} \times \text{電圧 (V)}$$

帯電量が同じでも、放電エネルギーは電圧が大きくなるほど大きくなる。
静電気には次の特徴もある。
　①物質の絶縁抵抗（電気絶縁性）が大きいものほど大きい
　②乾燥している場所で発生しやすい
　③人体にも帯電する

◆摩擦以外で静電気が発生する原因

| 接触帯電 | 2つの物質の接触後、分離させるときに電荷が現れる現象 |
|---|---|
| 流動帯電 | 管や容器の中を液体が流動するときに電気を帯びる現象 |
| 沈降帯電 | 液体の中を他の液体や固体が沈むときに電気を帯びる現象 |
| 破砕帯電 | 固体を破砕するときに静電気が発生する現象 |
| 噴出帯電 | 高速で流した液体がノズルなどから噴出するときに電気を帯びる現象 |
| 誘導帯電 | 帯電している物体の近くに置かれた他の物質が、二次的に電気を帯びる現象 |

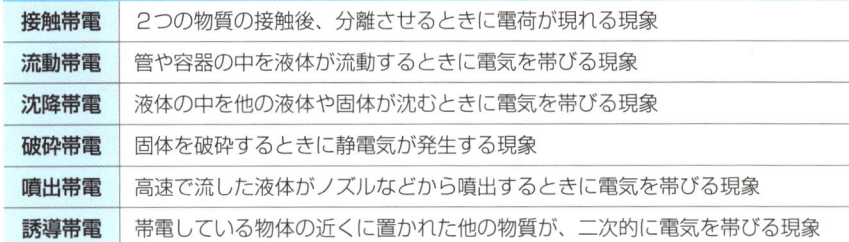

## 2 静電気の災害防止

### ①静電気が蓄積する理由
→ 静電気の発生速度が漏えい速度に比べ著しく大きいため。

### ②静電気による災害を防ぐ方法

| 静電気を<br>発生させない |  | 静電気の発生速度を<br>低くし、<br>蓄積させない<br>ようにする |  | 発生した静電気を<br>意図的に<br>放電又は中和させる |

### ③災害防止の具体例

**発生を少なくする方法**

- 摩擦を減らす
- 接触する2種類の物質を工夫する(抑制効果)
- 導電性材料を使用する
- 給油などのとき、流速を制限する
- 除電剤を使用する

**蓄積させない方法**

- 室内の湿度を75%以上に保つ
 (湿度を上げ、物体表面の水分を通して漏えいさせる)
- 帯電防止(除電)服や帯電防止(除電)靴を着用する
- 接地(アース)をして、静電気を除去する
- 室内の空気をイオン化して静電気を除去する
- 静置するなど、緩和時間をおいて放電中和する

帯電量が多くなると、条件によっては放電火花が発生するため危険!

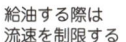
給油する際は
流速を制限する

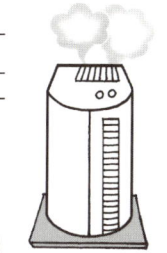
加湿器で湿度を
75%以上に保つ

除電服と除電靴で
帯電を防ぐ

接地(アース)をする

静電気が点火源になって火災が起きたときは、燃焼物に合った消火方法で消火するように

# 練習問題

**問1** 静電気について、誤っているものは次のうちどれか。
1 電気の不良導体を摩擦すると、静電気が発生する。
2 静電気は人体にも帯電する。
3 静電気の放電火花は可燃性蒸気の点火源になる。
4 静電気が蓄積すると放電火花を発生することがあり、危険である。
5 静電気による火災では、すべて水による注水消火を行う。

よく出る
**問2** 静電気について、正しいものは次のうちどれか。
1 帯電した物体の放電エネルギーの大きさは、可燃性ガスの着火に影響しない。
2 静電気が蓄積した物質は発熱し、蒸発しやすくなる。
3 静電気の蓄積を防ぐには、電気絶縁性の高いものを用いる。
4 一般に静電気は、異なる2つの物質の摩擦により発生する。
5 物質に帯電した静電気は、すべて物質に蓄積される。

**問3** 静電気に関するA～Dの記述で、正しいものの組合せは次のうちどれか。
A 湿度が低いときは、静電気は蓄積しにくい。
B 接地（アース）は静電気除去の有効な手段である。
C 静電気の電荷間にはたらく力を「クーロン力」という。
D 配管に流れる液体の静電気の発生を少なくするには、流速を上げればよい。
1　A　B
2　B　C
3　C　D
4　A　D
5　B　D

### 問4 静電気の帯電について、誤っているものは次のうちどれか。

1. 一般に、合成繊維は綿よりも帯電しやすい。
2. 湿度が低いと帯電しやすい。
3. 引火性液体に帯電すると電気分解が起こる。
4. 電気の不良導体は静電気を蓄積しやすい。
5. 静電気の帯電防止策に接地（アース）がある。

### 問5 液体危険物が静電気を帯電する条件として、誤っているものは次のうちどれか。

1. 直射日光に長時間さらされたとき。
2. 導電率の低い液体が配管内を流れるとき。
3. 液体が液滴として配管から空気中に放出されるとき。
4. 液体と液体、又は液体と粉体等が撹はん、混合されるとき。
5. 加圧された液体が、ノズル等の断面積の小さい開口部から高速で噴出するとき。

### 問6 第四類の石油類の取扱いにおいて、静電気災害を防止する方法として正しいものは次のうちどれか。

1. 取扱う室内の湿度を下げた。
2. 取扱う石油類の流速を速めた。
3. 取扱う作業員に帯電防止服を着用させた。
4. 取扱う設備の静電気蓄積防止策として、電気的に絶縁する方法をとった。
5. 取扱う設備の下にゴムシートを敷いて絶縁した。

**よく出る**

**問7** 静電気による火災を予防する方法として、適切でないものは次のうちどれか。

1 静電気の発生を抑制するため、配管内を流動する液体の速度を遅くする。
2 人体への帯電を防ぐため、絶縁性の高い服や靴を着用する。
3 水まきや加湿器による水蒸気の放出で、室内の湿度を上げる。
4 危険物が流動する場所では、接地（アース）の設置を講じる。
5 危険物の容器を移動させる際は、急激な作業は避ける。

**問8** 物質の摩擦による静電気の発生を防ぐA～Dの方法で、適切なものの組合せは次のうちどれか。

A 物質どうしの接触圧力を低くする。
B 物質どうしの接触面積を大きくする。
C 物質どうしの接触回数を減少させる。
D 物質どうしが接触している状態を急激に剥がす。

1 A B
2 A C
3 B C
4 B D
5 C D

**問9** 静電気についての説明として、誤っているものは次のうちどれか。

1 静電気は、複数の物質が摩擦、衝突、剥離等の接触分離をすることによって発生する。
2 静電気とは、帯電した物質の電荷が移動しない場合の電気のことである。
3 帯電している物質の近くに置いた物質は、二次的に電気を帯びることがある。
4 接触する2つの物質を変えても、帯電量は変わらない。
5 湿度の低いほうが帯電しやすい。

## 練習問題 正解と解説

3 ● 静電気

### 問1　5　⇒P.20 1 ／ P.21 2

1　○　不良導体を摩擦すると、静電気が発生する。
2　○　静電気は人体にも帯電する。
3　○　静電気の放電火花が、可燃性蒸気の点火源となって火災を発生させることがある。
4　○　静電気の帯電量が多くなると、条件しだいで放電火花を発生することがある。
5　×　静電気による火災には、燃焼物に適応した消火方法をとらなければならない。

### 問2　4　⇒P.20 1

1　×　帯電した物体の放電エネルギーの大きさは、可燃性ガスの着火に影響する。
2　×　静電気が蓄積した物質は、条件によって放電火花を発生することがあるが、物質自体が発熱したり蒸発したりすることはない。
3　×　静電気が蓄積すると考えられるものを導線で電気的に接続し、接地（アース）しておくと、静電気の蓄積を防ぐことができる。
4　○　静電気は摩擦電気ともいわれ、異なる2つの物質の摩擦により発生する。
5　×　物質に帯電した静電気がすべて物質に蓄積されるわけではない。一般に、物質に静電気が蓄積するのは静電気の発生速度が漏えい速度よりも著しく速い場合である。

### 問3　2　⇒P.21 2

A　×　乾燥時（湿度が低いとき）は静電気が蓄積しやすい。
B　○　接地（アース）をすると静電気を除去できる。
C　○　静電気の電荷間にはたらく力はクーロン力である。
D　×　液体を配管で移送する際に発生する静電気の帯電量は、流速に比例する。配管に流れる液体の静電気の発生を少なくするには、速度を遅くすればよい。

したがって、2が正解である。

| 問4 | 3 | ➡P.20 ❶ ／ P.21 ❷ |

1 ○ 合成繊維は綿より電気絶縁性が大きいため帯電しやすい。
2 ○ 湿度が低いと帯電しやすくなる。
3 × 引火性液体などの物質に帯電しても電気分解は起こらない。
4 ○ 電気の不良導体は、電気を通さないため帯電しやすく、静電気を蓄積する。
5 ○ 静電気を蓄積させないようにする方法（帯電防止策）に、接地（アース）がある。

| 問5 | 1 | ➡P.20 ❶ |

1 × 静電気は、直射日光に長時間さらされても帯電しない。
2〜5は液体危険物が静電気を帯電する条件として当てはまる。
2 ○ 帯電量は流速や配管の長さにより変わる（流動帯電）。
3 ○ 放出・噴出するときに帯電する（噴出帯電）。
4 ○ 撹はんや混合によって摩擦・衝突等の接触分離が生じるため、静電気が帯電する。
5 ○ 噴出帯電である。

| 問6 | 3 | ➡P.21 ❷ |

1 × 静電気災害を防止するには、室内の湿度を75％以上に保つとよい。湿度を下げるのは誤り。
2 × 第四類の石油類には、流動や動揺によって静電気が発生しやすい性質がある。石油類の流速を上げると静電気は蓄積しやすくなる。流速を制限すると、静電気の発生を減らせる。
3 ○ 作業員は帯電防止服と帯電防止靴を着用する。
4 × 取扱う設備の静電気蓄積防止策は、取扱う設備に電気的に接続し、接地（アース）をすることである。
5 × 取扱う設備の下にゴムシートを敷いて絶縁すると、取扱う設備に静電気が帯電するため危険である。

## 3 ● 静電気

### 問7　2　　P.21 2

1　○　ガソリンなどの電気を通しにくい液体は流動により静電気が発生する。流速を制限すると、静電気の発生速度が落ち、帯電量の増加率を下げられる。配管中を流れる液体に発生する静電気を抑えるには、配管径を大きくし流速を落とすとよい。
2　×　人体への帯電を防ぐため、導電性のある帯電防止服や靴を使用する。
3　○　加湿器等を用いて水蒸気を放出し、室内の湿度を75％以上にし、帯電しないようにする。
4　○　このような場所では、静電気を除去するために、接地（アース）の設置を講じる。
5　○　帯電した静電気を一定時間静置し、意図的に静電気を放出・中和させて危険な領域まで帯電しないようにする。

### 問8　2　　P.21 2

A　○　物質どうしの接触圧力を低くし、摩擦による静電気の発生を抑制する。
B　×　物質どうしの接触面積が大きくなると静電気が発生しやすくなる。
C　○　物質どうしの接触回数を減少させると物質どうしの衝突が減り、静電気の発生を抑制できる。
D　×　物質どうしの、接触している状態を急激に剥がすと、剥がす際に電荷が現れ静電気が発生しやすくなる。

静電気の発生要因に接触面積や接触圧力がある。したがって、正しい組合せはAとCである。

### 問9　4　　P.20 1 / P.21 2

1　○　静電気は2つ以上の物質の接触、剥離等によって一方が正、他方が負の電荷を帯びて発生する。
2　○　帯電した物質の電荷が移動しない場合の電気を静電気という。
3　○　確認せず、安易に物質を並べて置くのは危険である。
4　×　2つの物質の帯電列の位置によって違ってくる。
5　○	静電気は、冬季など湿度が低くなると発生しやすくなる。

# Section 4 燃焼の仕方

## 1 燃焼の原理

### ①燃焼の定義

熱と光の発生を伴う酸化反応のことを燃焼という。燃焼には、燃焼の三要素が同時に存在することが必要で、酸素が十分なときは完全燃焼する。酸素濃度が高いと激しく燃焼するが、酸素が不十分なときは不完全燃焼し、すすや一酸化炭素を発生する。

鉄が酸化してさびても、発光しないので燃焼ではありません

- 燃焼の三要素
  ①可燃性物質 ②空気等の酸素供給体（支燃物） ③点火源（熱源、火源）
  これに④燃焼の継続を加えると燃焼の四要素という。

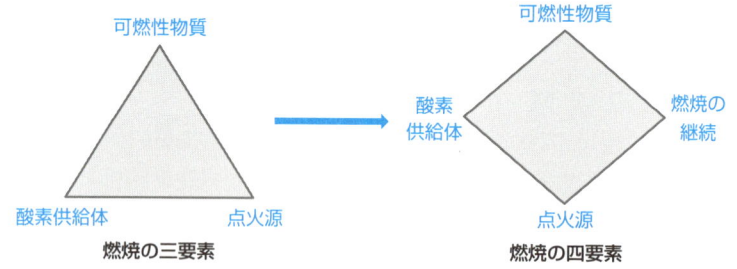

燃焼の三要素　　燃焼の四要素

酸化されやすい物質はすべて可燃性物質に含まれ、木材、石炭、ガソリン、メタンガス、動植物油類など、有機化合物の大半が該当する。

### ②酸素の性質

酸素は比重1.105、融点－218℃、沸点－183℃、無色無臭で、水にあまり溶けない気体である。酸素自体は不燃性だが、支燃性がある。

| 色 | 無色／液体酸素は淡青色 | ・酸素自体は燃えないが支燃性がある |
|---|---|---|
| におい | 無臭 | ・酸化物をつくる |
| 比重 | 1.105／空気は1 | ・水にあまり溶けない |
| 沸点／融点 | －183℃／－218℃ | ・酸化物をつくるが、白金、金、銀、不活性ガスなどとは直接化合しない |

可燃性物質が燃焼するには一定濃度以上の酸素が必要で、その濃度を限界酸素濃度という。

一般的な酸素供給体は、約21％の酸素を含む空気である。

酸素はほかの物質の燃焼を助けるんだな

## 2 燃焼の仕方

燃焼は酸素の供給量によって、完全燃焼と不完全燃焼に分けられる。また燃え方も、可燃物の形態（気体・液体・固体）によっていろいろある。

- **気体の燃焼**…プロパンガス、メタンガス、水素ガスなど可燃性の気体が燃えるときは、可燃性ガスと空気が一定の濃度範囲で混合している必要がある。この濃度範囲を**燃焼範囲**という。燃焼範囲内の混合ガスには、あらかじめ可燃性ガスと空気が混合されて燃える**予混合燃焼**と、混合しながら燃える**拡散燃焼**がある。
- **液体の燃焼**…灯油、軽油、アルコールなどの液体の燃焼は、液体自体が燃えるのではなく、液体の表面から蒸発した可燃性蒸気が空気と混合し、点火源により燃焼（**蒸発燃焼**）する。
- **固体の燃焼**…木材、石炭、ニトロセルロースなど固体の燃焼は、①蒸発燃焼　②表面燃焼　③分解燃焼の３つに分けられる。

不完全燃焼による一酸化炭素中毒は危険！

| 名称 | 燃え方 | 例 | 状態 |
|---|---|---|---|
| 蒸発燃焼 | 液面から蒸発した可燃性蒸気が空気と混合し、なんらかの点火源により燃焼する | アルコール 灯油 | 液体 |
| 蒸発燃焼 | 固体を加熱した場合、熱分解を起こすことなくそのまま蒸発し、発生した蒸気が燃焼する | 硫黄 ナフタリン | 固体 |
| 表面燃焼 | 固体表面で熱分解も起こらず、蒸発もしないで高温を保ち、酸素と反応して燃焼する | 木炭 コークス | 固体 |
| 分解燃焼 | 可燃物が加熱分解し、その際発生する可燃性ガスが燃焼する | 木材 石炭 | 固体 |
| 分解燃焼 自己燃焼・内部燃焼 | 分解燃焼のうち、その物質中に酸素を含有するものが燃焼する | ニトロセルロース セルロイド | 固体 |

**可燃物の燃えやすさの条件**

- 酸化されやすいもの
- 酸素との接触面積が大きいもの
- 発熱量が大きいもの
- 熱伝導率が小さいもの
- 乾燥しているもの
- 周囲の温度が高いとき

条件がいくつも重なると危険度は更にアップ！

## 練習問題

### 問1 燃焼について、誤っているものは次のうちどれか。
1 物質が光と熱を激しく発生しながら酸化反応することを燃焼という。
2 物質の燃焼が起こるのに必要な条件は可燃性物質、酸素供給体、点火源の三要素である。
3 空気中の酸素濃度が高いと燃焼は速まり、激しく燃焼する。
4 酸素が不足したまま有機化合物を燃焼させると不完全燃焼となり、二酸化炭素やすすが発生する。
5 約21%の酸素が含まれる空気は、酸素供給体として多く用いられる。

### 問2 酸素について、誤っているものは次のうちどれか。
1 無色無臭で、空気より重い気体である。
2 液体酸素は淡青色である。
3 実験室では触媒を利用し、過酸化水素を分解してつくられる。
4 高温状態では、一部の貴金属や希ガス元素を除き、ほとんどすべての元素と反応する。
5 酸素の同素体としてオゾンがあり、両者の性状はほぼ同じである。

### 問3 物質と燃え方の組合せが誤っているものは次のうちどれか。
1 ニトロセルロース —— 分解燃焼
2 灯油 —————————— 蒸発燃焼
3 石炭 —————————— 表面燃焼
4 ナフタリン ———————— 蒸発燃焼
5 コークス ———————— 表面燃焼

## 4 ● 燃焼の仕方

**よく出る**

**問4** 燃焼の難易について、正しいものは次のうちどれか。
1 酸化されにくい物質ほど燃えやすい。
2 含有水分が少なく、乾燥度の高い物質ほど燃えやすい。
3 酸素との接触面積が小さいものほど燃えやすい。
4 熱伝導率が大きい物質ほど燃えやすい。
5 発熱量が小さい物質ほど燃えやすい。

**問5** 下の式はエタノールが完全燃焼したときの反応式である。エタノール46gを完全燃焼させるのに必要な理論上の酸素量は、次のうちどれか。ただし、原子量は C＝12、O＝16、H＝1 とする。

$$C_2H_5OH + 3O_2 \rightarrow 2CO_2 + 3H_2O$$

1 32g
2 46g
3 78g
4 96g
5 98g

**よく出る**

**問6** 1molが完全燃焼するとき、酸素量を最も多く必要とする物質は次のうちどれか。
1 エタノール（$C_2H_5OH$）
2 ベンゼン（$C_6H_6$）
3 ジエチルエーテル（$C_2H_5OC_2H_5$）
4 酢酸（$CH_3COOH$）
5 アセトアルデヒド（$CH_3CHO$）

## 練習問題 正解と解説

### 問1　4　→P.28 1

1　○　物質が酸素と化合することを酸化反応といい、これが急激に進行して著しく発熱し、発光を伴うことを燃焼という。
2　○　燃焼では、①可燃性物質 ②空気等の酸素供給体 ③点火源　の三要素が同時に存在する必要がある。
3　○　可燃性物質の燃焼には酸素が一定濃度以上必要、一般に酸素濃度が高いほど激しく燃焼する。
4　×　酸素の供給が十分なら、完全燃焼し二酸化炭素を発生するが、酸素の供給が不十分だと、不完全燃焼し一酸化炭素やすすを発生する。
5　○　物質の燃焼に必要な酸素の供給源は、一般に空気であり大気中の空気には約21％の酸素が含まれている。

### 問2　5　→P.28 1

1　○　酸素は無色無臭の気体である。
2　○　液体酸素は淡青色である。
3　○　実験室では触媒を利用し、過酸化水素を分解してつくられる。
4　○　白金、金、銀、不活性ガス、ハロゲン（希ガス）等とは直接に化合しない。
5　×　オゾンは、刺激臭を伴う毒性のある薄青色の気体で、分子式は$O_3$である。

### 問3　3　→P.29 2

1　○　ニトロセルロースやセルロイドは固体で、分解燃焼する。
2　○　灯油やアルコールは液体で、蒸発燃焼する。
3　×　石炭や木材は固体で、分解燃焼する。
4　○　ナフタリンや硫黄は固体で、蒸発燃焼する。
5　○　コークスや木炭は固体で、表面燃焼する。

## 問4  2   ⇒P.29

1 ×　酸化されやすいものほど燃えやすい。
2 ○　乾燥している冬は火災が発生しやすいことからもわかる。
3 ×　酸素との接触面積が大きいものほど燃えやすい。
4 ×　熱伝導率が小さいものほど燃えやすい。
5 ×　発熱量（燃焼熱）が大きいものほど燃えやすい。

## 問5  4   ⇒P.29

$C_2H_5OH + 3O_2 \rightarrow 2CO_2 + 3H_2O$　より

エタノール1molは、完全燃焼するのに3molの酸素を消費する。

エタノールは炭素原子2mol、水素原子6mol、酸素原子1molでできているので、1molの分子量は $12×2+1×6+16×1 = 46$ である。

エタノール46gを完全燃焼させるのに必要な理論上の酸素量は、$16×2×3 = 96g$ である。

したがって、4が正解である。

## 問6  2   ⇒P.29

1～5の物質が完全燃焼すると、酸素と結合し、二酸化炭素と水になる。化学反応式は以下のとおり。

1　$C_2H_5OH + 3O_2 \rightarrow 2CO_2 + 3H_2O$　エタノール1molの燃焼に必要な酸素量は3mol。

2　$C_6H_6 + \frac{15}{2}O_2 \rightarrow 6CO_2 + 3H_2O$　ベンゼン1molの燃焼に必要な酸素量は $\frac{15}{2}$ mol（7.5mol）。

3　$C_2H_5OC_2H_5 + 6O_2 \rightarrow 4CO_2 + 5H_2O$　ジエチルエーテル1molの燃焼に必要な酸素量は6mol。

4　$CH_3COOH + 2O_2 \rightarrow 2CO_2 + 2H_2O$　酢酸1molの燃焼に必要な酸素量は2mol。

5　$CH_3CHO + \frac{5}{2}O_2 \rightarrow 2CO_2 + 2H_2O$　アセトアルデヒド1molの燃焼に必要な酸素量は $\frac{5}{2}$ mol（2.5mol）。

よって、酸素量を最も多く必要とする物質は、2のベンゼンとなる。

# Section 5 引火点と発火点

## 1 引火点と発火点

### ①物質の危険性
ある物質の危険性が大きいかどうかは、燃焼範囲や沸点、電気伝導度などの危険性の因子によって比較・判断される。

◆第四類危険物の危険性の因子

| 大きいほど危険 | 小さいほど危険 |
|---|---|
| ①燃焼範囲（爆発範囲）　②蒸気圧　③燃焼速度　④燃焼熱 | ①燃焼範囲（爆発範囲）の下限界　②最小着火エネルギー　③電気伝導度　④沸点　⑤比熱 |

### ②引火点
引火点とは、①物質が揮発して空気と可燃性の混合物をつくることができる最低の温度。
②液表面の蒸気濃度が、燃焼範囲（爆発範囲）の下限界に達したときの液温。

引火点が低いと、引火しやすいのよ

可燃性液体の燃焼の難易度は引火点によって決まり、引火点が低いほど危険である。可燃性液体の温度がその引火点より高いときは、液表面に発生した可燃性蒸気が火源（点火源）により燃え出す危険がある。

液温を上げると…

燃え出すのに十分な濃度の蒸気が発生する

引火点には火源が必要。発火点には火源は不要

### ③発火点
発火点とは、空気中で可燃性物質を加熱したときに火源を近づけなくても発火して燃え始めるときの最低温度をいう。
引火点と同じく、発火点の低いものは燃焼しやすいので、取扱いには注意が必要となる。

◆代表的な第四類危険物の引火点と発火点

| 物品名 | 引火点（℃） | 発火点（℃） |
|---|---|---|
| 二硫化炭素 | −30 | 90 |
| アセトアルデヒド | −39 | 175 |
| ベンゼン | −11.1 | 498 |
| エタノール | 13 | 363 |
| 灯油 | ≧40 | 220 |
| 軽油 | ≧45 | 220 |
| 酢酸 | 39 | 463 |

◆引火点と発火点の違い

| | 引火点 | 発火点 |
|---|---|---|
| 測定対象 | 液体可燃物と可燃性固体 | 固体・液体・気体の可燃物 |
| 定義 | 物質が揮発して空気と可燃性の混合物をつくることができる最低の温度 | 空気中で可燃性物質を加熱した場合、火源を近づけなくても物質自体が発火し燃焼を開始する最低の温度 |
| 火源 | 必要 | 不要 |

## 2 燃焼範囲と爆発

**燃焼範囲（爆発範囲）**

可燃性蒸気と空気との混合気体に点火すると、急激に燃え始め、密閉した容器内では爆発することがある。爆発が起きるには、可燃性蒸気と空気との混合気体の割合が一定の濃度範囲であることが必要で、この範囲を燃焼範囲（爆発範囲）という。

燃焼範囲（爆発範囲）の低い方の濃度を燃焼（爆発）下限界$C_1$、高い方の濃度を燃焼（爆発）上限界$C_2$という。燃焼範囲が広く下限界が低いほど、引火の危険性が大きくなる。

◆液面上の蒸気層の構成

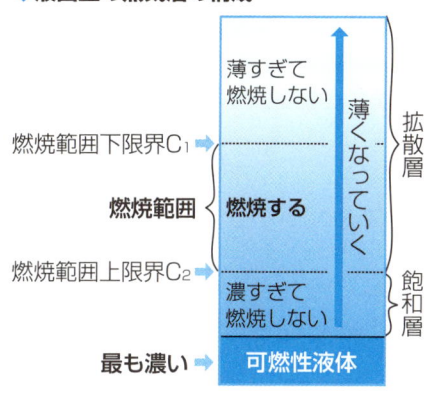

◆気体とその燃焼範囲（爆発範囲）

| 気体（蒸気） | 燃焼範囲（爆発範囲）(vol%) | |
|---|---|---|
| | 下限界 | 上限界 |
| 灯油 | 1.1 ～ | 6.0 |
| ヘキサン | 1.2 ～ | 7.5 |
| ベンゼン | 1.2 ～ | 7.8 |
| 二硫化炭素 | 1.3 ～ | 50.0 |
| トルエン | 1.2 ～ | 7.1 |
| ガソリン | 1.4 ～ | 7.6 |
| ジエチルエーテル | 1.9 ～ | 36.0 |
| アセトン | 2.5 ～ | 12.8 |
| エタノール | 3.3 ～ | 19.0 |
| 水素 | 4.0 ～ | 75.0 |
| メタノール | 6.0 ～ | 36.0 |
| 一酸化炭素 | 12.0 ～ | 75.0 |

**例 エタノールの場合**

燃焼範囲（爆発範囲）が 3.3 ～ 19.0vol% のエタノールと空気の混合気体100ℓの中に、エタノール蒸気が 3.3 ～ 19.0ℓ（空気は81.0 ～ 96.7ℓ）含まれていることを示し、この範囲内の濃度の混合気体に点火すると爆発的に燃える。

## 練習問題

**問1** 引火点の説明について、正しいものは次のうちどれか。
1 可燃性液体の温度が、燃焼範囲の下限界を示すときの液温をいう。
2 小さな点火炎により連続的に燃焼を始めるときの試料温度をいう。
3 可燃物を空気中で加熱した場合、火源を近づけなくても自ら発火する最低温度をいう。
4 物質によって異なる値を示す。
5 液体を加熱すると、液体表面とともに液体内部からも気化し始めるときの温度をいう。

**問2** 次の引火性液体の説明について、正しいものはどれか。
沸点　64℃　　　燃焼範囲　6.0～36.0vol%　　液体の比重　0.8
引火点　11℃　　発火点　464℃　　　　　　　蒸気比重　1.1
1 蒸気の重さは水蒸気の1.1倍である。
2 液温が11℃になると、液体表面に発生する可燃性蒸気の濃度は36.0vol%になる。
3 火炎を近づけても、液温が464℃になるまで燃焼しない。
4 この液体が1kgのときの容積は0.8ℓである。
5 この液体の蒸気6.0ℓと空気94.0ℓの混合気体は、点火すると燃焼する。

**問3** 次の燃焼範囲の危険物を100ℓの空気と混合させた均一な混合気体に点火するとき、燃焼可能な蒸気の量はどれか。
燃焼下限値　1.4vol%
燃焼上限値　7.6vol%
1　1ℓ
2　5ℓ
3　10ℓ
4　15ℓ
5　20ℓ

## 5 ● 引火点と発火点

**よく出る**

**問4** 次の文の（　）内のA～Dに当てはまる語句の組合せとして、正しいものはどれか。

「可燃性液体は、液体そのものが燃えるのではなく、液面から蒸発した可燃性蒸気が（ A ）と混合し、火源により燃焼する。この混合気体は、可燃性の蒸気濃度が濃すぎても、薄すぎても燃焼しない。可燃性液体の蒸気は空気より（ B ）ものが多く、床や地面に沿って（ C ）に流れこみ、遠くまで達しやすい。また、くぼみがあると（ D ）することがあり危険である」

|   | A | B | C | D |
|---|---|---|---|---|
| 1 | 空気 | 重い | 低所 | 滞留 |
| 2 | 水蒸気 | 軽い | 高所 | 蒸気を発生 |
| 3 | 空気 | 重い | 低所 | 蒸気を発生 |
| 4 | 酸素 | 重い | 低所 | 滞留 |
| 5 | 空気 | 軽い | 低所 | 滞留 |

**よく出る**

**問5** エタノールの燃焼範囲は3.3～19.0vol%といわれている。この説明として、正しいものは次のうちどれか。

1. エタノール蒸気3.3ℓと空気96.7ℓとの混合気体は、点火すると燃焼する。
2. 空気3.3ℓとエタノール蒸気96.7ℓとの混合気体は、点火すると燃焼する。
3. 空気100ℓにエタノール蒸気を3.3ℓ混合した場合は、点火すると燃焼する。
4. 空気100ℓにエタノール蒸気を3.3～19.0ℓ混合した場合は、長時間放置すれば自然発火する。
5. エタノール蒸気100ℓに空気を3.3ℓ混合した場合は、点火すると燃焼する。

**問6**「ある液体の発火点は220℃である」
この記述について、正しいものは次のうちどれか。

1. 液温が220℃になれば引火する。
2. 液温が220℃になれば、火炎がなくても燃焼する。
3. 液温を220℃に加熱すると、火炎があれば燃焼する。
4. 液温が220℃以下では、火炎があっても燃焼しない。
5. 液温を220℃に加熱しても、火炎がなければ燃焼しない。

# 練習問題 正解 と 解説

## 問1　4　 ⇒P.34 ①

1　×　可燃性液体の蒸気の濃度が、燃焼範囲（爆発範囲）の下限界に達したときの液温を引火点という。
2　×　これは燃焼点の説明である。
3　×　これは発火点の説明である。
4　○　引火点は物質によって異なる値を示す。たとえばガソリンは−40℃以下だが、灯油は40℃以上になる。
5　×　これは沸点の説明である。

## 問2　5　 ⇒P.34 ① ／ P.35 ②

1　×　蒸気比重1.1とは、蒸気の重さが空気の重さの1.1倍であることを意味している。
2　×　液温が11℃になると、液体表面に発生する可燃性蒸気の濃度は燃焼範囲の下限界の値である6.0vol%になる。
3　×　この引火性液体を空気中で加熱した場合、火炎や火花を近づけなくても発火し燃焼を開始する温度が464℃である。
4　×　比重は、その物質の密度と1気圧、4℃における水の密度との比を表し、比重0.8の液体が1kgあった場合の容積は1.25ℓになる。
5　○　燃焼範囲が6.0vol%（下限界）〜36.0vol%（上限界）ということは、この液体と空気の混合気体容積100ℓの中に液体の可燃性蒸気が6.0〜36.0ℓ含まれている場合に点火すると爆発的に燃えることを示している。

## 問3　2　 ⇒P.35 ②

燃焼下限値が1.4vol%、燃焼上限値が7.6vol%なので、混合気体が100ℓあるとすると、それぞれ、可燃性蒸気量が1.4ℓと7.6ℓ、空気量が98.6ℓと92.4ℓになる。設問の燃焼可能な可燃性蒸気量は

燃焼下限値　$(100−1.4):100=1.4:x$　　$x=1.419…≒1.4ℓ$
燃焼上限値　$(100−7.6):100=7.6:x$　　$x=8.225…≒8.2ℓ$

これはつまり、空気100ℓと可燃性蒸気との混合気体中に1.4ℓ〜8.2ℓの可燃性蒸気が含まれていれば燃焼可能であるということ。したがって、この範囲内にある2が正解である。

## 5 ● 引火点と発火点

### 問4　1　　◯P.35 2

可燃性液体は、蒸発燃焼で、液体そのものは燃えず、液面から蒸発した可燃性蒸気が空気と混合し、火源により燃焼する。物質により燃焼範囲は決まっており、混合気体中の可燃性の蒸気濃度が燃焼範囲の下限界濃度未満でも、上限界濃度を超えていても燃焼しない。また、可燃性液体の蒸気は比重の大きいものが多いため空気より重く、床や地盤面に沿って低く流れ、遠くまで達する。また、くぼみがあると滞留することもあり危険である。

### 問5　1　　◯P.35 2

エタノールの燃焼範囲が3.3〜19.0vol%ということは、下限界が3.3vol%、上限界が19.0vol%である。エタノール蒸気の濃度が下限界以上かつ上限界以下である混合気体は、点火すると燃焼する。
1　○　燃焼範囲の下限界の濃度なので、点火すると燃焼する。
2　×　燃焼範囲の上限界を超えているので、点火しても燃焼しない。
3　×　燃焼範囲の下限界未満なので、点火しても燃焼しない。
4　×　燃焼範囲内に蒸気濃度が入れば点火すると燃焼するが、長時間放置しても自然発火はしない。
5　×　燃焼範囲の上限界を超えているので、点火しても燃焼しない。

### 問6　2　　◯P.34 1

発火点とは、可燃性物質を空気中で加熱した場合、火炎あるいは火花等の火源を近づけなくても、発火し燃焼を開始する最低温度のことである。
1　×　220℃は引火する温度ではない。
2　○　この液体は、220℃に達すれば火源を近づけなくても発火し燃焼を開始する。
3　×　発火点が220℃なので、火炎がなくても220℃になれば燃焼する。
4　×　引火点は一般に、発火点より低いので220℃に満たなくても引火点以上であれば、火炎があれば燃焼する。
5　×　発火点が220℃なので、火炎がなくても燃焼する。

# Section 6 自然発火・粉じん爆発

## 1 自然発火

### ①自然発火の仕組み

物質が空気中で自然に発熱を続け、その熱が蓄積され発火点に達し、発生した可燃性ガスや可燃物を燃やす現象を自然発火という。

第五類危険物のように、自己燃焼し自然発火するものや、第四類危険物のうち、酸化熱で発火する動植物油類には、自然発火対策が必要となる。

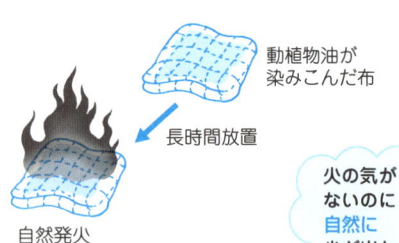

長時間放置 動植物油が染みこんだ布 自然発火

火の気がないのに自然に火が出た！

| 発熱の原因 | 注意が必要な物質 |
|---|---|
| 分解熱 | セルロイド、ニトロセルロース　など |
| 酸化熱 | 乾性油、石炭、原綿　など |
| 吸着熱 | 活性炭、粉末状の木炭 |
| 発酵熱 | たい肥、ごみ |

発酵熱は微生物による発熱です

また、熱の発生速度は発熱量と反応速度によって決まる。

熱の発生速度 ＝ 発熱量 × 反応速度

（発熱量が大きくても反応速度が小さい場合、熱の発生速度も小さくなる）

熱の発生速度に関係する因子には温度や発熱量、表面積などがある。

### ②自然発火の予防方法

自然発火を防ぐには、熱の発生と熱の蓄積それぞれの抑制が必要となり、熱の物理的・化学的性質を考える必要がある。

**熱の発生を防ぐには**
- 高温高湿の場所や、直射日光が当たる場所で保管しない
- 風通しをよくする

**熱の蓄積を防ぐには**
- 空気を多く含む粉末状や繊維状のものは、表面積が大きく酸素との接触面も広いので、定期的に点検する
- 大量に積み重ねる保管では、たい積方法に配慮する
- 熱伝導や比熱の小さいもの、発熱量の大きいものは保管に特に注意する

## 2 混合危険と粉じん爆発

### ①混合危険

その物質だけならさほど危険でなくても、それに複数の物質が混合又は接触すると発火や爆発を起こすおそれのあることを混合危険という。

混合危険には①酸化性物質と還元性物質 ②酸化性塩類と強酸 ③物質が接触して爆発性物質をつくる ④水と作用して発火・燃焼する　などの組合せがある。

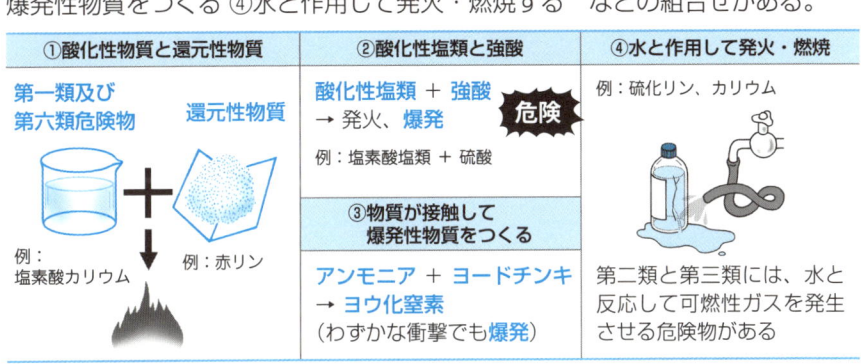

| ①酸化性物質と還元性物質 | ②酸化性塩類と強酸 | ④水と作用して発火・燃焼 |
|---|---|---|
| 第一類及び第六類危険物　＋　還元性物質<br>例：塩素酸カリウム　例：赤リン | 酸化性塩類 ＋ 強酸<br>→ 発火、爆発　危険<br>例：塩素酸塩類 ＋ 硫酸 | 例：硫化リン、カリウム |
| | ③物質が接触して爆発性物質をつくる<br>アンモニア ＋ ヨードチンキ<br>→ ヨウ化窒素<br>（わずかな衝撃でも爆発） | 第二類と第三類には、水と反応して可燃性ガスを発生させる危険物がある |

### ②粉じん爆発

可燃性物質が粉体（粉じん）となって空気中を浮遊しているとき、これに着火すると爆発を起こすおそれがある。この現象を粉じん爆発という。可燃性蒸気と同じように燃焼範囲（爆発範囲）がある。物質により燃焼範囲（爆発範囲）は異なる。

砂糖や小麦粉も爆発します

| 可燃性粉体 | 爆発下限（空気中g/㎥） | 可燃性粉体 | 爆発下限（空気中g/㎥） |
|---|---|---|---|
| 石炭 | 35 | 鉄 | 120 |
| 硫黄 | 35 | 小麦粉 | 60 |
| アルミニウム | 35 | 砂糖 | 19 |
| 石けん | 45 | ポリエチレン | 25 |

このほかにも、水素ガスやアセチレンガスなどの可燃性気体も爆発を起こす危険があり、第一類危険物には花火の原料となるもの、第五類危険物には火薬類の基材となるものがある。それぞれの物質の持つ性状と、組み合わさったときの危険性についてきちんと把握し、予防に役立てたい。

## 練習問題

**問1** 粉じん爆発について、誤っているものは次のうちどれか。
1 粉じん粒子が大きいとあまり浮遊しないので、粉じん爆発は起こりにくい。
2 粉じん爆発とは、可燃性物質が粉体となって空中に浮遊しているとき、火源によって爆発することをいう。
3 開放されている空間では、粉じん爆発は起こりにくい。
4 粉じんと空気が混合し、その濃度が燃焼範囲内に収まっている場合に粉じん爆発が起こる。
5 有機物の粉じん爆発では、完全燃焼するため一酸化炭素は発生しない。

**問2** 自然発火について、次の（　）内のA～Eに当てはまる語句の組合せとして、正しいものはどれか。

「自然発火とは、着火されなくても物質が空気中で（ A ）し、その熱が長時間蓄積され（ B ）に達し、自然に燃焼し始める現象をいう。自然発火の原因には（ C ）、（ D ）、（ E ）、重合熱、発酵熱等がある」

|   | A | B | C | D | E |
|---|---|---|---|---|---|
| 1 | 酸化 | 引火点 | 酸化熱 | 燃焼熱 | 分解熱 |
| 2 | 発熱 | 発火点 | 分解熱 | 燃焼熱 | 吸着熱 |
| 3 | 酸化 | 発火点 | 燃焼熱 | 酸化熱 | 分解熱 |
| 4 | 還元 | 燃焼点 | 還元熱 | 分解熱 | 燃焼熱 |
| 5 | 発熱 | 発火点 | 酸化熱 | 分解熱 | 吸着熱 |

**問3** 自然発火の原因になるものとして、誤っているものは次のうちどれか。
1 活性炭等の炭素粉末類のように、吸着により発熱するもの。
2 セルロイドやニトロセルロースのように、水分との接触により発熱するもの。
3 乾性油や石炭、ゴム粉のように、酸化により発熱するもの。
4 たい肥のように、微生物の発酵により発熱するもの。
5 メタノールと硝酸が反応する場合のように、重合反応により発熱するもの。

## 6 ● 自然発火・粉じん爆発

**問4** 自然発火について、正しいものは次のうちどれか。
1 セルロースは分解により発熱し、自然発火しやすい。
2 活性炭や石炭は、分解熱が蓄積することによって自然発火する。
3 通気性のよい場所では、自然発火しやすい。
4 動植物油が染みこんだウエス（ぼろ布）を長期間重ねておくと熱が蓄積され自然発火しやすい。
5 自然発火とは、空気中で可燃物を加熱したとき、火源がなくてもおのずから発火することをいう。

**よく出る**
**問5** 第四類の危険物と混合すると発火や爆発の危険性が低下する正しい組合せは、次のうちどれか。

（第四類の危険物）　　　（第四類以外の危険物）
1 二硫化炭素 ──────── 発煙硝酸
2 グリセリン ──────── 過マンガン酸カリウム
3 アセトン ──────── 三酸化クロム
4 エタノール ──────── 過塩素酸
5 エタノール ──────── ニトロセルロース

**問6** 物質の危険性について、誤っているものは次のうちどれか。
1 可燃性液体が霧状になっているときに火花等を近づけると、爆発することがある。
2 酸化性塩類と水が混合、又は接触すると発火や爆発することがある。
3 可燃性物質が粉体となって空気中に浮遊しているときに火花等を近づけると、爆発することがある。
4 酸化性物質と還元性物質が混合、又は接触すると発火や爆発することがある。
5 過酸化カリウムや過酸化ナトリウムは水と作用して発熱し、大量の場合は爆発することがある。

## 練習問題 正解 と 解説

**問1　5**　　⇒P.41 **2**

1 ○　粉じんの粒子径が大きいとあまり浮遊しないので、粉じん爆発は起こりにくくなる。
2 ○　粉じん爆発とは、一定濃度の可燃性物質の粉体（微粉）が、空中に浮遊した状態で火花等により引火して爆発を起こすことをいう。
3 ○　開放空間では、浮遊する粉じんの粒子間距離が離れるため燃焼が伝播せず、粉じん爆発は起こりにくくなる。
4 ○　粉じん爆発にも可燃性蒸気の爆発のように、その濃度に燃焼範囲（爆発範囲）がある。たとえば石炭の爆発下限は35（空気中g/㎥）である。
5 ×　粉じん爆発でも、不完全燃焼を起こし一酸化炭素が発生することがある。

**問2　5**　　⇒P.40 **1**

自然発火とは、ほかから点火源が与えられなくても、常温（20℃）の空気中で物質が発熱し、その熱が長時間蓄積して発火点に達し、自然に燃焼し始める現象をいう。自然に発火する原因には酸化熱、分解熱、吸着熱、重合熱、発酵熱等があげられる。

**問3　2**　　⇒P.40 **1**

1 ○　「吸着熱により自然発火する」は正しい。
2 ×　セルロイドやニトロセルロースは、分解により発熱（分解熱）する。
3 ○　「酸化熱により自然発火する」は正しい。
4 ○　「発酵熱により自然発火する」は正しい。
5 ○　「重合熱により自然発火する」は正しい。

## 6 ● 自然発火・粉じん爆発

**問4** **4** ➡P.40 **1**

1 × セルロースは植物の細胞壁の主成分で、分解により発熱するのはセルロースの誘導体であるニトロセルロースやセルロイドである。
2 × 活性炭は吸着熱に、石炭は酸化熱により自然発火する。
3 × 発熱物質が外部から冷却され熱の蓄積が少なくなるので、通気性のよい場所では自然発火が起こりにくくなる。
4 ○ 動植物油の染みこんだウエスを重ねておくと、酸化熱が蓄熱され自然発火しやすくなる。
5 × 自然発火とは、火花等の点火源なしに、反応熱の蓄積によって物質が自然に発火する現象をいう。

**問5** **5** ➡P.41 **2**

第四類の危険物は還元性物質であり、酸化性物質との混合又は接触によって、発火又は爆発するおそれがある。
1 × 発煙硝酸は第六類の危険物で、酸化性物質である。
2 × 過マンガン酸カリウムは第一類の危険物で、酸化性物質である。
3 × 三酸化クロムは第一類の危険物で、酸化性物質である。
4 × 過塩素酸は第六類の危険物で、酸化性物質である。
5 ○ 第五類の危険物であるニトロセルロースは自然分解しやすいので、エタノールで湿綿し、安定剤を加えて冷暗所に貯蔵する。

**問6** **2** ➡P.41 **2**

1 ○ 可燃性蒸気と同程度の危険性がある。
2 × 酸化性塩類（塩素酸塩類や過塩素酸塩類等）は水とではなく、強酸と混合又は接触すると発火や爆発することがある。
3 ○ 粉体となって空気中に浮遊している可燃性物質は、火花等を近づけると爆発することがある。
4 ○ 酸化性物質と還元性物質は、混合危険のおそれがある組合せである。
5 ○ 第二類と第三類のほか、第一類の危険物でも、過酸化カリウムや過酸化ナトリウムのように水と反応して発熱し、爆発を起こすものがある。

# Section 7 消火の三要素

## 1 消火の三要素

消火とは燃焼を中止させることなので、消火するときは、燃焼の三要素のうちの一つでも取り除けばよい。

①**除去消火**（可燃物を取り除くこと）
②**窒息消火**（酸素の供給を断つこと）　→ **消火の三要素**
③**冷却消火**（点火源を取り除くこと）
④**燃焼の抑制効果**（燃焼の連続を止めること）　→ **消火の四要素**

### ①除去消火

燃焼の一要素である**可燃物を除去**して消火する方法を**除去消火**という。

いろいろな消火方法の組合せが利用されています

例
- ガスの元栓を閉める
  ➡ 可燃物であるガスを取り去ること
- 延焼のおそれのある場所の樹木を切り倒す
- 可燃性液体に不燃性の液体を注いで薄める（**希釈消火法**）
  ➡ 液面上の可燃性蒸気を取り去ること

### ②窒息消火

燃焼の一要素である**酸素を除去**して消火する方法を**窒息消火**という。

例
- 土、砂、布団などの固体で燃焼物を覆う
- 不燃性の泡や、二酸化炭素などで燃焼物を覆う
- ハロゲン化物の蒸気で燃焼物を覆う
  ➡ 火勢で蒸発したハロゲン化物の窒息作用と抑制作用を利用する
    フッ素（F）、塩素（Cl）、臭素（Br）が用いられる

空気に触れないようにすればいいのです

### ③冷却消火

燃焼の一要素である**熱源から熱をうばい**、燃焼物を引火点未満、又は熱分解による可燃性ガスの発生温度未満にして消火する方法を**冷却消火**という。消火薬剤として**水**が広く利用されている。

水を噴霧状にして燃焼物にかけると**冷却効果**が上がり、気化した水蒸気による**窒息効果**もある。

## 2 消火設備

消火設備は第1種から第5種まで区分されている。製造所等は消火の困難性によって、決められた消火設備をととのえなければならない。第四類危険物の消火には第3種～第5種の消火設備が用いられる。

- **第1種消火設備（屋内・屋外消火栓）**
  水源、加圧送水装置、起動装置、放水用消火用具、配管などから構成され、消火栓の直近に赤色灯も設けられる
- **第2種消火設備（スプリンクラー設備）**
  天井に取りつけられたヘッド部分からのシャワー状噴水で消火する。第四類危険物や禁水性物品等には使用できない
- **第3種消火設備（泡・粉末等特殊消火設備）**
  水噴霧式、泡式、不活性ガス式、ハロゲン化物式、粉末式があり、消火薬剤により使用対象区分が決められている
- **第4種消火設備（大型消火器）**
  消火器のうち大型のもの
- **第5種消火設備（小型消火器、その他）**
  初期火災や小規模火災に利用される
  ※消火設備については ➡ P.206

> 危険物の火災は燃焼が速く消火が困難なので、初期の対応が重要です

◆適応火災を示す標識

A火災（普通火災）／白色（炎…赤、可燃物…黒）
B火災（油火災）／黄色（炎…赤、可燃物…黒）
C火災（電気火災）／青色（電気の閃光…黄）

### ◆火災の区別

| 火災の種類 | | 可燃物の種類 | 標識の色 |
|---|---|---|---|
| A火災 | 普通火災 | 普通可燃物（木材、紙類、繊維など） | 白色 |
| B火災 | 油火災 | 引火性液体など | 黄色 |
| C火災 | 電気火災 | 電線、変圧器、モーター など | 青色 |

### ◆消火器以外の第5種消火設備の能力単位

| 消火設備 | 種別 | 容量 | 対象物に対する能力単位 | |
|---|---|---|---|---|
| | | | 第一類から第六類までの危険物に対するもの | 電気設備及び第四類の危険物を除く対象物に対するもの |
| 水バケツ又は水槽 | 消火専用バケツ | 8ℓ | — | 3個にて1.0 |
| | 水槽（消火専用バケツ3個付） | 80ℓ | — | 1.5 |
| | 水槽（消火専用バケツ6個付） | 190ℓ | — | 2.5 |
| 乾燥砂 | 乾燥砂（スコップ付） | 50ℓ | 0.5 | — |

※建築物の規模と危険物の量から算出された所要単位数以上の「能力単位数」を持つ消火設備が必要となる。

## 練習問題

**問1** 消火について、誤っているものは次のうちどれか。
1 除去消火とは、酸素供給体と熱源を同時に取り除いて消火する方法である。
2 一般に、空気中の酸素濃度が15vol%未満になると、燃焼しなくなる。
3 泡消火剤には化学泡や空気泡があるが、いずれも窒息効果がある。
4 ハロゲン化物消火剤は、ハロゲン化物が持つ抑制作用と窒息作用を利用している。
5 可燃性液体の燃焼は、発生する蒸気の濃度を燃焼範囲の下限界未満にすれば継続しない。

**問2** 消火方法と主な消火効果との組合せとして、誤っているものは次のうちどれか。
1 燃焼している木炭に水をかけて火を消した。→ 冷却効果
2 ロウソクの火に息を吹きかけて消した。→ 除去効果
3 天ぷら鍋の油が燃えていたので粉末消火器で火を消した。→ 窒息効果
4 ガスの元栓を閉めてガスバーナーの火を消した。→ 窒息効果
5 アルコールランプにふたをして火を消した。→ 窒息効果

**問3** 消火剤とその効果の一般的な説明として、正しいものは次のうちどれか。
1 強化液消火剤は燃焼を化学的に抑制する作用はないが、冷却作用があるので、消火後の再燃防止効果がある。
2 泡消火剤は、泡で可燃物を覆うので冷却作用があり、油火災に適応する。
3 二酸化炭素消火剤は、不燃性の気体で窒息作用があるため、狭い空間では使用できない。
4 粉末消火剤は、無機化合物と有機化合物の混合物を粉末状にしたもので、燃焼を化学的に抑制する作用と窒息作用がある。
5 水消火剤は、比熱と蒸発熱が大きいので窒息作用があり、棒状注水あるいは霧状放射して使用し、すべての火災に適応する。

**問4** 消火器及び消火薬剤に関する説明として、誤っているものは次のうちどれか。

1 二酸化炭素消火器を放射すると窒息消火を行うため、油火災に適応する。
2 泡消火器は、油面を閉塞する窒息作用により油火災に適応する。
3 強化液消火薬剤の消火器は、強化液を霧状に放射する場合は電気設備の火災や油火災にも適応する。
4 ハロゲン化物消火器で使用する消火薬剤はヨウ素が主成分で、抑制及び窒息作用がある。
5 リン酸塩類の粉末消火器は、燃焼面の被覆による窒息・抑制作用により油火災に適応する。

**よく出る**

**問5** 消火設備の消火剤とその主たる消火効果について、誤っているものは次のうちどれか。

1 消火粉末 … 炭酸水素ナトリウムやリン酸アンモニウム等を主成分とした無機化合物を粉末状にしたもので、窒息作用と抑制作用がある。
2 強化液 … 炭酸カリウムの濃厚な水溶液で、主に水による冷却作用と再燃防止作用がある。
3 泡 … 化学泡や機械泡（水成膜泡、合成界面活性剤泡等）があり、窒息作用と冷却作用がある。
4 水 … 比熱や蒸発熱が大きく、蒸発するときに気化熱を奪い、周囲の温度を低下させ冷却する作用がある。
5 二酸化炭素 … 容器に、高圧で圧縮された液体の状態で充塡されており、放出される際に気化して燃焼を止める抑制作用がある。

## 練習問題 正解 と 解説

### 問1  1  ⇒P.46 1

1 × 除去消火とは、燃焼の一要素である可燃物を取り去って消火することである。
2 ○ 一般に、空気中の酸素濃度が一定濃度（15vol%）未満の場合、燃焼の継続は困難とされている。
3 ○ 泡消火剤は、不燃性の泡で燃焼物を覆い、空気との接触を断って（窒息効果）消火する。
4 ○ ハロゲン化物消火剤は、ハロゲン化物で燃焼物を覆い、ハロゲン化物が持つ抑制作用（負触媒作用）と窒息作用を利用して消火する。
5 ○ 可燃性液体の燃焼の場合、可燃性液体を不燃性液体で薄めていくと液面上の蒸気量が減少し、空気との混合気体の濃度が燃焼限界未満になり、燃焼が停止する。

### 問2  4  ⇒P.46 1

1 ○ 水を用いて燃焼物を冷却する「冷却効果」を利用して消火する。
2 ○ 可燃物を取り去って消火する「除去効果」を利用して消火する。
3 ○ 酸素の供給を断つ「窒息効果」を利用して消火する。
4 × 窒息効果ではない。可燃物を取り去る「除去効果」を利用して消火する。
5 ○ 酸素の供給を断つ「窒息効果」を利用して消火する。

### 問3  3  ⇒P.46 1

1 × 強化液消火剤には、化学的に抑制する作用と冷却作用がある。
2 × 泡消火剤は、泡で燃焼を覆うため窒息作用があり、油火災に適する。
3 ○ 二酸化炭素消火剤は、不燃性の気体で窒息作用がある。大気中に存在する濃度では毒性はほとんど生じないが、3%以上になるとめまい等の症状が現れる。そのため、狭い空間では使用できない。
4 × 粉末消火剤は無機化合物を粉末状にしたもので、燃焼を化学的に抑制する作用と窒息作用がある。
5 × 水消火剤は、比熱と蒸発熱が大きいので冷却作用があり、棒状あるいは霧状に放射して使用される。

7 ● 消火の三要素

### 問4　4　　○P.47 2

1　○　二酸化炭素消火器は油火災に適応している。二酸化炭素消火器は、放射された二酸化炭素により空気中の二酸化炭素濃度が急激に高まって酸素濃度を低下させ、窒息作用により消火を行う。
2　○　放射された泡は、油面を閉塞する窒息作用により油火災に適応する。
3　○　棒状で放射する場合は、放射された薬剤の冷却作用と再燃防止作用により普通火災に適応し、霧状に放射する場合は、電気設備の火災や油火災にも適応する。
4　×　ヨウ素はハロゲンの一種だが、ハロゲン化物消火器で使用する消火薬剤はハロンであり、ヨウ素ではない。
5　○　リン酸アンモニウムを主成分とするリン酸塩類の粉末消火器には窒息作用と抑制作用があり、普通火災、油火災、電気火災に適応する。

### 問5　5　　○P.47 2

1　○　消火粉末は、炭酸水素ナトリウム、炭酸水素カリウム及びリン酸アンモニウム（リン酸二水素アンモニウム）等を主成分とした無機化合物を粉末状にしたものである。これらには、窒息効果と負触媒効果（抑制効果）がある。
2　○　強化液の主成分は炭酸カリウムの濃厚な水溶液で、アルカリ性である。放射された薬剤の冷却効果と再燃防止作用がある。
3　○　泡の発生方法により、化学泡と機械泡に分かれる。化学泡は二酸化炭素を多量に含み、機械泡は空気を含む。消火薬剤には、タンパク泡、フッ化タンパク泡、水成膜泡、合成界面活性剤泡等がある。化学泡、機械泡ともに窒息効果と冷却効果がある。
4　○　水は比熱や蒸発熱が大きいので、蒸発する際に気化熱をうばって周囲の温度を低下させ、冷却作用により消火する。
5　×　放出された二酸化炭素による窒息作用と蒸発熱の冷却作用により消火する。負触媒作用（抑制作用）ではない。

# Section 8 物質の変化と種類

## 1 物質の変化と種類

### ①物質の変化

物質の変化は**物理変化**と**化学変化**の2つに分けられる。

別の物質に変わったかどうかに着目！

- **物理変化**　ある物質の状態や形が変わるだけの変化。別の物質に変化するのではない。
- **化学変化**　ある物質が性質の異なる別の物質に変わる変化。

| 物理変化の例 | 化学変化の例 |
| --- | --- |
| ①バネが伸びる<br>②砂糖を水に溶かして砂糖水をつくる<br>③放置したドライアイスが昇華して二酸化炭素になる<br>④原油を分別蒸留してガソリンをつくる<br>⑤メタノールに水を加え溶解させる | ①ガソリンの燃焼による二酸化炭素と水蒸気の発生<br>②塩酸に亜鉛を加え水素が発生<br>③炭化カルシウムに水を加えアセチレンガスが発生<br>④水が分解して水素と酸素になる |
| 〔現象〕気化　凝結　融解　凝固　昇華<br>　　　　風解　潮解　蒸発　沸騰　溶解 | 〔現象〕化合　分解　酸化　還元　中和<br>　　　　置換　付加　重合 |

### ②物質の種類

物質の構成を化学的に分類すると、次のように分けられる。

空気・海水・牛乳なども混合物です

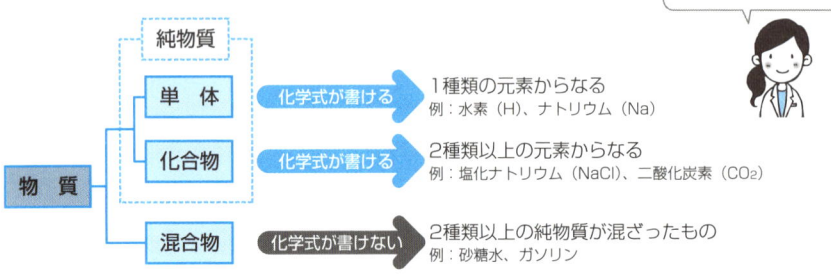

物質
- 純物質
  - 単体 —化学式が書ける→ 1種類の元素からなる
    例：水素（H）、ナトリウム（Na）
  - 化合物 —化学式が書ける→ 2種類以上の元素からなる
    例：塩化ナトリウム（NaCl）、二酸化炭素（$CO_2$）
- 混合物 —化学式が書けない→ 2種類以上の純物質が混ざったもの
  例：砂糖水、ガソリン

物質を構成する基本的成分を**元素**といい、元素が同じ単体でも性質の異なる物質が2種類以上存在するものを、互いに**同素体**という。
また、分子式が同じでも、分子内の構造も性質も異なる物質を**異性体**という。

例 異性体
どちらも分子式は $C_2H_6O$

▼エタノール

$$\begin{array}{c} H\ H \\ | \ \ | \\ H-C-C-OH \\ | \ \ | \\ H\ H \end{array}$$

▼ジメチルエーテル

$$\begin{array}{c} H\ \ \ \ \ H \\ | \ \ \ \ \ \ | \\ H-C-O-C-H \\ | \ \ \ \ \ \ | \\ H\ \ \ \ \ H \end{array}$$

## 2 原子と分子

### ①原子と分子

元素は物質を構成する基本的成分で、元素の原子番号や類似した性質を一定の規則で並べたものが元素の周期表（→P.238巻末資料）である。

元素には原子と呼ばれる固有の粒子があり、すべての物質は原子で構成されている。原子は正の電荷を帯びた1個の原子核と、負の電荷を帯びたいくつかの電子で構成されている。

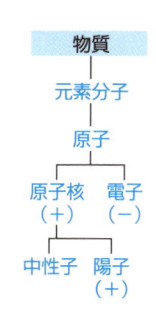

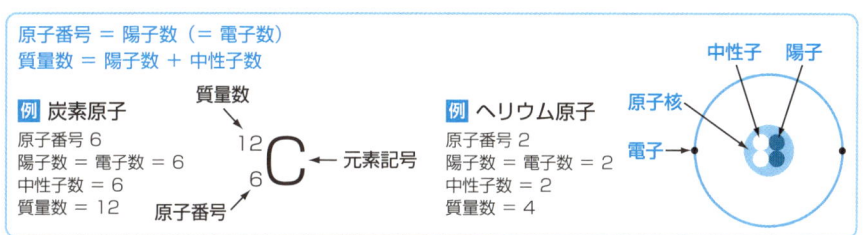

```
物質
 └ 元素分子
    └ 原子
       ├ 原子核（＋）
       │  ├ 中性子
       │  └ 陽子（＋）
       └ 電子（−）
```

```
原子番号 ＝ 陽子数（＝ 電子数）
質量数 ＝ 陽子数 ＋ 中性子数
```

例　炭素原子
原子番号 6
陽子数 ＝ 電子数 ＝ 6
中性子数 ＝ 6
質量数 ＝ 12

$${}^{12}_{6}C$$ ← 元素記号（質量数／原子番号）

例　ヘリウム原子
原子番号 2
陽子数 ＝ 電子数 ＝ 2
中性子数 ＝ 2
質量数 ＝ 4

### ②原子量と分子量

- **原子量**　質量数12の炭素原子の質量を基準とし、その値を12としたときの相対質量で表す。元素を構成する原子の相対質量の平均値が原子量。

◆主な元素の原子量

| 元素名 | 原子量 | 元素名 | 原子量 | 元素名 | 原子量 |
|---|---|---|---|---|---|
| 水素（H） | 1 | 窒素（N） | 14 | ナトリウム（Na） | 23 |
| 炭素（C） | 12 | 酸素（O） | 16 | 硫黄（S） | 32 |

- **分子量**　分子の質量の大小を表し、分子式に含まれる原子量の合計。
  例　二酸化炭素$CO_2$の場合 ➡ 炭素原子1 ＋ 酸素原子2 ＝ 12×1 ＋ 16×2 ＝ 44
- **物質量**　物質を構成する粒子数（単位はmol）で表す。1molの物質は、アボガドロ数（約$6.02×10^{23}$）個の単位粒子を含む。

  物質量（mol）＝ 単位粒子の個数 ÷ $6.02 × 10^{23}$

  ①物質1molの質量（モル質量g/mol）は、原子量・分子量にg/molをつけたもの。
  例　酸素$O_2$の場合…分子量32 ➡ 32g/mol
  ②気体1molの体積は、0℃・1atm（標準状態）で測定すると、気体の種類にかかわらず22.4ℓとなる。

## 練習問題

**よく出る**

**問1** 物理変化と化学変化について、誤っているものは次のうちどれか。
1 ドライアイスが昇華して気体の二酸化炭素になる変化は、化学変化である。
2 紙が濃硫酸に触れて黒く変色する変化は、化学変化である。
3 空気中に放置した鉄板がさびてぼろぼろになる変化は、化学変化である。
4 ニクロム線を利用した電気コンロに電気を通すと発熱するのは、物理変化である。
5 水に砂糖を溶かすと砂糖水になる変化は、物理変化である。

**問2** 物質の変化について、正しいものは次のうちどれか。
1 空気は酸素と窒素のみの化合物で、その成分の約5分の1は窒素である。
2 塩基と酸が結びついて、塩と水のできる化学反応を付加という。
3 すべての物質の化学反応には熱の発生が伴う。
4 過酸化水素を熱すると、水と酸素に分かれる反応を分解という。
5 物質と酸素が化合したとき、その物質は還元されたという。

**問3** 物質の変化について、正しいものは次のうちどれか。
1 体積が同じ2つの物質の質量は必ず同じである。
2 同素体である黄リンと赤リンの物理的性質は異なるが、化学的性質はまったく同じである。
3 化学組成(組成式)が同じ2つの物質の、物理的性質や化学的性質はまったく同じである。
4 比重が同じなら、体積が同じ物体の質量は同じである。
5 大気圧における沸点の温度が同じ場合、その物質は必ず同じである。

**問4** 用語の説明として、誤っているものは次のうちどれか。

1. 同素体とは赤リンと黄リンのように、同じ元素からできていて化学的性質が異なる2種類以上の単体をいう。
2. 化合物とは純水やエタノールのように、化学的な方法で2種類以上の元素に分解又は化合できるものをいう。
3. 混合物とは砂糖水のように、2種類以上の物質が互いに化学結合せずに混ざり合ったものをいう。
4. 単体とは水素や酸素のように、1種類の元素からできている物質をいう。
5. 異性体とはキシレンのように、分子式と分子内の構造が同じで性質が異なる物質をいい、構造異性体や立体異性体などがある。

**問5** 次の単体、化合物及び混合物の組合せで、混合物だけの組合せはどれか。

1. 灯油　　　　塩化ナトリウム　　水銀
2. 二酸化炭素　硝酸　　　　　　　塩化ナトリウム
3. 窒素　　　　酸素　　　　　　　空気
4. ガソリン　　軽油　　　　　　　空気
5. 水　　　　　硝酸　　　　　　　酸素

**問6** $0.2\text{mol}/\ell$ の硫酸水溶液100mlを、濃度98wt%の濃硫酸からつくる場合、必要な濃硫酸の量として正しいものは次のうちどれか。ただし、$H_2SO_4$の分子量は98、濃硫酸の密度は$2.0\text{g}/\text{cm}^3$とする。

1. 1.0ml
2. 2.0ml
3. 3.0ml
4. 4.0ml
5. 5.0ml

## 練習問題 正解と解説

**問1　1**　⇒P.52

1. ×　ドライアイスは二酸化炭素を固体にしたもので、昇華作用により二酸化炭素（気体）に変化しただけなので、化学変化ではなく物理変化（昇華）である。
2. ○　紙が濃硫酸に触れて黒く変色するのは、紙の主成分であるセルロースが濃硫酸によって脱水されたからである。これは化学変化（脱水作用）である。
3. ○　空気中に放置した鉄板は、空気中の酸素と結びつき、酸化反応が起こり、酸化鉄になっているので、化学変化（酸化）である。
4. ○　ニクロム線を利用した電気コンロに電気を通すとニクロム線が発熱する。これは化学変化ではなく物理変化（発熱）である。
5. ○　砂糖水は水に砂糖を溶かしただけなので、物理変化（溶解）である。

**問2　4**　⇒P.52

1. ×　空気は酸素や窒素等の混合物であり、その成分の約5分の1（約21％）が酸素である。
2. ×　塩基と酸によって、塩と水のできる化学反応を中和という。
3. ×　一般に、物質の化学反応には熱の発生又は吸収を伴う。
4. ○　過酸化水素を熱すると、水と酸素に分かれる反応を分解（熱分解）という。
5. ×　物質が酸素と結合したとき、その物質は酸化されたという。

**問3　4**　⇒P.52

1. ×　比重が異なれば、同じ体積の物質でも質量は異なる。
2. ×　同素体は、同一元素からできている単体でありながら原子の結合状態が異なるため、化学的性質が異なる。同素体には黄リンと赤リンのほか、ダイヤモンドと黒鉛、酸素とオゾン等がある。
3. ×　化学組成（組成式）で表されるのは、化合物の構成成分の元素とその原子数の比を示したものである。2つの物質の組成式が同じでも、必ずしも同一物質とはいえないため、化学的性質も異なることがある。
4. ○　比重 × 体積の値は変わらない。
5. ×　物質の沸点は一般に、1気圧における沸点（標準沸点）を指している。沸点は外圧の変化により変わるため、大気圧における沸点が同じでも同一物質とは限らない。

## 8 ● 物質の変化と種類

### 問4  5  ⇒P.52 1

1 ○ 同素体とは、同じ元素からできていて化学的性質が異なる2種類以上の単体をいう。同素体には赤リンと黄リン、酸素とオゾン、結晶の硫黄とゴム状硫黄などがある。

2 ○ 化合物とは、化学的方法により2種類以上の元素に分解でき、また化合により合成できるものをいう。化合物は化学式の書ける、水（$H_2O$）やエタノール（$C_2H_5OH$）、食塩（$NaCl$）等がある。

3 ○ 混合物とは砂糖水や空気、ガソリン、灯油等、2種類以上の物質がお互いに化学結合せずに混ざり合ったものをいう。

4 ○ 単体とは、1種類の元素からできている物質をいう。単体には、水素（$H_2$）や窒素（$N_2$）、酸素（$O_2$）、ナトリウム（$Na$）等がある。

5 × 異性体とは、分子式が同じでも分子内の構造が異なり、性質が異なる物質をいう。異性体には構造異性体や立体異性体等がある。構造異性体にはキシレン（o-キシレン、m-キシレン、p-キシレン）等がある。

### 問5  4  ⇒P.52 1

1 × 灯油は混合物、塩化ナトリウムは化合物、水銀（$Hg$）は単体である。

2 × 二酸化炭素（$CO_2$）、硝酸（$HNO_3$）、塩化ナトリウム（$NaCl$）は化合物。

3 × 窒素（$N_2$）と酸素（$O_2$）は単体、空気は混合物である。

4 ○ ガソリン、軽油、空気は混合物である。

5 × 水（$H_2O$）と硝酸（$HNO_3$）は化合物、酸素（$O_2$）は単体である。

### 問6  1  ⇒P.53 2

必要な濃硫酸の量を $x$ mℓ とすると

98wt% = 0.98、1mℓ = 1cm³ であるから、この中に含まれる硫酸の重さは

$x$ mℓ × 2.0g/cm³ × 0.98 = 1.96$x$（g）……（1）

0.2mol/ℓ の硫酸水溶液100mℓ中の硫酸の物質量は

0.2mol/ℓ × 100/1000 ℓ = 0.02mol　硫酸（$H_2SO_4$）の分子量は98なので、0.02mol × 98g/mol = 1.96（g）……（2）

（1）と（2）が等しくなればよいので、1.96$x$（g）= 1.96（g）

これを解くと $x$ = 1.0。よって、使用する濃硫酸は1.0mℓとなる。

# Section 9 酸・塩基・中和

## 1 酸・塩基・中和とイオン指数（pH）

### ①酸と塩基

物質が水に溶けて**陽イオン**と**陰イオン**に分かれることを**電離**といい、イオンに分かれる割合を**電離度**という。また、電離して**水素イオン（$H^+$）**ができる物質を**酸**といい、**水酸化物イオン（$OH^-$）**ができる物質を**塩基（アルカリ）**という。

| | | |
|---|---|---|
| 酸の例 | 塩酸 | $HCl \rightleftarrows H^+ + Cl^-$ |
| | 硝酸 | $HNO_3 \rightleftarrows H^+ + NO_3^-$ |
| 塩基の例 | 水酸化ナトリウム | $NaOH \rightleftarrows Na^+ + OH^-$ |
| | 水酸化カリウム | $KOH \rightleftarrows K^+ + OH^-$ |

> 塩基は赤色リトマス紙を青くする

水に溶けると電離する物質を**電解質**、ブドウ糖など電離しない物質を**非電解質**という。
1分子の酸から生じる$H^+$の数を、その酸の**価数**（たとえば硫酸は1分子から$H^+$が2個生じるので2価）といい、1分子の塩基から生じる$OH^-$の数を、その塩基の**価数**という。

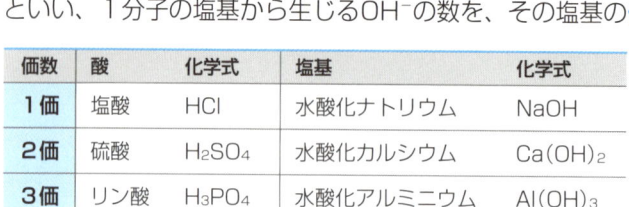

| 価数 | 酸 | 化学式 | 塩基 | 化学式 |
|---|---|---|---|---|
| 1価 | 塩酸 | $HCl$ | 水酸化ナトリウム | $NaOH$ |
| 2価 | 硫酸 | $H_2SO_4$ | 水酸化カルシウム | $Ca(OH)_2$ |
| 3価 | リン酸 | $H_3PO_4$ | 水酸化アルミニウム | $Al(OH)_3$ |

### ②中和

**酸の$H^+$**と**塩基の$OH^-$**が反応して、**塩**と**水**ができることを**中和反応**という。中和反応は常に1molの$H^+$が1molの$OH^-$と反応するため、中和反応は$H^+$と$OH^-$が等しくなるよう係数をつけて表す必要がある。

> 塩とは酸と塩基の中和反応のとき、水と共にできる物質の総称です

　　酸からの$H^+$の物質量（mol）＝ 塩基からの$OH^-$の物質量（mol）
この両者が中和すると

　　酸のn価 × 酸のモル濃度（M）× 酸の量（ℓ）
　　＝ 塩基のn価 × 塩基のモル濃度（M）× 塩基の量（ℓ）
となる。

> モル濃度とは溶液1ℓ当たりの溶質のmol数です

### ③水素イオン指数（pH）

水素イオン指数（記号：pH）は、水溶液の酸性や塩基性の度合を表す。

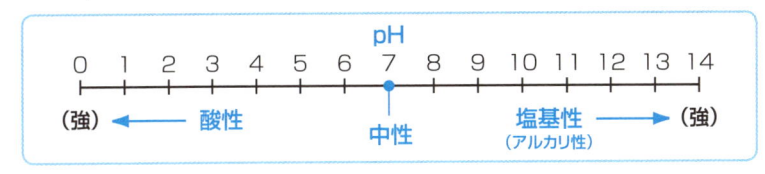

```
           pH
0  1  2  3  4  5  6  7  8  9  10 11 12 13 14
├──┼──┼──┼──┼──┼──┼──┼──┼──┼──┼──┼──┼──┼──┤
(強) ←─── 酸性 ───   中性   ─── 塩基性 ───→ (強)
                            (アルカリ性)
```

水素イオン指数 $pH = -\log_{10} [H^+]$

水溶液が酸性・中性・塩基性のいずれの場合でも、水溶液中には必ず$H^+$や$OH^-$があり、水溶液中での濃度の積は一定である。

$$[H^+] \times [OH^-] = 10^{-14} \text{ (mol/}\ell\text{)}^2$$

## 2 酸化と還元

### ①酸化と還元の定義

| 酸　化 | 還　元 |
|---|---|
| ・物質が酸素と化合すること<br>・水素化合物が水素を失うこと<br>・物質が電子を失うこと | ・酸化物が酸素を失うこと<br>・物質が水素と化合すること<br>・物質が電子を受け取ること |

酸化と還元は一つの反応の中で必ず同時に起こり、これを**酸化還元反応**という。

### ②酸化剤と還元剤

- **酸化剤**…相手の物質を酸化し、酸化剤自体は還元される
- **還元剤**…相手の物質を還元し、還元剤自体は酸化される

| 酸化剤の例 | 酸素、過酸化水素＊、硝酸 |
|---|---|
| 還元剤の例 | 水素、一酸化炭素、過酸化水素＊ |

＊過酸化水素は、一般的には酸化剤になりやすい物質だが、強酸化剤に対しては還元剤として作用する。

| 酸化剤（相手を酸化する） | 還元剤（相手を還元する） |
|---|---|
| 相手に酸素を与える | 相手から酸素をうばう |
| 相手から水素をうばう | 相手に水素を与える |
| 相手から電子をうばう | 相手に電子を与える |

## 練習問題

**問1** 酸と塩基の説明として、正しいものは次のうちどれか。
1 酸又は塩基の強弱はpHによって表され、pH＝7が中性であり、数値が小さくなるほど塩基が強くなる。
2 酸は青色リトマス紙を赤変させ、塩基は赤色リトマス紙を青変させる。
3 酸とは、水に溶けると分離して水酸化物イオン$OH^-$を放出する物質、又は水素イオン$H^+$を受け取る物質である。
4 塩基とは、水に溶けると分離して水素イオン$H^+$を放出する物質、又は水酸化物イオン$OH^-$を受け取る物質である。
5 中和とは、酸〔$H^+$〕と塩基〔$OH^-$〕が反応してpHが7になり、水のみを生じることをいう。

**よく出る**

**問2** 酸化と還元の説明として、誤っているものは次のうちどれか。
1 過酸化水素は反応する相手の物質によって、酸化剤や還元剤として作用する。
2 水素化合物が水素を失うことを酸化という。
3 酸化と還元は、一つの反応の中で同時には起こらない。
4 相手の物質を酸化する酸化剤は、物質としては還元されやすい。
5 物質が、酸素と化合したり電子を失ったりすることを酸化という。

**問3** 酸化反応について、誤っているものは次のうちどれか。
1 一酸化炭素を空気中で完全燃焼させると二酸化炭素が発生する。
2 鉄が空気中の酸素と化合してさびるのは酸化反応である。
3 一定条件のもとで黄リンを加熱すると、リン酸が生じる。
4 硫黄が空気中で燃焼するのは酸化反応である。
5 木炭が空気中で不完全燃焼すると一酸化炭素が発生する。

## 9 ● 酸・塩基・中和

**よく出る**

**問4** 次の反応のうち、下線部の物質が還元されているものはどれか。
1 赤熱した炭素に二酸化炭素を吹きつけたら一酸化炭素が発生した。
2 ドライアイスが昇華して気体の二酸化炭素に変化した。
3 アルミニウムを加熱したら酸化アルミニウムに変化した。
4 石炭を燃やしたら二酸化炭素が発生した。
5 メタンを燃やしたら二酸化炭素と水蒸気が発生した。

**問5** 酸化剤と還元剤について、正しいものは次のうちどれか。
1 反応相手の物質により還元される性質を持つもの ……  還元剤
2 反応相手の物質に水素を与える性質を持つもの ………  酸化剤
3 反応相手の物質から酸素をうばう性質を持つもの ……  還元剤
4 反応相手の物質により酸化される性質を持つもの ……  酸化剤
5 反応相手の物質から水素をうばう性質を持つもの ……  還元剤

**問6** 化学用語の説明として、誤っているものは次のうちどれか。
1 塩の加水分解では、塩が水に溶けてアルカリ性又は酸性を呈する。
2 酸と塩基が反応して塩と水を生じる反応を一般に、中和反応又は中和という。
3 反応相手の物質を還元し、自らは酸化される物質を還元剤という。
4 物質が、酸素を失ったり水素と化合したりして、電子を受け取ることを酸化という。
5 水に溶けると、電離して水酸化物イオンを生じる物質を塩基という。

## 練習問題 正解と解説

**問1** **2** ●P.58 **1**

1 × 酸又は塩基の強弱はpHによって表される。pH = 7が中性であり、数値が小さくなるほど酸が強くなる。
2 ○ 酸は青色リトマス紙を赤変させ、塩基は赤色リトマス紙を青変させる。
3 × 酸とは、狭義では水素イオン$H^+$を放出又は水酸化物イオン$OH^-$を受け取る物質のことである。
4 × 塩基とは、狭義では水酸化物イオン$OH^-$を放出又は水素イオン$H^+$を受け取る物質のことである。
5 × 中和とは酸〔$H^+$〕と塩基〔$OH^-$〕が反応して塩(えん)と水を生じることである。pHは必ずしも7にはならない。

**問2** **3** ●P.59 **2**

1 ○ 過酸化水素は、一般的には酸化剤になりやすいが、過マンガン酸カリウム溶液のような強い酸化剤に対しては還元剤として作用する。
2 ○ 水素化合物が水素を失うことも酸化という。
3 × 酸化と還元は、一つの反応の中で同時に起こる(酸化還元反応)。
4 ○ 酸化剤は反応相手の物質を酸化するが、酸化剤自体は還元されやすい物質である。
5 ○ 酸化とは、物質が酸素と化合すること又は電子を失うこと、水素化合物が水素を失うことをいう。

**問3** **3** ●P.58 **1**

1 ○ この場合、二酸化炭素が発生するのは、一酸化炭素が空気中の酸素によって酸化されたからである。$2CO + O_2 \rightarrow 2CO_2$
2 ○ 鉄が空気中の酸素と化合してさびるのは酸化反応である。
$2Fe + O_2 \rightarrow 2FeO$
3 × この状態で加熱すると赤リン十酸化四リンになる。
4 ○ 硫黄を空気中で燃焼させるのは、硫黄と酸素が化合するので酸化反応である。$S + O_2 \rightarrow SO_2$
5 ○ 木炭が空気中で不完全燃焼すると一酸化炭素が発生するのは、木炭(C)が空気中の酸素によって酸化されたからである。$2C + O_2 \rightarrow 2CO$

9 ● 酸・塩基・中和

**問4  1**  ⇨P.59 2

1 還元された　　　　　$CO_2$ → $CO$　酸素原子の数が減るのは還元。
2 還元されていない　　$CO_2$ → $CO_2$　変化なし。酸化も還元もされていない。
3 還元されていない　　$Al$ → $Al_2O_3$　酸素と化合するのは酸化。
4 還元されていない　　$C$ → $CO_2$　酸素と化合するのは酸化。
5 還元されていない　　$CH_4$ → $CO_2$　酸素と化合するのは酸化。

O（酸素）の数に着目しよう

**問5  3**  ⇨P.59 2

1 ×　反応相手の物質により還元される性質を持つのは酸化剤である。
2 ×　反応相手の物質に水素を与える性質を持つのは還元剤である。
3 ○　反応相手の物質から酸素をうばう性質を持つのは還元剤である。
4 ×　反応相手の物質により酸化される性質を持つのは還元剤である。
5 ×　反応相手の物質から水素をうばう性質を持つのは酸化剤である。

**問6  4**  ⇨P.58 1 ／ P.59 2

1 ○　塩の加水分解では、塩が水に溶けてアルカリ性又は酸性を呈する。
2 ○　酸と塩基が反応して塩と水を生じる反応を、一般に中和反応又は中和という。
3 ○　還元剤とは、反応相手の物質を還元すると同時に自らは酸化される物質をいう。
4 ×　問題文は還元の説明である。酸化は、物質が酸素と化合したり、水素化合物が水素を失ったり、物質が電子を失ったりすることをいう。
5 ○　塩基は、水に溶けると電離して水酸化物イオンを生じる、又は他の物質から水素イオンを受け取ることのできる物質をいう。

# Section 10 元素の分類と有機化合物

## 1 元素の分類と性質

### ①典型元素と遷移元素

元素の周期表（P.238）で**1族**、**2族**、**12〜18族**の元素を**典型元素**といい、典型元素には**金属元素**と**非金属元素**がある。希ガス以外の典型元素は同族の場合、価電子数が同じなので性質が似ている。

3〜11族の元素は**遷移元素**といい、**すべて金属元素**である。

### ②アルカリ金属とアルカリ土類金属

1族元素のうち、水素を除く6元素を**アルカリ金属**といい、2族元素のうち、ベリリウムとマグネシウムを除く4元素を**アルカリ土類金属**という。

アルカリ金属の単体は、銀白色の光沢があり**イオン化傾向が大きく**、常温で水と激しく反応して**水素**を発生する。

| アルカリ金属 | アルカリ土類金属 |
|---|---|
| 1族元素（Hを除く）<br>価電子1個（1価の陽イオンになる）<br>金属光沢がある（銀白色）<br>やわらかく、融点の低い軽金属<br>水と激しく反応し、水素を発生する<br>水溶液は強い塩基性を示す | 2族元素（Be、Mgを除く）<br>価電子2個（2価の陽イオンになる）<br>密度・融点はアルカリ金属よりやや大きい<br>銀白色の軽金属<br>常温で水と反応し、水素を発生する<br>水溶液は強い塩基性を示す |

### ③ハロゲン

**ハロゲン**は17族に属し、いずれも**有毒**で、**1価の陰イオン**になりやすい。強い酸化作用を示し、水素や金属と反応しやすい性質がある。

> フッ素はハロゲン消火剤として使われています

| 元素名 | 状態(20℃) | 色 | 水との反応 | 水素との反応 | 消火剤としての利用 | 金属との反応性 | 酸化力 |
|---|---|---|---|---|---|---|---|
| フッ素($F_2$) | 気体 | 淡黄色 | 激しく反応し、酸素を発生 | 冷暗所でも爆発的に反応 | ○ | 大 ↑ | 強 ↑ |
| 塩素($Cl_2$) | 気体 | 黄緑色 | 一部反応 | 光で爆発的に反応 | ○ | ↕ | ↕ |
| 臭素($Br_2$) | 液体 | 赤褐色 | 一部反応（塩素より弱い） | 加熱・触媒で反応 | ○ | ↕ | ↕ |
| ヨウ素($I_2$) | 固体 | 黒紫色 | 水に難溶で、反応しにくい | 加熱・触媒でわずかに反応 | ×（毒性 強） | ↓ 小 | ↓ 弱 |

## ④金属と非金属

ナトリウムやマグネシウムなどの金属元素は、単体で金属としての特有の性質を持つ。金属の性質を持たないものは非金属という。

### ◆金属と非金属の性質の比較

|  | 金　属 | 非金属 |
|---|---|---|
| 酸化物の種類 | 塩基性酸化物 | 酸性酸化物 |
| 無機酸への溶解 | 溶ける | 溶けない |
| 常温での形状 | 固体（例外；水銀は液体） | 固体、液体、気体 |
| 融点 | 高い | 低温度、気体のものが多い |
| 金属光沢 | あり | なし（光を反射しない） |
| 比重 | 大きい（例外；ナトリウムなど） | 小さい |
| 熱や電気の伝導 | 良導体 | 不良導体（例外；炭素） |
| 展性・延性 | あり | なし |

金属は水溶液中では電子を放出して陽イオンになりやすい。陽イオンへのなりやすさの大小をイオン化傾向という。

### ◆イオン（化）列

Li K Ca Na Mg Al Zn Fe Ni Sn Pb (H) Cu Hg Ag Pt Au
リチウム カリウム カルシウム ナトリウム マグネシウム アルミニウム 亜鉛 鉄 ニッケル すず 鉛 水素 銅 水銀 銀 白金 金

溶ける さびる 燃える ← 大　　イオン化傾向　　小 → 燃えない さびない 溶けない

反応しやすい　　　　　　　　　　　　　　　　　　反応しにくい

> 水素は金属ではありませんが、陽イオンになるのでイオン列に加えます

## 2 有機化合物

有機化合物とは、一酸化炭素や二酸化炭素などを除いた**炭素化合物**をいい、**炭素原子の結合**の仕方によって分類する。**鎖状構造**の鎖式化合物と**環状構造**の環式化合物がある。

| 有機化合物の特性 | ・主な成分元素は、炭素、水素、酸素、窒素である<br>・分子量が大きく、一般に可燃性である<br>・酸素と化合すると、二酸化炭素と水を生じる<br>・水に溶けにくく、有機溶媒によく溶ける<br>・融点や沸点の低いものが多い |
|---|---|

> 可燃性のものが多いね

## 練習問題

**問1** 金属の特性として、誤っているものは次のうちどれか。
1 熱や電気の不導体である。
2 比重が4以下のものを一般に軽金属といい、カリウム、ナトリウム、マグネシウムなどがある。
3 金や銀の熱伝導率は、鉄やニッケルよりも大きい。
4 常温（20℃）で液体のものもある。
5 展性や延性があり、金属光沢がある。

よく出る

**問2** 鋼製の配管を埋設した場合、最も腐食しにくいものは次のうちどれか。
1 種類の異なる材質の配管と接続し、湿った土中に埋設する。
2 乾燥した土壌と湿った土壌の境に埋設する。
3 酸性の強い土中に埋設する。
4 コンクリートの中に完全に埋設する。
5 直流電気鉄道に近い土壌に、軌道と平行に埋設する。

**問3** 金属には塩酸に溶けて水素を発生するものが多いが、塩酸に溶けないものは次のうちどれか。
1 カルシウム
2 鉛
3 金
4 マグネシウム
5 アルミニウム

## 問 4 有機化合物の一般的な説明で、誤っているものは次のうちどれか。

1. 炭素原子が多数結合したものには、鎖状構造のものと環状構造のものがある。
2. 水に溶けにくく、アルコールやアセトンなどの有機溶媒によく溶ける。
3. 反応が速く又その反応機構は単純である。
4. 空気中で燃焼すると、二酸化炭素と水を発生する。
5. 炭素、酸素、水素、窒素が成分元素の主体で、一般に可燃性である。

## 問 5 有機化合物の燃焼に関する一般的な説明で、誤っているものは次のうちどれか。

1. 有機化合物の分子中の炭素の量が多いと、すすの発生も多くなる。
2. 有機化合物の燃焼に伴って発生する明るい炎は、高温の炭素粒子が光っているものである。
3. 有機化合物の燃焼時、空気の量が少ないときは、すすの発生が多くなる。
4. 有機化合物が燃焼する際は、蒸発又は分解して発生するガスが炎を上げて燃えることが多い。
5. 酸素不足で不完全燃焼になると、二酸化炭素が発生する。

## 問 6 次のA～Eのうち、カルボニル化合物に該当するものはいくつあるか。

A アセトン
B フェノール
C 酢酸エチル
D ジエチルエーテル
E アセトアルデヒド

1. なし
2. 1つ
3. 2つ
4. 3つ
5. 4つ

## 練習問題 正解 と 解説

### 問1　1　 ●P.65 2

1　×　金属は熱や電気の良導体であり、熱や電気の不導体は非金属である。
2　○　カリウムの比重は0.86、ナトリウムの比重は0.97、マグネシウムの比重は1.74である。これらの金属は比重が4以下なので軽金属である。
3　○　熱伝導率の大きい順に、銀 ＞ 金 ＞ 鉄 である。
4　○　常温（20℃）において液体の金属に、水銀がある。
5　○　金属には、一般に展性や延性があり、金属光沢がある。

### 問2　4　 ●P.64 1

1　腐食しやすい　異なった金属が接触すると、組合せによっては腐食が促進される。また、水分によっても腐食が進む。
2　腐食しやすい　乾燥した土壌と湿った土壌など、土質の違う場所では腐食の影響を受けやすい。
3　腐食しやすい　酸性の強い場所では、酸により腐食が進行する。
4　腐食しにくい　正常なコンクリート中は強アルカリ性（pH12以上）の環境が保たれている。埋設した鋼製の配管は、安定した不動態膜（薄い酸化被膜）で覆われている状態になるため腐食が進行しない。
5　腐食しやすい　直流電気鉄道に近い場所では漏れた電流により、埋設した鋼製の配管の腐食が進む。

### 問3　3　 ●P.65 2

塩酸に溶けて水素を発生する金属は、水素よりイオン化傾向が大きい。

1　溶ける　$Ca + 2HCl \rightarrow CaCl_2 + H_2$
2　溶ける　$Pb + 2HCl \rightarrow PbCl_2 + H_2$
3　溶けない　金（Au）は水素（H）よりイオン化傾向が小さい。
4　溶ける　$Mg + 2HCl \rightarrow MgCl_2 + H_2$
5　溶ける　$Al + 3HCl \rightarrow AlCl_{23} + \frac{3}{2}H_2$

## 10 ● 元素の分類と有機化合物

### 問4 　3 　⇒P.65 2

1 ○ 炭素原子が多数結合したものには、鎖状構造のものと環状構造のものがある。前者を鎖式化合物、後者を環式化合物という。
2 ○ 水に溶けにくく、アルコールやアセトンなどの有機溶媒によく溶ける。
3 × 一般に、反応は遅く又その反応機構は複雑である。
4 ○ 一般に、空気中で燃焼すると二酸化炭素と水を生じる。
5 ○ 成分元素の主体は炭素、酸素、水素、窒素で、一般に可燃性である。

### 問5 　5 　⇒P.65 2

1 ○ 有機化合物分子中の炭素の量が多いと、不完全燃焼を起こしやすく、すすの発生も多くなる。
2 ○ 有機化合物の燃焼に伴って発生する明るい炎は、高温の炭素粒子が光っているものである。
3 ○ 有機化合物の燃焼時、空気の量が少ないときは、すすの発生が多くなる。すすの発生は不完全燃焼している状態である。
4 ○ 有機化合物が燃焼する際は、蒸発又は分解して発生するガスが炎を上げて燃えることが多い。
5 × 酸素不足で不完全燃焼が起こると、二酸化炭素ではなく、一酸化炭素が発生する。

### 問6 　3 　⇒P.65 2

カルボニル化合物とは、カルボニル基（ケトン基）を持つアルデヒドやケトン等の化合物を総称したものである。A〜Eの化学式によりすぐ判断できる。

A　アセトン … $(CH_3)_2CO$　カルボニル基（ケトン基）を持つ化合物。
B　フェノール … $C_6H_5OH$　ヒドロキシル基（フェノール類）を持つ化合物。
C　酢酸エチル … $CH_3COOC_2H_5$　酢酸とエタノールから水がとれて生じるエステル類である。
D　ジエチルエーテル … $(C_2H_5)_2O$　エーテル類である。
E　アセトアルデヒド … $CH_3CHO$　アルデヒド基を持つ化合物である。アルデヒド基の中にカルボニル基（ケトン基）がある。

カルボニル化合物はAとEの2つで、3が正解となる。

## 合格アドバイス

危険物取扱者試験に合格するための学習法をまとめました。

### 1 6割以上をめざす

受験科目は次の3分野に分かれています。

①**危険物に関する法令**
　（危険物の取扱作業の責任者として責務を果たすための知識・15問）
②**基礎的な物理学・基礎的な化学**
　（高等学校卒業程度・10問）
③**危険物の性質・火災予防・消火の方法**
　（高等学校卒業程度・10問）

それぞれの分野で6割以上を正解すれば合格となります。たとえば「危険物に関する法令」が苦手でも、9問正解すればよいわけです。

試験問題はマークシート方式（乙種は五肢択一）で、記述や論述、面接もありません。

### 2 よく出る問題は確実に得点を

危険物取扱者試験の出題では、過去問題が繰り返されています。

本書では「よく出る」問題にマークをつけてあります。出題パターンを覚えるつもりで繰り返し解いてください。

あれこれ詰めこむ学習は必要ありません。限られた時間で効率よく進めましょう。

### 3 自分のルールでマーキング

問題を解いてみて、すぐにわかれば○、わからなかったら×、解答・解説を読んで理解できたら△など、自由にルールを決め、問題番号に印をつけていきます。そうして不得手な科目を重点的に復習しましょう。

# PART 2

# 危険物の性質並びにその火災予防及び消火の方法

Section 11～20

# Section 11 危険物の類ごとの性状

## 1 危険物の分類

危険物は、性質によって第一類から第六類までに分類される。類ごとに決められた試験方法により、消防法上の危険物かどうかが判定される。

| 類別 | 性質 | 燃焼性 | 消火方法 | 貯蔵方法 |
|---|---|---|---|---|
| 第一類 | 酸化性固体 | 不燃性 | 冷却消火 | 密封して冷暗所貯蔵 |
| 第二類 | 可燃性固体 | 可燃性 | 窒息消火<br>赤リン、硫黄等は冷却消火 | 密封して冷暗所貯蔵 |
| 第三類 | 自然発火性物質及び禁水性物質 | 可燃性<br>一部不燃性 | 窒息消火 | 密封して冷暗所貯蔵 |
| 第四類 | 引火性液体 | 可燃性 | 窒息消火 | 密栓して冷暗所貯蔵 |
| 第五類 | 自己反応性物質 | 可燃性 | 冷却消火 | 通気のよい冷暗所貯蔵 |
| 第六類 | 酸化性液体 | 不燃性 | 燃焼物に応じた消火 | 耐酸性容器で密封貯蔵（過酸化水素を除く） |

### ①第一類危険物

**主な物質**
塩素酸塩類　過塩素酸塩類　無機過酸化物　臭素酸塩類　硝酸塩類
ヨウ素酸塩類　過マンガン酸塩類　重クロム酸塩類

| 特性 | ほとんどが無色の結晶又は白色の粉末<br>加熱、衝撃、摩擦により酸素を放出する酸素供給体（強酸化剤）<br>潮解性を持つものは紙などに染みこみ、乾燥すると爆発する |
|---|---|
| 予防 | 衝撃や摩擦を与えないようにする<br>可燃物・有機物・還元性物質・強酸類との接触を避ける<br>アルカリ金属の過酸化物は水との接触を避ける |
| 消火 | 大量に注水し、分解温度以下に冷却する<br>過酸化ナトリウムには注水は避け、乾燥砂を使う |

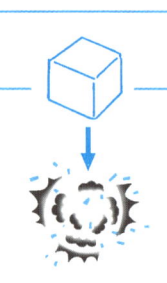

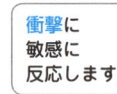

衝撃に敏感に反応します

### ②第二類危険物

**主な物質**
硫化リン　赤リン　硫黄　鉄粉　金属粉（アルミニウム粉）
マグネシウム　引火性固体（固形アルコール）

| 特性 | いずれも可燃性の固体で、酸化されやすい（燃えやすい）<br>比較的低温で着火又は引火し、燃焼が速い<br>微粉状のものは、空気中で粉じん爆発を起こしやすい |
|---|---|
| 予防 | 酸化剤との接触を避け、冷暗所に貯蔵する<br>鉄粉、金属粉、マグネシウムは水や酸との接触を避ける<br>粉じん爆発のおそれのある場合は火気を避け、換気する |

低温でも着火しやすいから注意が必要です

| 消火 | 水との接触を避けるものには**乾燥砂**、**不燃性ガス**を用いる<br>赤リン、硫黄には**水系消火剤**又は**乾燥砂**を用いる |

## ③第三類危険物

● 主な物質 ●
カリウム　ナトリウム　アルキルアルミニウム　アルキルリチウム　黄リン
アルカリ金属（リチウムなど）　有機金属化合物（ジエチル亜鉛など）

| 特性 | 空気や水と接触すると、**発火**又は**可燃性蒸気**を発生する<br>ほとんどの物質は、**自然発火性**と**禁水性**の両方の危険性を持つ<br>（黄リンは自然発火性だけを、リチウムは禁水性だけを持つ） |
| 予防 | 禁水性の物質は**水**との接触を避ける<br>自然発火性の物質は**空気**、**火花**、**高温体**との接触を避ける<br>容器の破損に注意し、**密封**して冷暗所に貯蔵する |
| 消火 | 禁水性物質には、**炭酸水素塩類**などを用いた**粉末消火薬剤**を用いる<br>禁水性以外の物質には、**水**、**強化液**、**泡**など薬剤を用いる |

## ④第五類危険物

● 主な物質 ●
有機過酸化物（過酸化ベンゾイルなど）　硝酸エステル類（ニトログリセリンなど）
ニトロ化合物（トリニトロトルエンなど）　ヒドロキシルアミン

| 特性 | いずれも**可燃性**の**液体**又は**固体**である<br>酸素を含む自己反応性物質で、**自己燃焼**を起こしやすい<br>**燃えやすく燃焼が速く**、**消火しにくい** |
| 予防 | **火気**や**加熱**、**衝撃**、**摩擦**などを避ける<br>**換気**のよい冷暗所に貯蔵する<br>分解しやすいものは**室温**や**湿度**、**通風**に注意する |
| 消火 | **大量の水**で冷却消火する（窒息消火は効果がない）<br>**爆発的**で燃焼が速いので、消火自体が困難である |

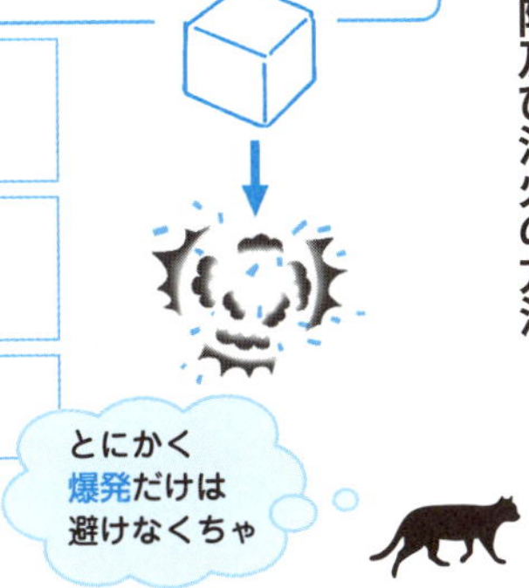

## ⑤第六類危険物

● 主な物質 ●
過塩素酸　過酸化水素　硝酸（硝酸・発煙硝酸）
ハロゲン間化合物（三フッ化臭素・五フッ化臭素・五フッ化ヨウ素）

| 特性 | いずれも酸化性の**不燃性液体**で、**無機化合物**である<br>比重は1より大きく、**水によく溶ける**<br>**強酸化剤**で、有機物と混合すると**着火**のおそれがある |
| 予防 | **火気**や**直射日光**を避ける<br>貯蔵容器は**耐酸性**のものを用い密封する（**過酸化水素**は除く）<br>**強酸化剤**なので、**還元性物質**との接触を避ける |
| 消火 | 流出事故のときは**乾燥砂**をかけ、**中和剤**を使用する<br>蒸気は**有毒**なので、防毒マスクを使用して**風上**から消火する |

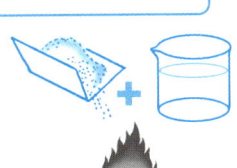

## 練習問題

**問1** 危険物の類ごとに共通する性状として、誤っているものは次のうちどれか。

1. 第一類の危険物は、いずれも不燃性の液体である。
2. 第二類の危険物は、いずれも可燃性の固体である。
3. 第三類の危険物は、自然発火性及び禁水性の物質である。
4. 第五類の危険物は、いずれも可燃性の固体又は液体である。
5. 第六類の危険物は、いずれも酸化性の液体で、不燃性の無機化合物である。

**問2** 危険物の一般的な性状として、正しいものは次のうちどれか。

1. 第一類の危険物は、酸化性の液体で可燃性である。
2. 第二類の危険物は、酸化されやすい可燃性の固体である。
3. 第三類の危険物は、空気又は水と接触すると、引火性の蒸気を発生する物質である。
4. 第五類の危険物は、分解又は爆発しやすい固体である。
5. 第六類の危険物は、そのもの自体は燃焼しない不燃性の固体である。

**よく出る**

**問3** 第一類から第六類の危険物の性状等について、正しいものは次のうちどれか。

1. 危険物には、常温（20℃）において気体、液体又は固体のものがある。
2. 危険物には、単体及び混合物の2種類がある。
3. 液体の危険物の比重は、すべて1より小さく無色である。
4. 危険物には水と接触することによって発火又は可燃性ガスを発生する物質がある。
5. 同じ類の危険物に使用する消火薬剤及び適応する消火方法は同じである。

問4 次の文の（　　）内に当てはまる語句は、次のうちどれか。
「（　　）は、比較的低温で着火又は引火し、酸化されやすく、燃えやすい固体である。一般に、酸化剤との接触を避け冷暗所に貯蔵する」
1　第一類の危険物
2　第二類の危険物
3　第三類の危険物
4　第五類の危険物
5　第六類の危険物

問5　危険物の一般的な性状として、正しいものは次のうちどれか。
1　第一類の危険物は、分子構造中に酸素を含有し、内部（自己）燃焼する物質である。
2　第二類の危険物は、水と接触することで激しく発熱し、可燃性ガスを発生させる。
3　第三類の危険物は、比較的低温で着火しやすい可燃性の固体である。
4　第五類の危険物は、外部から酸素の供給がなくても燃えやすく、燃焼が速い。
5　第六類の危険物は、不燃性で強い酸化剤の性状を有する固体である。

よく出る
問6　危険物の類ごとに共通する一般的な性状として、正しいものは次のうちどれか。
1　第一類の危険物は、可燃性の固体又は液体であり、加熱すると激しく燃焼する。
2　第二類の危険物は、比較的低温で着火又は引火する危険性がある可燃性の固体で、微粉状のものは空気中で粉じん爆発を起こしやすい。
3　第三類の危険物は、一酸化炭素と接触すると分解発熱して発火する。
4　第五類の危険物は、窒素及び酸素含有の自己反応性物質であり、強還元性がある。
5　第六類の危険物は、酸化力が強い不燃性の固体であり、プラスチックやガラスを容易に腐食する。

# 練習問題 正解 と 解説

**問1** 　1　　⇒P.72 **1** ／ P.231

1　×　不燃性液体の性状を持つのは第六類の危険物である。第一類の危険物の性状は、酸化性固体である。
2　○　第二類の危険物は、いずれも可燃性の固体で、酸化されやすい物質である。
3　○　第三類の危険物は、空気又は水と接触すると直ちに危険性が生じる固体又は液体である。
4　○　第五類の危険物は、いずれも可燃性の固体又は液体である。
5　○　第六類の危険物は、酸化性の液体で、いずれも不燃性の無機化合物である。

**問2** 　2　　⇒P.72 **1** ／ P.231

1　×　第一類の危険物は酸化性の固体で、一般に不燃性である。
2　○　第二類の危険物はいずれも可燃性の固体で、酸化されやすい。
3　×　第三類の危険物は、空気又は水と接触すると可燃性ガスを発生する。引火性の蒸気ではない。
4　×　第五類の危険物は、分解又は爆発しやすい物質（固体又は液体）であり、「固体だけ」というのは誤り。
5　×　第六類の危険物は、そのもの自体は燃焼しない不燃性の液体であり、「固体」というのは誤り。

**問3** 　4　　⇒P.72 **1**

1　×　消防法上の危険物には、気体は存在しない。
2　×　単体及び混合物、化合物の3種類が存在する。
3　×　「比重はすべて1より小さく、無色である」というのは誤り。たとえば、ニトロベンゼンは比重1.2、淡黄色又は暗黄色の液体である。
4　○　第三類の危険物の性質である。
5　×　同じ類の危険物でも、使用する消火薬剤や適応する消火方法は異なる。物質ごとの対応の仕方を確認する必要がある。

## 11 ● 危険物の類ごとの性状

**問4** 　**2**　　⇒P.72 **1**

問題文は、第二類の危険物に共通する特性を示している。第二類の危険物は可燃性固体の性状を示すものをいう。共通する特性及び共通する火災予防の方法や消火の方法について、再確認しておこう。

**問5** 　**4**　　⇒P.72 **1**

1　×　第五類の危険物の説明である。
2　×　第三類の危険物（禁水性物質）の説明である。
3　×　第二類の危険物の説明である。
4　○　第五類の危険物の説明である。
5　×　第一類の危険物の説明である。

**問6** 　**2**　　⇒P.72 **1**

1　×　第五類の危険物の説明である。
2　○　第二類の危険物の説明である。
3　×　第三類の危険物は、空気や水と接触すると分解発熱して発火する。「一酸化炭素」とあるのは誤り。
4　×　第五類の危険物は、可燃物と酸素が共存している物質で自己燃焼性を有している。「強還元性」とあるのは誤り。
5　×　第六類の危険物は、酸化力が強い不燃性の液体で、腐食性があり、皮膚をおかす。「固体」とあるのは誤り。

# Section 12 第四類危険物の特性

## 1 第四類危険物の分類と特性

### ①第四類危険物の分類

第四類危険物は、消防法別表第一の第四類の品名欄に掲げられている**引火性液体**の性状があるもので、主に引火点によって次の7つに分類されている。

― **第四類危険物の7つの分類** ―

- 二硫化炭素など **特殊引火物**
- ガソリンなど **第一石油類**
- メタノールなど **アルコール類**
- 軽油・灯油など **第二石油類**
- 重油など **第三石油類**
- シリンダー油など **第四石油類**
- アマニ油など **動植物油類**

### ②第四類危険物に共通する特性

- いずれも**引火性の液体**である
- 蒸気と空気との混合物は、割合によって**燃焼、爆発の危険**がある
- 液比重が**1より小さく（水より軽く）**水には溶けないものが多い
- 蒸気比重が**1より大きい（空気より重い）**ため、低所に滞留する
- 電気の**不良導体**であるものが多く、**静電気**が発生しやすい
- 発火点の低いものがある（低いものほど発火の危険性が高い）

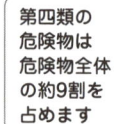

> 第四類の危険物は危険物全体の約9割を占めます

| 品名 | 分類（引火点等） | | 指定数量 | 危険性 |
|---|---|---|---|---|
| 特殊引火物 | 発火点100℃以下、又は引火点−20℃以下で沸点40℃以下 | | 50ℓ | 大 |
| 第一石油類 | 引火点21℃未満 | 非水溶性 | 200ℓ | ↑ |
| | | 水溶性 | 400ℓ | |
| アルコール類 | C₁−C₃のアルコール | | 400ℓ | |
| 第二石油類 | 引火点21℃以上70℃未満 | 非水溶性 | 1,000ℓ | |
| | | 水溶性 | 2,000ℓ | |
| 第三石油類 | 引火点70℃以上200℃未満 | 非水溶性 | 2,000ℓ | |
| | | 水溶性 | 4,000ℓ | ↓ |
| 第四石油類 | 引火点200℃以上250℃未満 | | 6,000ℓ | |
| 動植物油類 | 引火点250℃未満 | | 10,000ℓ | 小 |

※第四類は、主に引火点によって7つの品名に分類されている

## 2 第四類危険物の危険性

蒸気比重が1より大きく、空気より重いため低所に流れ、点火源から遠く離れていても引火する危険性がある。また、液比重が1より小さく水に溶けないものが多く、流出すると水の表面に広がり、燃焼面積が広がってしまうので注意が必要となる。

発火点の低いものほど発火の危険性が高く、特殊引火物では、二硫化炭素（発火点90℃）、ジエチルエーテル（発火点160℃）など発火点の低いものが数多く存在する。これらは、点火源がなくても加熱されただけで発火する場合があるため、温度管理が大事な災害予防策となる。また、電気の不良導体の物質は、静電気を発生し点火源となりやすいため、特に注意が必要となる。

第四類危険物の危険性をまとめると、次のとおりとなる。

アースをつないで静電気を逃がそう

| 危険物の性質 | 危険性 |
|---|---|
| すべて引火性の液体<br>引火しやすく燃焼しやすい可燃物 | 引火しやすい可燃物である（燃焼する）<br>可燃物の除去や冷却による消火方法が困難 |
| 蒸気比重＞1（1より大きい） | 空気より重いため可燃性蒸気が低所に滞留 |
| 蒸気は空気と混ざり燃焼範囲の混合気体を容易につくる | 一定の濃度（燃焼範囲下限界）になると火気等による引火又は爆発の危険性がある |
| 引火点の低いものがある。常温（20℃）以下や0℃以下のものがある | 常温で引火しやすい（燃焼しやすい） |
| 燃焼下限界（引火点）が小さいものが多い | 危険性が高く引火しやすい |
| 液比重＜1（1より小さい）で、水に溶けないものが多い | 水の表面に薄く広がり、延焼等、拡大の危険性が大きい |
| 発火点が低い | 発火の危険性が大きい<br>点火源がなくても加熱されただけで発火 |
| 酸化熱を蓄積するものがある | 常温（20℃）で酸化しやすい<br>動植物油類は自然発火の危険性が大きい |
| 電気の不良導体が多い | 静電気が蓄積されやすい。送油・撹はん時に静電気を発生しやすい → 点火源となる |
| 有毒な蒸気を発生するものがある | 蒸気を吸入すると急性又は慢性の中毒症状など人体への影響が大きい |

## 練習問題

**よく出る**

**問1** 第四類の危険物の一般的な性状として、誤っているものは次のうちどれか。

1 引火点を有し、液温が−20℃以下で引火するものがある。
2 いずれも引火性の液体である。
3 発火点の低いものがあり、発火点の低いものほど発火の危険性が高まる。
4 可燃性蒸気は燃焼範囲を有し、その燃焼下限界に達する液温の低いものほど引火の危険性が低くなる。
5 液比重が1より小さく、水に溶けるものもある。

**よく出る**

**問2** 第四類の危険物の一般的な性状として、正しいものは次のうちどれか。

1 指定数量の小さい特殊引火物は、指定数量の大きい動植物油類より危険性は小さい。
2 電気の不良導体であるため静電気が発生しやすく、静電気の火花で引火することがある。
3 可燃性蒸気と空気との混合物は、いかなる混合割合でも燃える。
4 発火点がいずれも100℃以下なので、発火の危険性が高い。
5 引火点が低いので、いずれも常温（20℃）で自然発火する。

**問3** 第四類の危険物の一般的な性状として、誤っているものは次のうちどれか。

1 可燃性の蒸気と空気との混合割合が、一定の濃度範囲を超えると燃焼しなくなる。
2 すべて引火性を有する液体であり、自然発火性も有する。
3 送油や撹はん時に静電気を発生する物質が多いので、放電の際の火花で引火する危険がある。
4 第四類の危険物には、発火点が100℃以下のものもある。
5 引火点の低い物質ほど引火の危険性が高い。

### 問4 第四類の危険物の一般的な性状として、誤っているものは次のうちどれか。

1 第四類の危険物には、点火源がなくても加熱されただけで発火するものがある。
2 沸点が水より高いものがあり、沸点の高いものは引火の危険性は低い。
3 燃焼範囲には下限界と上限界があり、燃焼範囲の広い物質ほど危険性が高い。
4 燃焼点が引火点より低いものが多い。
5 蒸気比重が1より大きいため空気より重く、低所に流れる。

**よく出る**

### 問5 第四類の危険物の一般的な性状として、誤っているものは次のうちどれか。

1 液体の比重は1より小さいため水より軽く、水に溶けないものが多い。
2 水溶性に分類されているものは、水で薄めると発火点や引火点が低くなる。
3 ほとんどのものが、常温（20℃）で液体の状態である。
4 蒸気比重が1より大きいため、蒸気は低所に滞留しやすい。
5 非水溶性に分類されているものは、水溶性のものに比べ流動や撹（かく）はんにより静電気が発生しやすい。

## 練習問題 正解 と 解説

**問1** 　4　　⇒P.78 **1** / P.79 **2** / P.232

1　○　引火点を有するのは第四類の危険物に共通する特性で、特殊引火物は液温が−20℃以下で引火する。
2　○　第四類の危険物の共通する特性である。
3　○　発火点の低いものには、二硫化炭素やジエチルエーテルなどがある。
4　×　可燃性蒸気は燃焼範囲を有し、可燃性蒸気と空気との混合物の含有率が最小のものを燃焼下限界という。燃焼下限界が低く燃焼範囲が広いものほど、危険性が高くなる。
5　○　第四類の危険物は液比重が1より小さいものがほとんどで、水に溶けないものが多い。

**問2**　2　　⇒P.78 **1** / P.79 **2** / P.232

1　×　指定数量の小さい物質ほど危険性は大きい。指定数量50ℓの特殊引火物は、他の物質より危険性が大きい。
2　○　第四類の危険物は、電気の不良導体であるものが多く静電気が発生しやすいので、静電気の火花で引火することがある。
3　×　可燃性蒸気と空気との混合物は、その混合割合が一定範囲内のときだけ燃焼する。いかなる混合割合でも燃えるわけではない。
4　×　発火点が100℃以下の物品（二硫化炭素）もあるが、その多くは100℃以上である。発火点が低いものほど発火の危険性は高まる。
5　×　第四類の危険物は引火点の低い物質が多いが、引火点が低いことと自然発火との因果関係はない。

## 12 ● 第四類危険物の特性

**問3** **2** ➡P.78 **1** / P.79 **2**

1 ○ 燃焼範囲の上限界を超えると燃焼しなくなる。
2 × 第四類の危険物は、引火点を有する液体だが、自然発火性は有しない。
3 ○ 静電気が放電するときに発生する火花によって引火する危険がある。
4 ○ 二硫化炭素（特殊引火物）は、発火点が90℃である。
5 ○ 引火点の低い物質ほど、引火の危険性が高まる。

**問4** **4** ➡P.78 **1** / P.79 **2**

1 ○ 第四類の危険物のうち、二硫化炭素など発火点の低いものは、点火源がなくても加熱されただけで発火する場合がある。
2 ○ 第四類の危険物には、沸点が水より高いものがあり、沸点が高まるにつれ引火の危険性は低くなる。
3 ○ 燃焼範囲には燃焼下限界と燃焼上限界があり、燃焼範囲の広いものほど危険性が高まる。
4 × 燃焼点とは、小さな点火炎により連続的に燃焼を始めるときの試料温度のことをいう。同一試料では、引火点より燃焼点の方が高くなる。
5 ○ 蒸気比重とは、標準状態における空気１ℓの重さとの比で表したものである。蒸気比重が１より大きいと低所に流れて滞留する。

**問5** **2** ➡P.78 **1** / P.79 **2**

1 ○ 第四類の危険物は液比重が１より小さい（水より軽い）ものがほとんどで、水に溶けないものが多い。
2 × 水で薄めても、発火点や引火点は変わらない。
3 ○ 引火点が常温（20℃）より低いものは、常温で可燃性蒸気を発生しているが、ほとんどのものは常温で液体の状態であるといえる。
4 ○ 蒸気比重が１より大きいと、低所に流れこみ滞留しやすくなる。このため、遠く離れた風下側の点火源から引火する危険性がある。
5 ○ 非水溶性のものは、流動や撹はんにより静電気が発生、蓄積しやすい。蓄積すると、放電火花により引火する危険性が高まる。

# Section 13 第一石油類①

## 1 第一石油類の特性

石油類は第一〜第四石油類に分類される。そのうち第一〜第三石油類はさらに水溶性と非水溶性に分けられ、指定数量も異なる。

①**第一石油類とは**

第一石油類にはガソリン、アセトン、ベンゼンなどがあり、1気圧で引火点が21℃未満のものをいう。危険性は、非水溶性のものの方が水溶性のものより高いため、指定数量は非水溶性が200ℓ、水溶性が400ℓとなっている。

②**第一石油類の性質**

- 引火点は1気圧で21℃未満である
- 無色透明で特異臭がある
- 自動車用のガソリンはオレンジ系色に着色されている
- 液比重が水より小さい(液比重 < 1)
- 蒸気比重が空気より大きい(蒸気比重 ≧ 2)
- 流動性が大きく、引火しやすい
- 非水溶性液体と水溶性液体に区分される

※水溶性液体とは、常温(20℃)・1気圧で同じ容量の純水と緩やかにかき混ぜた場合、流動がおさまった後も混合液が均一な見かけを維持するものをいう

> 身近なガソリンは水溶性のアセトンの2倍危ないんだな

◆**第一石油類の性状**

| | 水溶性 | 指定数量 | 比重 | 蒸気比重 | 沸点 | 引火点(℃) | 発火点(℃) | 燃焼範囲vol% | 液色 | 毒性 |
|---|---|---|---|---|---|---|---|---|---|---|
| ガソリン | 非水溶性 | 200ℓ | 0.65〜0.75 | 3.0〜4.0 | 40〜220 | ≦−40 | 300 | 1.4〜7.6 | 無色(自動車用はオレンジ系色に着色) | ― |
| ベンゼン | | | 0.9 | 2.8 | 80 | −11.1 | 498 | 1.2〜7.8 | 無色 | 有 |
| トルエン | | | 0.9 | 3.1 | 111 | 4 | 480 | 1.1〜7.1 | 無色 | 有(ベンゼンより小) |
| 酢酸エチル | | | 0.9 | 3.0 | 77 | −4 | 426 | 2.0〜11.5 | 無色 | ― |
| メチルエチルケトン | | | 0.8 | 2.5 | 80 | −9 | 404 | 1.4〜11.4 | 無色 | ― |
| アセトン | 水溶性 | 400ℓ | 0.8 | 2.0 | 56 | −20 | 465 | 2.5〜12.8 | 無色 | ― |
| ピリジン | | | 0.98 | 2.7 | 115.5 | 20 | 482 | 1.8〜12.4 | 無色 | 有 |

## 2 第一石油類の主な物質

**ガソリン**

ガソリンは、第一石油類の非水溶性液体に分類される。

日本工業規格（JIS）では、自動車ガソリン、工業ガソリン、航空ガソリンの3種類に分けられるが、消防法別表第一の備考で指定されているガソリンは、自動車ガソリン、工業ガソリン（1号：ベンジン、2号：ゴム揮発油、3号：大豆揮発油）だけである。

原油から分溜されたもののうち、沸点が40〜220℃と最も低い区分の液状炭化水素である（炭素数は4〜12程度の炭化水素）。無色で特有の臭気がある揮発性の液体で、水には溶けない。

蒸気は空気の3〜4倍重いため、低所に流れこみ滞留しやすい。電気の不良導体であるため、流動などの際には静電気が発生しやすく、引火しやすいので危険である。

**注意** 燃焼範囲の下限界が小さいので、わずかな空気との混合で引火する。静電気防止のため激しい攪(かく)はんを避け、室内の乾燥にも注意する。

**予防** 近くで火花を発生する器具などは使わない。
通風や換気をよくする。
容器は密栓し、冷暗所に貯蔵する。
下水溝や川などに流出させない。
静電気が発生、蓄積しないようにする。

**消火** 二酸化炭素、ハロゲン化物、泡、粉末の使用による窒息消火で対応する。

> ガソリンはゴムや油脂などを溶かします。引火しやすいので火気を近づけないでね

## 練習問題

**問1** 第一石油類の一般的性状として、正しいものは次のうちどれか。
1 ほとんどの物質が、水によく溶け水より軽い。
2 一般に、第二石油類に比べて引火の危険性は小さい。
3 すべて、蒸気比重が1以上の液体である。
4 すべて、沸点は100℃以下である。
5 引火点は、1気圧において21℃以上70℃未満である。

**問2** ガソリンの性状等について、誤っているものは次のうちどれか。
1 揮発しやすく、その蒸気は空気より約3〜4倍重い。
2 特異臭のある液体であり、蒸気を吸引すると気分が悪くなることがある。
3 日本工業規格では、自動車ガソリン、工業ガソリン、航空ガソリンの3種類に分けられている。
4 炭素数15〜30の炭化水素混合物である。
5 非水溶性の液体である。

**問3** ガソリンの性状等について、誤っているものは次のうちどれか。
1 過酸化水素や硝酸などの酸化性物質と混合しても、発火の危険性は低い。
2 ゴムや油脂などを溶かし、皮膚に触れると皮膚炎を起こすことがある。
3 燃焼範囲の下限界が小さく、わずかな空気との混合でも引火する。
4 微量の有機硫黄化合物が、不純物として含まれることがある。
5 自動車ガソリンは、識別しやすいようオレンジ系色に着色されている。

## 問4 自動車ガソリンの性状について、誤っているものは次のうちどれか。

1. 燃焼範囲は、6.0〜36vol%である。
2. 蒸気は空気より3〜4倍重い。
3. 引火点は-40℃以下で、きわめて引火しやすい。
4. 電気の不良導体であるため、流動や摩擦などの際に静電気が発生しやすい。
5. 比重が小さいため、水のある場所に流出した場合、水面に広がりやすい。

## 問5 ガソリンが灯油より危険性が大きい理由として、正しいものは次のうちどれか。

1. 灯油よりガソリンの方が揮発しにくいから。
2. 灯油は水にわずかに溶けるのに対し、ガソリンは水に全く溶けないから。
3. 灯油より発火点が低いから。
4. 灯油より蒸気比重が重いから。
5. 燃焼範囲はほぼ同程度だが、引火点が灯油より低いから。

## 問6 ガソリンを貯蔵していたタンクに灯油をそのまま入れると爆発することがある。それを防ぐため、タンク内のガソリン蒸気を完全に除去してから灯油を入れる必要があるが、その理由として適切なものは次のうちどれか。

1. タンク内のガソリン蒸気が、灯油の蒸気と混合し化学反応が起こって自然発火しやすい物質に変化するから。
2. タンク内のガソリン蒸気が灯油の注入で発熱し、自然発火することがあるから。
3. タンク内のガソリン蒸気と灯油を混合すると、化学反応が起こって発熱し、発火することがあるから。
4. タンク内のガソリン蒸気が灯油に吸収され、蒸気濃度が燃焼範囲内に下がり、灯油を注入して発生した静電気の放電火花で引火することがあるから。
5. タンク内のガソリン蒸気が灯油と混合し、灯油の発火点を下げるから。

## 練習問題 正解 と 解説

**問1** 　**3** 　　⇒P.84 **1** ／ P.232

第一石油類とは、アセトン、ガソリンのほか、1気圧において引火点が21℃未満のものをいう。第一石油類には、非水溶性液体と水溶性液体がある。
1　×　第一石油類には非水溶性のものと水溶性のものがある。
2　×　一般に、第二石油類に比べて引火の危険性は大きい。
3　○　第一石油類の一般的性状である。
4　×　トルエンやピリジンなど、100℃以上のものもある。
5　×　第一石油類の引火点は、1気圧において21℃未満である。

**問2** 　**4** 　　⇒P.85 **2**

ガソリンは第一石油類の非水溶性液体に該当する。出題されやすい項目なので、細部もしっかり覚えておきたい。
1　○　ガソリンは揮発しやすく、その蒸気は空気より3～4倍重く低所に滞留しやすい。
2　○　ガソリンは特異臭のある液体で、蒸気を吸引すると頭痛やめまいなどを起こすことがある。
3　○　日本工業規格では、ガソリンは自動車ガソリン、航空ガソリン、工業ガソリンの3種類に分けられるが、消防法別表第一の備考で品目指定されているのは自動車ガソリン、工業ガソリンだけである。
4　×　炭素数4～12程度の炭化水素混合物である。
5　○　非水溶性の液体とは水溶性液体以外のものをいい、ガソリンは水には溶けない。

**問3** 　**1** 　　⇒P.85 **2**

1　×　過酸化水素や硝酸などの酸化性物質と混合すると、発火の危険性が高まる。
2　○　ゴムや油脂等を溶かし、皮膚に触れると、皮膚炎を起こすことがある。
3　○　引火しやすいので、静電気防止に気を配る必要がある。
4　○　ガソリンには微量の有機硫黄化合物が不純物として含まれることがある。
5　○　灯油や軽油と識別しやすいよう、自動車ガソリンはオレンジ系色に着色されている。

13 ● 第一石油類①

### 問4  1  ➡P.85 2

1 × 自動車ガソリンの燃焼範囲は、1.4～7.6vol%である。
2 ○ 蒸気は空気より3～4倍重いため、低所に滞留しやすい。
3 ○ 引火点が－40℃以下と低く、きわめて引火しやすいので点火源を近づけないようにすべきである。
4 ○ 流動、摩擦などの際に静電気が発生しやすいので、静電気の蓄積を防ぐ必要がある。
5 ○ ガソリンの比重は0.65～0.75と軽いため、水面に広がりやすい。

### 問5  5  ➡P.85 2／P.96 1

1 × ガソリンの方が揮発しやすい。
2 × ともに水には溶けない。
3 × ガソリンの発火点は約300℃、灯油の発火点は220℃である。
4 × ガソリンの蒸気比重は3～4で、灯油の蒸気比重は4.5である。
5 ○ ガソリンの燃焼範囲は1.4～7.6vol%、引火点は－40℃以下、灯油の燃焼範囲は1.1～6.0vol%、引火点は40℃以上（市販の白灯油の引火点は一般に45～55℃）である。

### 問6  4  ➡P.85 2

1 × タンク内のガソリン蒸気と灯油を混合しても化学反応は起こらない。又自然発火しやすい物質に変化することもない。
2 × 自然発火するには、酸化・分解時に発生する反応熱がかなり大きく、蓄積しやすい状態にしておく必要がある。タンク内への灯油の注入で自然発火する条件を満たすことはない。
3 × タンク内のガソリン蒸気と灯油を混合しても、化学反応は起こらない。
4 ○ タンク内に充満したガソリン蒸気が灯油に吸収されると、燃焼範囲内に蒸気濃度が下がる。灯油を注入する際に発生した静電気の放電火花が点火源になり、引火することがある。
5 × 混合による発火点の変化はない。

## Section 14 第一石油類②

### 1 第一石油類（非水溶性）

第一石油類の非水溶性液体にはガソリンのほか、ベンゼンやトルエン、酢酸エチルなどがある。
これらの物質の危険性や火災予防と消火の方法は、ガソリンに準ずる。

#### ①ベンゼン $C_6H_6$

ベンゼンは**無色透明**の液体で、**揮発性の特異臭**がある。**水には溶けない**が、アルコールやジエチルエーテルなど多くの有機溶剤によく溶ける。
**毒性が強く**、蒸気を吸入すると急性又は慢性の**中毒症状**を起こすため、流出事故の際には特に要注意である。冬季に固化したものも引火の危険性があるので、火気にはくれぐれも注意する。ベンゼン環を持ち、**付加反応**よりも**置換反応**の方が起こりやすい。

**消火** 泡、二酸化炭素、粉末、ハロゲン化物による窒息消火で対応する。

| ベンゼンの性質 | |
|---|---|
| 比重 | 0.9 |
| 沸点 | 80℃ |
| 融点 | 5.5℃ |
| 引火点 | －11.1℃ |
| 発火点 | 498℃ |
| 燃焼範囲 | 1.2～7.8vol% |
| 蒸気比重 | 2.8 |

#### ②トルエン $C_6H_5CH_3$

トルエンの性質や危険性、消火方法は、ベンゼンに準じている。トルエンは**無色透明**の液体で、**特有の臭気**がある。**水には溶けない**が、アルコールやジエチルエーテルなど多くの有機溶剤によく溶ける。蒸気に**毒性**があるが、危険度はベンゼンより低い。

**消火** 泡、二酸化炭素、粉末、ハロゲン化物による窒息消火で対応する。

| トルエンの性質 | |
|---|---|
| 比重 | 0.9 |
| 沸点 | 111℃ |
| 引火点 | 4℃ |
| 発火点 | 480℃ |
| 燃焼範囲 | 1.1～7.1vol% |
| 蒸気比重 | 3.1 |

#### ③酢酸エチル $CH_3COOC_2H_5$

酢酸エチルは**無色**の液体で、**果実のような芳香**がある。**水に少し溶け**、ほとんどの有機溶剤に溶ける。引火しやすいので、火気や火花を飛ばす器具は近づけないようにする。

> 川や下水溝などに流出させると水面に浮かんで広がるからより危険です

保管の際には、容器は密栓し冷暗所に貯蔵して通風と換気に注意する。
引火しやすく、流動の際に静電気を発生しやすいので、取扱いに注意する。

消火 泡、二酸化炭素、粉末、ハロゲン化物による窒息消火で対応する。

④メチルエチルケトン　$CH_3COC_2H_5$

塗料溶剤などに用いられるメチルエチルケトンは、無色の液体で、アセトンに似た臭気がある。
水にわずかに溶け、アルコールやジエチルエーテルなどにはよく溶ける。
引火しやすいので、火気や火花を飛ばす器具は近づけないようにする。
保管の際には、容器は密栓し直射日光を避けて冷暗所に貯蔵し、通風と換気に注意する。

消火 一般の泡消火剤は不適当だが、水の噴霧放水であれば冷却と希釈効果により消火できる。耐アルコール泡、二酸化炭素、粉末、ハロゲン化物も有効である。

| 酢酸エチルの性質 ||
|---|---|
| 比重 | 0.9 |
| 沸点 | 77℃ |
| 融点 | −83.6℃ |
| 引火点 | −4℃ |
| 発火点 | 426℃ |
| 燃焼範囲 | 2.0〜11.5vol% |
| 蒸気比重 | 3.0 |

| メチルエチルケトンの性質 ||
|---|---|
| 比重 | 0.8 |
| 沸点 | 80℃ |
| 融点 | −86℃ |
| 引火点 | −9℃ |
| 発火点 | 404℃ |
| 燃焼範囲 | 1.4〜11.4vol% |
| 蒸気比重 | 2.5 |

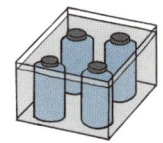

## 2 第一石油類（水溶性）

第一石油類の水溶性液体には、アセトンやピリジン、ジエチルアミンなどがある。

### アセトン　$CH_3COCH_3$

アセトンは、無色透明の揮発性の液体で、特異臭がある。水のほか、アルコールやジエチルエーテルなどにもよく溶ける。油脂などをよく溶かすため、溶剤として使用される。
引火しやすいので、火気や火花を飛ばす器具は近づけないようにする。
保管の際には、容器は密栓し直射日光を避けて冷暗所に貯蔵し、通風と換気に注意する。

| アセトンの性質 ||
|---|---|
| 比重 | 0.8 |
| 沸点 | 56℃ |
| 引火点 | −20℃ |
| 発火点 | 465℃ |
| 燃焼範囲 | 2.5〜12.8vol% |
| 蒸気比重 | 2.0 |

## 練習問題

**問1** ベンゼン（ベンゾール）の性状として、誤っているものは次のうちどれか。

1 付加反応よりも置換反応の方が起こりやすい。
2 引火点が常温（20℃）より低いので、引火の危険性が高い。
3 揮発性を有し、発生する蒸気は毒性が強いため中毒症状を起こす。
4 水によく溶け、水と反応して発熱する。
5 発生する蒸気は空気より重いので、低所に滞留しやすい。

**問2** トルエン（トルオール）の性状として、誤っているものは次のうちどれか。

1 揮発性があり、蒸気には毒性がある。
2 蒸気比重は1より大きく、空気より重い。
3 引火点は常温（20℃）より低く、ベンゼンより低い。
4 無色の液体で、特有の臭気がある。
5 アルコールやジエチルエーテルにはよく溶けるが、水には溶けない。

**問3** トルエンの性状として、正しいものは次のうちどれか。

1 蒸気の毒性はベンゼンより強い。
2 果実のような特有の芳香がある。
3 液比重が1より大きい。
4 発火点はベンゼンより低く、アセトンより高い。
5 無色又は黄色の液体である。

## 14 ● 第一石油類②

**よく出る**
**問4** ベンゼンとトルエンの性状として、誤っているものは次のうちどれか。
1 どちらも揮発性を有し、蒸気に毒性がある。
2 どちらも無色透明の液体で、液比重は1より小さい。
3 どちらもベンゼン環を持つ芳香族炭化水素である。
4 どちらも常温（20℃）より高い引火点を持つ。
5 どちらもアルコールなど多くの有機溶剤に溶ける。

**問5** アセトンの性状として、誤っているものは次のうちどれか。
1 無色透明で特異臭がある、揮発性の液体である。
2 引火点は0℃より低い。
3 水によく溶け、アルコールやジエチルエーテルなどにも溶ける。
4 蒸気比重はベンゼンより大きい。
5 沸点は100℃以下である。

**よく出る**
**問6** アセトンの性状として、誤っているものは次のうちどれか。
1 液比重1以下の無色透明の液体で、特異臭を有する。
2 燃焼範囲は2.5〜12.8vol%である。
3 蒸気比重が1より大きく空気より重いため、低所に流れこみ滞留する。
4 油脂などをよく溶かすため、溶剤として使用される。
5 蒸気比重はベンゼン、酢酸エチル、トルエンに比べ大きい。

**練習問題 正解と解説**

**問1** 4 　⇨P.90 **1** ／ P.232

1 ○ ベンゼンはベンゼン環を持ち、付加反応より置換反応の方が起こりやすい性質がある。
2 ○ ベンゼンの引火点は－11.1℃なので、引火の危険性が高い。
3 ○ 揮発性を有し、発生する蒸気は毒性が強く、その蒸気を吸入すると急性又は慢性の中毒症状を起こす危険性がある。
4 × 水に溶けないが、アルコールやジエチルエーテルなどの有機溶剤にはよく溶ける。
5 ○ ベンゼンの蒸気比重は2.8で、空気より重い。

**問2** 3 　⇨P.90 **1** ／ P.232

1 ○ 揮発性があり、蒸気には毒性があるが、ベンゼンよりは毒性が弱い。
2 ○ トルエンの蒸気比重は3.1で、空気より重い。
3 × トルエンの引火点は4℃、ベンゼンの引火点は－11.1℃で、常温（20℃）より低いが、ベンゼンよりは高い。
4 ○ 無色の液体で、芳香族特有の臭気がある。
5 ○ 水に溶けないが、アルコールやジエチルエーテルなどの有機溶剤にはよく溶ける。

**問3** 4 　⇨P.90 **1** ／ P.91 **2** ／ P.232

1 × 蒸気の毒性は、ベンゼンより弱い。
2 × 果実のような芳香ではないが、特有の臭気がある。
3 × トルエンの液比重は0.9である。
4 ○ トルエンの発火点は480℃、ベンゼンは498℃、アセトンは465℃である。
5 × 無色の液体である。

14 ● 第一石油類②

### 問4  4  ➡P.90 ■1 / P.232

ベンゼン、トルエンともに、第一石油類の非水溶性液体に分類されている。

1 ○ どちらも揮発性を有し、蒸気が有毒である。ただし、トルエンの蒸気の毒性はベンゼンより弱い。
2 ○ どちらも無色の液体で、液比重は1より小さい。ベンゼン、トルエンの液比重はともに0.9である。
3 ○ どちらもベンゼン環を持つ芳香族炭化水素である。トルエンはメチル基（－$CH_3$）を持つ。
4 × どちらも引火点は常温(20℃)より低い。ベンゼンの引火点は－11.1℃、トルエンの引火点は4℃である。
5 ○ どちらもアルコールやジエチルエーテルなどの有機溶剤によく溶ける。

### 問5  4  ➡P.91 ■2 / P.232

アセトンは、第一石油類の水溶性液体に分類される。水溶性液体とは、1気圧において、常温（20℃）で同容量の純水と緩やかにかき混ぜたとき、流動がおさまった後も混合液が均一な外観を維持するものをいう。

1 ○ 無色透明な特異臭を有する液体である。
2 ○ アセトンの引火点は－20℃である。
3 ○ 水やアルコール、ジエチルエーテルなどによく溶ける。また、油脂などをよく溶かす。
4 × アセトンの蒸気比重は2.0、ベンゼンは2.8である。
5 ○ アセトンの沸点は56℃である。

### 問6  5  ➡P.91 ■2 / P.232

1 ○ アセトンの液比重は0.8。無色透明の液体で、特異臭がある。
2 ○ アセトンの燃焼範囲は2.5〜12.8vol%である。
3 ○ アセトンの蒸気比重は2.0。蒸気は空気より重いため、低所に流れこみ滞留する。
4 ○ 油脂などをよく溶かすため、溶剤として使用されている。
5 × アセトンの蒸気比重は2.0。ベンゼンは2.8、酢酸エチルは3.0、トルエンは3.1なので、アセトンが最も小さい。

# Section 15 第二石油類

## 1 非水溶性液体

第二石油類とは、灯油や軽油のほか、**1気圧において引火点が21℃以上70℃未満**のものをいう。非水溶性液体と水溶性液体に分類されている。
非水溶性液体には、灯油・軽油（ディーゼル油）・クロロベンゼンなどがある。

> 第二石油類は蒸気が空気より重いものばかりです

| 性質 | | 指定数量 | 比重 | 蒸気比重 | 沸点(℃) | 引火点(℃) | 発火点(℃) | 燃焼範囲(vol%) | 液色 | 腐食性 |
|---|---|---|---|---|---|---|---|---|---|---|
| 灯油 | 非水溶性 | 1,000ℓ | 0.8程度 | 4.5 | 145〜270 | ≧40 | 220 | 1.1〜6.0 | 無色又は淡紫黄色 | − |
| 軽油 | | | 0.85程度 | 4.5 | 170〜370 | ≧45 | 220 | 1.0〜6.0 | 淡黄色又は淡褐色 | − |
| クロロベンゼン | | | 1.1 | 3.9 | 132 | 28 | 593〜649 | 1.3〜9.6 | 無色 | − |
| キシレン | | | 0.86〜0.88 | 3.66 | 138〜144 | 27〜33 | 463〜528 | 1.0〜7.0 | 無色 | − |
| 酢酸（氷酢酸） | 水溶性 | 2,000ℓ | 1.05 | 2.1 | 118 | 39 | 463 | 4.0〜19.9 | 無色 | 有 |
| プロピオン酸 | | | 1.00 | 2.56 | 140.8 | 52 | 465 | − | 無色 | 有 |
| アクリル酸 | | | 1.06 | 2.45 | 141 | 51 | 438 | − | 無色 | 有 |

### ①灯油

灯油は、原油を蒸留するときにガソリンと軽油の中間にできる。**無色又はやや黄色**で、**特異臭**がある。
炭素数11〜13の**炭化水素**が主成分で、**水には溶けない**。油脂などを溶かすため、溶剤に使用されている。家庭用のストーブに使われる**白灯油**の引火点は、一般に**45〜55℃**である。

**注意** 加熱によって液温が引火点以上になると、引火の危険性はガソリンと同様となる。蒸気は**空気より4〜5倍重く**、低所に滞留しやすいので、静電気対策が必要となる。霧状で浮遊するときには空気との接触面積が大きくなり危険度も増大する。

**予防** 火気や火花を飛ばす機器などを近づけない。保管の際には、**容器は密栓**して**冷暗所**に貯蔵し、**通風と換気**に注意する。ガソリンと混合させると引火しやすくなる。

**消火** 泡、二酸化炭素、粉末、ハロゲン化物により**窒息消火**する。

## ②軽油（ディーゼル油）

軽油は、淡黄色又は淡褐色の液体で、水に溶けない。危険性や予防と消火の方法は灯油に準ずる。

**注意** 引火点以下でも、霧状や布に染みこんだ状態では引火しやすいので、注意が必要である。また、静電気が発生・蓄積しやすいので、火花によって引火しないようにしなければならない。

## ③クロロベンゼン　$C_6H_5Cl$

無色透明の液体で水に溶けないが、アルコールやエーテルには溶ける。

**注意** 麻酔性があるので、流出したときは注意が必要。加熱によって液温が引火点以上になると、引火の危険性はガソリンと同様となる。

蒸気は、空気より重く低所に滞留しやすいので、静電気対策が必要となる。液温が引火点以上になったときは、特に要注意である。霧状で浮遊するときは空気との接触面積が大きくなり、危険度も増大する。

> 第四類で比重が1より大きいものはめずらしいね

**消火** 泡、二酸化炭素、粉末、ハロゲン化物により窒息消火する。

## 2　水溶性液体

### 酢酸　$CH_3COOH$

酢酸は、第二石油類の水溶性液体に分類され、無色透明で刺激臭がある。水溶液は弱い酸性を示す。17℃以下になると凝固する。水やベンゼンにはよく溶け、エタノールと反応して酢酸エステルを生成する。酢酸の3～5％の水溶液が食酢である。

**注意** 金属やコンクリートを腐食させるので、貯蔵庫の床などには、腐食しないアスファルトなどの材料を用いる。保管の際には、容器は密栓し冷暗所に貯蔵して通風と換気に注意する。高純度品より水溶液の方が、腐食性が強い。皮膚に触れるとやけどし、濃い蒸気を吸入すると炎症を起こす。

貯蔵容器は耐酸性のものを使わなければならない。

> 食酢は安全だけどこいつは危ない…

**消火** 二酸化炭素、粉末、耐アルコール泡などの消火剤で消火する。

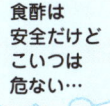

## 練習問題

**問1** 第二石油類について、正しいものは次のうちどれか。
1 灯油や軽油などの第二石油類は、すべて原油から分留されてつくられる。
2 重油とクレオソート油は、第二石油類である。
3 流動などの際には、静電気が発生しにくい。
4 霧状となって浮遊すると、危険性が増大する。
5 １気圧において、引火点が21℃以上のものをいう。

**問2** 灯油の性状として、誤っているものは次のうちどれか。
1 加熱により液温が引火点以上に上がると、引火の危険がある。
2 灯油の中にガソリンが混合すると、引火しにくくなる。
3 引火点は、常温（20℃）より高い。
4 霧状のとき又は布などの繊維製品に染みこんだときは、引火しやすい。
5 比重は１より小さいため、水の表面に浮かんで広がる。

よく出る
**問3** 灯油を貯蔵して取扱うときの注意事項として、正しいものは次のうちどれか。
1 空気中の湿気を吸収して爆発する危険があるため、容器に窒素などの不活性ガスを封入し密栓する。
2 静電気を発生・蓄積しやすいため、流動や摩擦などを避ける。
3 常温（20℃）で保管すると分解し発熱するため、冷暗所に貯蔵しなければならない。
4 直射日光にさらされると過酸化物を生成し爆発するおそれがあるため、容器に覆いをかぶせて日陰になるようにする。
5 蒸気比重が１より小さいため、蒸気排出のための換気口を室内の上部に設ける。

**問4** 軽油の性状について、誤っているものは次のうちどれか。
1 発火点が200℃以上、引火点は30〜40℃である。
2 蒸気は空気より4〜5倍重い。
3 第一類又は第六類の危険物である酸化性物質と接触すると、発火や爆発のおそれがある。
4 液比重が1より小さく、水に溶けない。
5 淡黄色又は淡褐色の液体で、石油臭がある。

**問5** 灯油と軽油の両方の性状として、正しいものは次のうちどれか。
1 引火点が常温（20℃）に近いため、常温で引火しやすい。
2 ディーゼル車の燃料として使用されている。
3 電気の不良導体であるため、流動の際には静電気が発生しやすい。
4 第二石油類の水溶性液体に分類されている。
5 霧状となって浮遊するとき、危険性は低下する。

**問6** 酢酸の性状として、誤っているものは次のうちどれか。
1 蒸気は空気より約2倍重い。
2 水溶液は弱い酸性を示し、コンクリートを腐食させる。
3 無色透明で刺激臭がある。
4 17℃以下になると凝固する。
5 エタノールやベンゼンなどの有機溶剤には溶けない。

## 練習問題 正解 と 解説

### 問1  4   ⇒P.96 1 / P.232

第二石油類とは、灯油、軽油のほか、1気圧において引火点が21℃以上70℃未満のものをいう。第二石油類には、非水溶性液体と水溶性液体がある。

1 ×　第二石油類には灯油や軽油があるが、酢酸やプロピオン酸なども含まれる。そのため、第二石油類すべてが原油から分留された物質ではない。
2 ×　重油とクレオソート油は、ともに第三石油類である。
3 ×　流動などの際には静電気を発生しやすいので、注意する必要がある。
4 ○　霧状となって浮遊するときは、空気との接触面積が大きくなるので危険性が増大する。
5 ×　第二石油類とは、1気圧において引火点が21℃以上70℃未満のものをいう。

### 問2  2   ⇒P.96 1 / P.232

1 ○　加熱により液温が引火点以上に上がると、引火の危険性はガソリンとほぼ同じで、きわめて引火しやすくなる。
2 ×　灯油はストーブの燃料に使用される。ガソリンを混合したものは引火しやすくなるため、混合しないよう注意する必要がある。
3 ○　灯油の引火点は、40℃以上である。市販の白灯油の引火点は、一般に45～55℃である。
4 ○　霧状のとき又は布などの繊維製品に染みこんだときは、空気との接触面積が大きくなるため引火しやすく、危険性が増大する。
5 ○　灯油の比重は0.8前後で水より軽いため、流出したときは水のあるところに流れこむ事態は避けたい。

### 問3  2   ⇒P.96 1 / P.232

1 ×　容器は密栓するが、設問のような爆発現象は起こらない。
2 ○　流動や摩擦などにより静電気が発生・蓄積しやすくなる。
3 ×　冷暗所に貯蔵するが、常温（20℃）で分解して発熱することはない。
4 ×　直射日光にさらされても、過酸化物を生成するおそれはない。
5 ×　灯油は、蒸気比重が4.5で空気より重いので、低所に流れこみ滞留しやすい。

## 15 • 第二石油類

### 問4　1　⇒P.96 ❶ ／ P.97 ❷ ／ P.232

1　×　軽油の発火点は220℃、引火点は45℃以上である。
2　○　軽油の蒸気比重は4.5である。
3　○　軽油は第四類の還元性物質であり、第一類や第六類の危険物は酸化性物質なので、混触すると発火するおそれがある。
4　○　軽油の液比重は0.85前後で、水には溶けない。
5　○　軽油は淡黄色又は淡褐色の液体で、石油臭がある。

### 問5　3　⇒P.96 ❶ ／ P.97 ❷ ／ P.232

1　×　引火点は、灯油が40℃以上、軽油が45℃以上である。常温（20℃）付近では引火しない。
2　×　ディーゼル車の燃料として使用されているのは軽油だけ。
3　○　電気の不良導体であり、流動の際に静電気が発生しやすいので、静電気の蓄積を防ぐ必要がある。
4　×　第二石油類の非水溶性液体である。
5　×　霧状となって浮遊すると空気との接触面積が大きくなり、危険性が増大する。

### 問6　5　⇒P.97 ❷ ／ P.232

酢酸は第二石油類の水溶性液体に分類される。

1　○　蒸気比重は2.1である。
2　○　水溶液は弱い酸性を示し、金属やコンクリートを腐食する。
3　○　液比重1.05の無色透明の液体であり、刺激臭を有する。
4　○　酢酸の融点は16.7℃である。純度の高い酢酸は、17℃以下になると凝固する。一般的には96％以上のものが氷酢酸といわれている。
5　×　水やエタノール、ジエチルエーテル、ベンゼンによく溶ける。エタノールとは反応して、酢酸エステルを生成する。

## Section 16 第三・第四石油類、動植物油類

### 1 第三石油類

第三石油類は、1気圧常温（20℃）において液状で、引火点が70℃以上200℃未満のものをいう。非水溶性液体と水溶性液体がある。

◆主な第三石油類の性状

| | 水溶性 | 指定数量 | 比重 | 蒸気比重 | 沸点（℃） | 引火点（℃） | 発火点（℃） | 燃焼範囲（vol％） | 液色 | 有害性 |
|---|---|---|---|---|---|---|---|---|---|---|
| 重油 | 非水溶性 | 2,000ℓ | 0.9～1.0 | — | ≧300 | 60～150 | 250～380 | — | 褐色又は暗褐色 | — |
| クレオソート油 | | | ≧1.0 | — | ≧200 | 73.9 | 336.1 | — | 黄色又は暗緑色 | 蒸気は有害 |
| アニリン | | | 1.01 | 3.2 | 184.6 | 70 | 615 | — | 無色又は淡黄色 | 蒸気は有害 |
| ニトロベンゼン | | | 1.2 | 4.3 | 211 | 88 | 482 | 1.8～40.0 | 淡黄色又は暗黄色 | 蒸気は有害 |
| エチレングリコール | 水溶性 | 4,000ℓ | 1.1 | 2.1 | 197.9 | 111 | 398 | — | 無色 | — |
| グリセリン | | | 1.3 | 3.1 | 291 | 199 | 370 | — | 無色 | — |

#### ①重油

粘性のある褐色又は暗褐色の液体で、水に溶けない。

不純物として含まれる硫黄は、燃えると有害な二酸化硫黄（$SO_2$・有毒ガス）になる。重油は、動粘度により1種（A重油）・2種（B重油）・3種（C重油）に分類されている。ボイラーの燃料やアスファルトの原料などに利用される。

**注意** 霧状のものは引火点以下でも引火することがある。燃焼すると発熱量が大きく燃焼温度が高いため、消火が困難となる。

**予防** 保管の際には、容器は密栓し冷暗所に保管する。火気は近づけない。

**消火** 泡、ハロゲン化物、二酸化炭素、粉末により窒息消火する。

#### ②クレオソート油

黄色又は暗緑色の液体で、特異臭がある。コールタールを分留する際の230～270℃の留出物。水に溶けないが、アルコールやベンゼンなどには溶ける。防腐剤や消毒剤、塗料などに利用される。

**注意** 引火点が高いため、危険は少ないものの蒸気は有害である。
　　　いったん燃えだすと、燃焼温度が高いので消火が困難となる。

## 2 第四石油類

第四石油類は、1気圧常温において液状で、引火点が200℃以上250℃未満のものをいう（可燃性液体量が40％以下のものを除く）。
潤滑油と可塑剤があり、潤滑油にはギヤー油、シリンダー油、タービン油などがある。リン酸エステルなどの可塑剤はプラスチックや合成ゴムに可塑性を与えるために添加される。
水より軽く、水に溶けず、粘り気の強い性質のものが多い。
加熱しない限り引火の危険性はないが、引火すると液温が高くなり、水系の消火薬剤では水分が沸騰蒸発して消火が困難となる。

> 可塑性とは、永久的に歪んで元に戻らない性質のことです

## 3 動植物油類

動植物油類は、動物の脂肉、植物の種子や果肉などから抽出したもので、1気圧常温のとき引火点が250℃未満のものをいう（一定基準のタンクや容器に常温で貯蔵・保管されているものを除く）。
動植物油類のうち乾性油は、布などに染みこませて熱が蓄積されやすい状態で放置すると、自然発火する危険性が高い。動植物油類の自然発火は、油が空気中で酸化された反応で発生した酸化熱が、蓄積され発火点に達して起こる。一般に、ヨウ素価の大きい（乾きやすい）乾性油ほど自然発火が起こりやすくなる。
ヨウ素価とは、油脂100gが吸収するヨウ素の量をグラム（g）数で表したもので、不飽和脂肪酸が多いものほどヨウ素価が大きく自然発火しやすいといわれている。

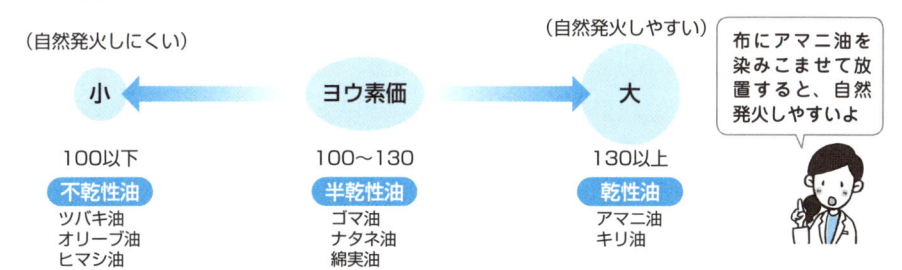

> 油に水をかけてはダメ！

（自然発火しにくい）　　　　　　　　　　　　（自然発火しやすい）

小 ← **ヨウ素価** → 大

| 100以下 | 100～130 | 130以上 |
|---|---|---|
| 不乾性油 | 半乾性油 | 乾性油 |
| ツバキ油<br>オリーブ油<br>ヒマシ油 | ゴマ油<br>ナタネ油<br>綿実油 | アマニ油<br>キリ油 |

> 布にアマニ油を染みこませて放置すると、自然発火しやすいよ

PART 2　危険物の性質並びにその火災予防及び消火の方法

# 練習問題

### 問1 第三石油類について、誤っているものは次のうちどれか。
1 水より重いものが多い。
2 1気圧常温（20℃）において、固体の性状を示すものもある。
3 1気圧常温（20℃）において、引火点が70℃以上200℃未満の液体である。
4 水溶性のものにグリセリンがある。
5 重油、ニトロベンゼン、クレオソート油は第三石油類に分類される。

### 問2 重油の性状等について、誤っているものは次のうちどれか。
1 火災のときは二酸化炭素や粉末等による窒息消火が効果的である。
2 一般に、水よりやや重い。
3 1種（A重油）の引火点は60℃以上と規定されている。
4 霧状になったものは、引火点以下でも引火することがあり危険である。
5 液体は粘性で、褐色又は暗褐色である。

**よく出る**
### 問3 重油の性状等について、誤っているものは次のうちどれか。
1 粘性を有し、水に溶けない。
2 日本工業規格では、A重油、B重油及びC重油に分類される。
3 不純物として含まれる硫黄は、燃焼すると有害ガスになる。
4 原油の常圧蒸留によって得られる。
5 発火点は60〜150℃である。

**問4** 第四石油類について、誤っているものは次のうちどれか。
1 燃焼の際には、粉末消火剤の放射による窒息消火が有効である。
2 常温（20℃）において液状で、揮発しにくい。
3 潤滑油、切削油、可塑剤に該当するものが多い。
4 引火点が200℃未満である。
5 一般に、粘り気が強く水より軽いものが多い。

**問5** 動植物油類の性状として、誤っているものは次のうちどれか。
1 一般に、不飽和脂肪酸を含み、ヨウ素価が大きいほど自然発火しやすい。
2 燃焼中は液温が非常に高くなっているので、水系の消火薬剤を使用すると危険である。
3 引火点は250℃〜300℃程度である。
4 一般に、比重が水より小さく水に溶けない。
5 乾性油はぼろ布などに染みこませて積み重ねておくと、酸化・発熱し自然発火することがある。

**問6** 次の危険物のうち、ぼろ布などの繊維に染みこませて放置すると、状況によって自然発火を起こす可能性があるものはどれか。
1 トルエン
2 ガソリン
3 メタノール
4 アセトン
5 動植物油

## 練習問題 正解と解説

### 問1　2　⇒P.102 ①

第三石油類には重油、クレオソート油等があり、1気圧常温（20℃）において液状で、引火点が70℃以上200℃未満のものをいう。

1　○　第三石油類は、比重が1より大きく水より重いものが多い。ただし、重油は一般に水よりやや軽いことに注意する。
2　×　第三石油類は、1気圧常温（20℃）において液状である、と定義されている。
3　○　第三石油類は、1気圧常温（20℃）において液状で、引火点が70℃以上200℃未満のものである。
4　○　エチレングリコールやグリセリンは、水溶性液体である。
5　○　ニトロベンゼンは、第五類の危険物に分類されるニトロ化合物だが、第五類の性状を有しないため第三石油類に分類されている。

### 問2　2　⇒P.102 ①

重油は第三石油類の非水溶性液体に分類される。

1　○　火災のときは二酸化炭素や粉末等で窒息消火する。
2　×　液比重は0.9～1.0で、一般に水よりやや軽い。
3　○　日本工業規格では重油を、粘りの少ない順に1種（A重油）・2種（B重油）・3種（C重油）に分類し、引火点は1種と2種が60℃以上、3種は70℃以上と規定している。
4　○　重油は、加熱しない限り引火の危険は少ないが、霧状になったものは引火点以下でも危険になる。
5　○　重油は褐色又は暗褐色の、粘性のある液体である。

### 問3　5　⇒P.102 ①

1　○　重油は水に溶けない。
2　○　日本工業規格ではA重油、B重油及びC重油に分類されている。
3　○　不純物として含まれる硫黄は、燃焼すると有害な二酸化硫黄になる。
4　○　重油は原油の常圧蒸留によって得られる。
5　×　60～150℃は重油の引火点で、発火点は250～380℃である。

## 問4　4　⇒P.103 2

第四石油類とはギヤー油、シリンダー油のほか、1気圧常温（20℃）において液状で、引火点が200℃以上250℃未満のものをいう。

1　○　燃焼すると液温が高くなるため、粉末消火剤の放射による窒息消火が有効となる。
2　○　常温（20℃）では液体だが、蒸発性はほとんどない。
3　○　第四石油類には潤滑油、可塑剤が該当する。潤滑油には切削油や絶縁油、マシン油等が含まれる。
4　×　第四石油類の引火点は、200℃以上250℃未満と定義されている。
5　○　一般に、水に溶けず粘り気が強く、水より軽いものが多い。

## 問5　3　⇒P.103 2

動植物油類とは、動物の脂肉や植物の種子、果肉から抽出したもので、1気圧において引火点が250℃未満のものをいう。

1　○　一般に、比重は約0.9で水より小さく、水に溶けない。不飽和脂肪酸が多いほどヨウ素価が大きく、自然発火しやすくなる。
2　○　重油同様、燃えているときの液温が非常に高いので、水系の消火薬剤を使用すると危険である。
3　×　引火点は、250℃未満と定義されている。
4　○　一般に、比重は約0.9で水より小さく、水に溶けない。
5　○　乾性油は、ヨウ素価が大きい乾きやすい油で、ぼろ布などに染みこませて積み重ねておくと酸化・蓄熱し、発火点に達して自然発火する。

## 問6　5　⇒P.103 2

1　×　トルエンは揮発性が高く、自然発火を起こす条件を満たしていない。
2　×　ガソリンは揮発性が高く、自然発火を起こす条件を満たしていない。
3　×　メタノールは揮発性が高く、自然発火を起こす条件を満たしていない。
4　×　アセトンは揮発性が高く、自然発火を起こす条件を満たしていない。
5　○　動植物油は一般に不飽和脂肪酸を含んでおり、ぼろ布などの繊維に染みこませて放置すると自然発火の条件を満たし、発火するおそれがある。

# Section 17 特殊引火物とアルコール類

## 1 特殊引火物

特殊引火物とは、1気圧で発火点が100℃以下のもの又は引火点が-20℃以下で沸点が40℃以下のものをいう。主なものにジエチルエーテル、二硫化炭素、アセトアルデヒド、酸化プロピレンがある。

| | 比重 | 引火点(℃) | 発火点(℃) | 沸点(℃) | 燃焼範囲(vol%) | 蒸気比重 | 液色 | 水溶性 | 毒性 |
|---|---|---|---|---|---|---|---|---|---|
| ジエチルエーテル | 0.7 | -45 | 160 | 35 | 1.9～36.0 | 2.6 | 無色 | △ | 麻酔性有 |
| 二硫化炭素 | 1.3 | ≦-30 | 90 | 46 | 1.0～50.0 | 2.6 | 無色 | ×(難溶) | 有 |
| アセトアルデヒド | 0.8 | -39 | 175 | 21 | 4.0～60.0 | 1.5 | 無色 | ○ | 有 |
| 酸化プロピレン | 0.8 | -37 | 449 | 35 | 2.3～36.0 | 2.0 | 無色 | ○ | 吸入有害 |

○：溶ける　△：わずかに溶ける　×：溶けない

### ①ジエチルエーテル　$C_2H_5OC_2H_5$

無色透明な揮発性の液体で、特有の甘い刺激臭がある。水にわずかに溶け、アルコールにはよく溶ける。燃焼範囲が広く、下限界が小さいため引火しやすい。静電気を発生しやすいので引火の危険性が高く、注意が必要である。

**注意** 蒸気は有毒で麻酔性がある。直射日光にさらされたり、空気と長時間接触したりすると過酸化物を発生し、加熱や衝撃で爆発することもある。

**予防** 容器は密栓し直射日光を避け、冷暗所で貯蔵する。沸点以上にならないよう冷却装置で温度管理する。

### ②二硫化炭素　$CS_2$

無色透明な揮発性の液体で、蒸気には特有な不快臭があり有毒である。水より重く、水に溶けにくい。

**注意** 発火点が特に低く、蒸気配管との接触で発火することもある。燃焼すると有毒な亜硫酸ガス（二酸化硫黄$SO_2$）を発生する。

**予防** 貯蔵・取扱い場所では通風をよくし、水より重いので、容器収納の場合は水を張って（水没貯蔵）蒸発を防ぐ。

### ③アセトアルデヒド　$CH_3CHO$

刺激臭のある無色透明の液体で、蒸気は有毒で粘膜を刺激する。いろいろな物質と作用し、酸化して酢酸になる。水によく溶け、アルコールやジエチルエーテルにも溶ける。油脂などをよく溶かし、揮発しやすい。

**注意** 沸点が低く揮発性があるため、引火しやすい。

加圧状態では、爆発性の過酸化物を生成するおそれがある。
- 予防 貯蔵・取扱い場所では通風をよくし、容器は密封して冷所で貯蔵する。貯蔵する場合は窒素ガスなどの不活性ガスを封入する。容器は鋼製とし、合金や銀、銅製のものは使用しない。

## 2 アルコール類

アルコール類とは、炭化水素化合物の水素（H）の一部を、水酸基（OH）で置換した形の化合物をいう。1価アルコールだけでなく、多価アルコールも含むが、消防法では飽和1価アルコールの含有量が60％未満の水溶液などを除き、炭素数3までの飽和1価アルコール（変性アルコールを含む）を対象としている。

|  | 水溶性 | 比重 | 蒸気比重 | 沸点(℃) | 引火点(℃) | 発火点(℃) | 燃焼範囲(vol%) | 液色 | 毒性 |
|---|---|---|---|---|---|---|---|---|---|
| メタノール | ○ | 0.8 | 1.1 | 64 | 11 | 464 | 6.0～36.0 | 無色 | 有 |
| エタノール | ○ | 0.8 | 1.6 | 78 | 13 | 363 | 3.3～19.0 | 無色 | － |
| n-プロピルアルコール | ○ | 0.8 | 2.1 | 97 | 23 | 412 | 2.1～13.7 | 無色 | － |
| イソプロピルアルコール | ○ | 0.8 | 2.1 | 82 | 15 | 399 | 2.0～12.7 | 無色 | － |

### ①メタノール（メチルアルコール） $CH_3OH$

芳香性のある無色透明の液体で、揮発性が強い。水、エタノール、ジエチルエーテルなどとよく混ざり、有機物もよく溶かす。毒性があり、飲むと失明、死亡することもある。

- 注意 夏季に液温が高くなると引火の危険性が高まる。燃焼しても炎の色が見えにくく、煙もほとんど出ないため認識しにくいので要注意である。

### ②エタノール（エチルアルコール） $C_2H_5OH$

無色透明で特有の芳香と味のある液体で、酒類の主成分となっている。揮発性が強く、水や多くの有機溶剤とよく混ざる。毒性はないものの麻酔性がある。引火性のため、液温が上昇する夏季は危険。13～38℃でエタノールの液面上の空間では、爆発性の混合ガスを生成している。

エタノールはお酒の主成分だね

## 練習問題

**問1** 特殊引火物について、誤っているものは次のうちどれか。
1 酸化プロピレンは、皮膚に付着すると凍傷のような症状が出る。又、銀、銅などの金属に触れると重合が促進されやすく、きわめて引火しやすい。
2 ジエチルエーテルは、刺激臭があり燃焼範囲はきわめて広く、下限界が小さい。
3 純品の二硫化炭素は無色無臭の液体で、水やエタノールに溶けやすく、又水より軽い。
4 アセトアルデヒドは油脂をよく溶かし、非常に揮発しやすい。
5 二硫化炭素は引火点が0℃以下、発火点が100℃以下で、第四類危険物の中では発火点が特に低い危険物の一つである。

**問2** 特殊引火物について、誤っているものは次のうちどれか。
1 1気圧において発火点が100℃以下のもの、又は、引火点が−20℃以下で沸点が40℃以下のものを指す。
2 液比重が1より小さく、沸点が40℃以下のものもある。
3 すべて蒸気比重が1より大きく、燃焼範囲が広い。
4 すべて1気圧における発火点が100℃以上である。
5 一般にアルコールによく溶ける。

**よく出る**
**問3** アセトアルデヒドの性状として、誤っているものは次のうちどれか。
1 蒸気比重が1より大きく、蒸気は低所に流れこみ滞留する。
2 貯蔵する場合は、窒素ガス等の不活性ガスを封入する。
3 引火点は0℃以下であり、冬季でも引火しやすい。
4 沸点が30℃以下であり、夏季には気温が沸点より高くなるおそれがある。
5 水やアルコールには溶けないが、銀や銅などの金属に触れると爆発性の化合物を発生させるおそれがある。

## 17 ● 特殊引火物とアルコール類

**よく出る**

**問4** ジエチルエーテルと二硫化炭素の共通の性状について、誤っているものは次のうちどれか。

1 蒸気に揮発性があり、有毒である。
2 発火点が比較的低く、ガソリンより低い。
3 水より重く、水にわずかに溶ける。
4 燃焼範囲が比較的広いため、危険性が大きい。
5 消火薬剤として二酸化炭素や粉末消火剤が有効である。

**問5** アルコール類に共通する性状として、誤っているものは次のうちどれか。

1 水や有機溶剤とよく混ざる。
2 水より軽く、水によく溶ける。
3 蒸気比重が1より大きい。
4 引火性のある無色の液体である。
5 沸点が水より高く、炭素数が増加すると沸点が低くなる。

**よく出る**

**問6** メタノールとエタノールに共通する性状として、誤っているものは次のうちどれか。

1 沸点は100℃以下で、水より低い。
2 水より軽く、水に任意の割合でよく溶ける。
3 燃焼しても炎の色が青白いため認識しにくい。
4 揮発性で特有の芳香臭があり、無色の液体である。
5 燃焼範囲は灯油とほぼ同じである。

# 練習問題 正解 と 解説

**問1　3**　 ➡P.108 **1**

特殊引火物とは、1気圧において発火点が100℃以下、又は引火点が－20℃以下で沸点が40℃以下のものをいう。

1　○　酸化プロピレンは、銀、銅などの金属に触れると重合（小さい分子量の物質が結合を繰り返して大きい分子量の物質をつくる反応）が促進されやすく、きわめて引火しやすい性質を持っている。
2　○　ジエチルエーテルには特有の甘い刺激性の臭気がある。燃焼範囲は1.9～36.0vol%である。
3　×　純品の二硫化炭素は無色無臭で、水にほとんど溶けないがエタノールには混和する。液比重は1.3で水より重い。
4　○　アセトアルデヒドは水によく溶け、油脂をよく溶かし、揮発しやすい。
5　○　二硫化炭素の引火点は－30℃以下、発火点は90℃以下である。第四類危険物では発火点が特に低い危険物の一つである。

**問2　4**　 ➡P.108 **1**

1　○　特殊引火物はこのように定義されている。
2　○　ジエチルエーテル（液比重0.7、沸点35℃）のように液比重が1より小さく、沸点が40℃以下のものもある。
3　○　燃焼範囲が広く、蒸気比重が1より大きいため低所に滞留する。
4　×　二硫化炭素（発火点90℃）のように、1気圧において発火点が100℃以下のものも存在する。
5　○　一般にアルコールによく溶ける。

**問3　5**　 ➡P.108 **1**

1　○　蒸気比重は1.5で空気より重く、低所に流れこみ滞留する。
2　○　貯蔵する場合は、容器は密栓し窒素ガス等の不活性ガスを封入する。
3　○　引火点は－39℃で、冬季でも引火しやすい。
4　○　沸点が21℃なので、夏季は要注意である。
5　×　水やアルコールにはよく溶ける。容器が銀製や銅製のものだと爆発性の化合物を生ずるおそれがあるため、鋼製のものを用いる必要がある。

## 17 ● 特殊引火物とアルコール類

**問4** **3** ➡P.108 **1**

1 ○ どちらも揮発性があり有毒だが、ジエチルエーテルの蒸気には麻酔性もある。
2 ○ ジエチルエーテルの発火点は160℃、二硫化炭素は90℃である。ガソリンの発火点は約300℃である。
3 × ジエチルエーテルの液比重は0.7、二硫化炭素の液比重は1.3である。ジエチルエーテルは水にわずかに溶けるが、二硫化炭素は水に溶けない。
4 ○ ジエチルエーテルの燃焼範囲は1.9～36.0vol%、二硫化炭素の燃焼範囲は1.0～50.0vol%で、燃焼範囲が広く下限界が小さい。
5 ○ 窒息効果のある二酸化炭素や粉末消火剤が有効である。

**問5** **5** ➡P.109 **2**

消防法でいうアルコールは、炭素数3までの飽和1価アルコールが対象になる。
1 ○ 水やジエチルエーテルなどとよく混ざる。
2 ○ 比重が1以下のため水より軽く、水によく溶ける。
3 ○ 蒸気比重が1より大きく、低所に滞留する。
4 ○ 引火性のある無色の液体である。特有の芳香がある。
5 × 沸点は1気圧において100℃以下のため、水より低くなる。炭素数が増加すると沸点は高くなる。

**問6** **5** ➡P.109 **2**

1 ○ 沸点はメタノールが64℃、エタノールが78℃で、水より低い。
2 ○ どちらも液比重は0.8で水より軽く、水によく溶ける。
3 ○ 炎の色が淡く、煙もほとんど出ないため認識しにくい。
4 ○ 揮発性で特有の芳香臭がある無色の液体である。エタノールには特有の味がある。
5 × メタノールの燃焼範囲は6.0～36.0vol%、エタノールは3.3～19.0vol%、灯油の燃焼範囲は1.1～6.0vol%なので、灯油とほぼ同じというのは誤り。

# Section 18 共通する火災予防の方法

## 1 第四類危険物の火災予防

第四類危険物は引火性液体で、加熱により可燃性蒸気が発生する。蒸気には人体に影響を及ぼす有毒のものもあり、取扱いには注意が必要である。また、低所に滞留した可燃性蒸気は、燃焼の下限界にならないよう屋外高所へ排出させるなどの処理が必要となる。

引火しやすい第四類危険物の、火災予防の主な方法として

> ①可燃性蒸気を発生させない
> ②静電気を除去する
> ③点火源を近づけない

などがある。

第四類危険物にはさまざまな特性を持つものがあるため、管理方法も特性に適したものでなければならない。温度、湿度、採光、換気、容器内の圧力などに十分な配慮が必要となる。このほかの方法として

- 容器は密栓し、収納口を上にして冷暗所に貯蔵する
- 通風と換気をよくする
- 高温体などの熱源を避ける
- 海や河川、下水溝などに流出しないよう注意する
- 火花を出す機械類を使う際には、周囲に危険物がないか確認する
- 蒸気が滞留するおそれのある場所では、防爆性の電気設備を使用する
- 危険物の流動などで静電気が発生する場所には接地（アース）を講じる
- 容器の修理・加工作業の前には危険物を完全に抜き取る
- 油分離装置や規定の溜め置き場の危険物は、あふれないよう随時くみ上げる

などがあげられる。

> 密栓するときは容器内に空間容積が必要です

アースをする

溜め置き場の危険物は随時くみ上げる

常に整理整頓

温度や湿度の管理に注意を払う

## 18 ● 共通する火災予防の方法

◆火災予防のための注意事項

| 取扱上の注意事項 | 理　　由 |
|---|---|
| 火気などに十分注意する | 引火の危険性が高いため |
| 密栓して冷暗所に貯蔵する | 長時間、日光や高温にさらしたりすると、液温が引火点以上に上がり、蒸気が漏れるため |
| 容器内に十分な空間容積（液体の危険物は、運搬容器の内容積の98％以下）をとる | 液体の体積膨張による容器破損や、栓からの漏れを防ぐため |
| 容器の詰替えは屋外で行う | 空気による拡散・希釈効果により燃焼範囲の下限界に達しないようにするため |
| 空容器の取扱いに注意する | 燃焼範囲内濃度の蒸気が残っている危険性があるため |
| 貯蔵所は絶えず換気する | 室内（低所）に可燃性蒸気を滞留させないため |
| 発生した可燃性蒸気はなるべく高所に排出する | 可燃性蒸気が滞留するため<br>高所に排出することで空気による拡散・希釈効果を期待 |
| 電気の不良導体のため、静電気の発生・蓄積に注意する | 蓄積した静電気が火花放電し、点火源になりやすい（可燃性蒸気等に引火する危険性大）ため |
| 貯蔵所の電気設備は防爆構造にする | スイッチのON・OFFの切替え時に火花が飛び、点火源になりやすい（可燃性蒸気等に引火する危険性大）ため |
| ドラム缶の栓をハンマーでたたくなど、火花を発生させない | 火花で可燃性蒸気に引火する危険性が高いため |

## 2 第四類以外の危険物の火災予防

各類に属する危険物の特性と火災予防の方法を覚えよう。

| 第一類 | ・衝撃や摩擦などを与えない<br>・火気又は加熱を避ける<br>・強酸類との接触を避ける<br>・密封して冷暗所に貯蔵する |
|---|---|
| 第二類 | ・火花や高温体との接近や加熱を避ける<br>・除湿に注意し、容器を密封して冷暗所で貯蔵する<br>・酸化剤との接触や混合を避ける |
| 第三類 | ・禁水性の物質は水との接触を避ける<br>・自然発火性の物質は空気との接触を避ける<br>・容器の破損や腐食に注意する |
| 第五類 | ・火気又は加熱を避ける<br>・通風のよい冷暗所に貯蔵する<br>・衝撃や摩擦などを与えない |
| 第六類 | ・火気や直射日光を避ける<br>・耐酸性の容器で密封する<br>・水と反応するものは水との接触を避ける |

潮解性のあるものは湿気に注意しましょう

## 練習問題

**問1** 第四類危険物の取扱所の一般的な注意事項として、不適切なものは次のうちどれか。

1 点火源との接近又は加熱を避ける。
2 可燃性蒸気が外部に漏れると危険なので、室内は換気しないようにする。
3 ドラム缶の栓を開閉する場合は、金属工具でたたかないようにする。
4 空き容器でも、内部に蒸気が残っていたりするので、取扱いには十分注意する。
5 電気の不良導体であるものを扱う場合は、静電気の発生に注意する。

**問2** 第四類危険物の貯蔵や取扱いの注意事項として、誤っているものは次のうちどれか。

1 火花や高温体、点火源になるものを近づけない。
2 容器等に注入する際の速度を落とし、静電気の発生を抑える。
3 可燃性蒸気は高所に滞留するので、屋外に排出する。
4 容器から液体や蒸気が漏れないように注意する。
5 人体に蓄積した静電気を除去してから作業する。

**問3** 第四類危険物の貯蔵や取扱いについて、誤っているものは次のうちどれか。

1 揮発性の大きい危険物の屋外タンク貯蔵所では、液温が過度に上昇しないようタンク上部に散水装置を設けるのがよい。
2 河川や下水溝への流出は、広がるのを防ぐことが困難なので避けなければならない。
3 危険物が流動するおそれがある場所には、接地（アース）を講じる。
4 容器の詰替えは屋内で行う方がよい。
5 可燃性蒸気が滞留するおそれのある場所の電気設備は、防爆構造のものを使用する。

## 18 ● 共通する火災予防の方法

**よく出る**
**問4** 引火性液体を室内で取扱う際の、静電気による火災を防止する措置として、誤っているものは次のうちどれか。

1　別の容器に移すときは、蒸気やミストを発散させないようにする。
2　散水して室内の湿度を上げる。
3　容器や配管などは、できるだけ導電性のものを使用する。
4　取扱作業に従事する作業員の靴や作業着は、絶縁性のある合成繊維のものを使用する。
5　取扱う場所は、十分な通風と換気を行う。

**よく出る**
**問5** 第四類危険物の貯蔵・取扱いの一般的な注意事項として、正しいものは次のうちどれか。

1　危険物が入っていた空き容器は、蓋を外した状態で、密閉した室内で保管する。
2　配管で送油する場合は流速をなるべく遅くする。
3　危険物が外に流出した場合は多量の水ですばやく希釈し、下水溝に排水する。
4　容器に収納する場合は蒸気の発生を抑制・防止するため、空間を残さないよう詰めて密栓する。
5　容器に詰め替える場合は床にくぼみをつくり、発生した蒸気が拡散しないようにする。

# 練習問題 正解 と 解説

## 問1  2  ⇒P.114 **1**

1 ○ 点火源との接近又は加熱を避けるとともに、蒸気をみだりに発散させないようにする必要がある。
2 × 通風と換気を十分に行い、可燃性蒸気を常に燃焼範囲の下限界よりも低くする必要がある。
3 ○ ドラム缶の栓を金属工具でたたいて開閉すると、火花が発生するおそれがある。
4 ○ 空き容器に燃焼範囲内の可燃性蒸気が残っていることもあるため、取扱いには十分注意する必要がある。
5 ○ 不良導体は静電気が発生しやすいので、静電気の発生・蓄積に注意する必要がある。

## 問2  3  ⇒P.114 **1**

1 ○ 引火の危険があるので、火花や高温体、点火源になるものを接近させないようにしなければならない。
2 ○ 撹はんや注入をする際、速度を落とすと、静電気の発生を抑えられる。
3 × 可燃性蒸気は低所に滞留するので、屋外の高所に排出する。
4 ○ 容器から液体や蒸気が漏れると、引火の危険性が高まる。
5 ○ 人体に蓄積した静電気は除電装置に触れるなどして、除去してから作業する必要がある。

## 問3  4  ⇒P.114 **1**

1 ○ 屋外タンク貯蔵所では、中の危険物の液温が上昇しやすい。液温が高くなるのを防ぐため、タンク上部に散水装置を設けて冷却するのがよい。
2 ○ 水面に浮かんで広がる物質には、特に注意が必要である。
3 ○ 危険物が流動するおそれのある場所では、静電気防止対策として接地（アース）を講じる。
4 × 空気による拡散や希釈効果を利用するため、屋外がよい。
5 ○ スイッチのON・OFFの切替え時に火花が飛び、点火源になりやすいため。

18 ● 共通する火災予防の方法

## 問4  4   ○P.114 **1** ／ P.115 **2**

1 ○ 容器に小分けするときは、引火の危険性をなくすため蒸気やミストを発散させないようにする。
2 ○ 乾燥していると静電気が発生しやすいので、水をまいて室内の湿度を上げ、静電気の発生を防止する。
3 ○ 容器や配管などはできるだけ導電性のものを使用し、静電気が発生・蓄積しないようにする。
4 × 絶縁性のある合成繊維では静電気が発生しやすいので、取扱作業に従事する作業員は、帯電防止服や帯電防止靴を着用する。
5 ○ 取扱う場所では、通風と換気を十分に行い、可燃性蒸気の滞留を抑制する。

## 問5  2   ○P.114 **1**

1 × 危険物が入っていた空き容器には可燃性蒸気が残っているおそれがあるため、風通しのよい屋外で可燃性蒸気を完全に除去してから、屋内で保管する。
2 ○ 配管で送油する場合は流速をなるべく遅くし、静電気の発生を抑制する。
3 × 万一、危険物が流出した場合はくみ取り作業などにより、まずは危険物の除去作業を行う必要がある。多量の水で希釈するだけでは不十分である。
4 × 密栓する場合は、容器内に空間容積をとる必要がある。液体の危険物が熱によって膨張する危険に対処しなければならない。
5 × 容器に詰め替えるなど、蒸気が発生することを行うときは、可燃性蒸気が低所に滞留するおそれがあるので、床にくぼみをつくるのは危険である。速やかに低所の蒸気を屋外の高所に排出し、十分に通風や換気をする必要がある。

# Section 19 共通する消火の方法

## 1 第四類危険物の消火方法

第四類危険物は、**引火性液体**の性状を持つ物質のため流動性があり、**可燃物の除去**による消火は**困難**となる。

**ガソリン**など水より軽い引火性液体は、**棒状注水**による**冷却消火**では水面に引火性液体が浮き、かえって火面を広げる危険性が増すので、水による消火は不適切である。

一般的な消火方法は以下のとおりである。

- **乾燥砂**による消火は、**空気の遮断**による方法で効果的である（**窒息消火**）。
- **ハロゲン化物**等を使用する消火は、化学的に**燃焼反応を抑制**し効果的である。
- 薬剤の強化液を霧状に放射する消火は効果的である。
  （消火に使用される薬剤には**霧状の強化液**、**泡**、**ハロゲン化物**、**二酸化炭素**、**粉末**等がある）
- **アルコール類**や**アセトン**等の水溶性液体には、**水溶性液体用泡消火薬剤（耐アルコール泡）**を使用する。

◆火災の種類と消火方法

| 火災の種類 | 使用消火剤 | 消火方法 |
|---|---|---|
| ①ガソリン火災<br>②灯油火災<br>③ナタネ油火災<br>　　　　　　など | 二酸化炭素<br>泡による窒息消火<br>ハロゲン化物<br>噴霧状の強化液<br>粉末 | 棒状の水による消火（棒状注水消火）ができない場合の消火剤は、ハロゲン化物など窒息効果又は抑制効果のあるものを選択する |
| ④アセトンの火災<br>⑤アルコール類の火災<br>　　　　　　など | 耐アルコール泡<br>ハロゲン化物<br>二酸化炭素<br>粉末 | アルコール、アセトンなど水溶性液体で、泡を溶かす性質（消泡性）を持つ場合の消火剤は、耐アルコール泡など、窒息効果のあるものを選択する |

19 ● 共通する消火の方法

第四類の危険物に適用する消火設備は次のとおりである。

| 消火設備の区分 | |
|---|---|
| 第3種 | 水蒸気消火設備又は水噴霧消火設備<br>泡消火設備<br>不活性ガス消火設備<br>ハロゲン化物消火設備<br>リン酸塩類等を使用する粉末消火設備<br>炭酸水素塩類等を使用する粉末消火設備 |
| 第4種又は第5種 | 霧状の強化液を放射する消火器<br>泡を放射する消火器<br>二酸化炭素を放射する消火器<br>ハロゲン化物を放射する消火器<br>リン酸塩類等を使用する消火粉末を放射する消火器<br>炭酸水素塩類等を使用する消火粉末を放射する消火器 |
| 第5種 | 乾燥砂<br>膨張ひる石又は膨張真珠岩 |

第3種は大規模火災に第5種は初期消火に適用されるんだ

## 2 第四類以外の危険物の消火方法

| 第一類 | ● 酸化性物質の分解を抑制することが必要で、一般的には大量の水で冷却し分解温度以下に下げる<br>● 水と反応して酸素を放出するアルカリ金属の過酸化物にかかわる火災では、初期段階では炭酸水素塩類を使用する粉末消火器又は乾燥砂を用いる |
|---|---|
| 第二類 | ● 水と接触して発火又は有毒ガスや可燃性ガスを発生させる物質は、乾燥砂で窒息消火する<br>● 赤リンや硫黄などは水、強化液、泡などの消火剤で冷却消火するか、乾燥砂で窒息消火する |
| 第三類 | ● 乾燥砂、膨張ひる石(バーミキュライト)、膨張真珠岩(パーライト)は、すべての第三類危険物の消火に使用できる<br>● 禁水性物品の消火には、炭酸水素塩類等を用いた粉末消火薬剤を用いる |
| 第五類 | ● 自己燃焼性があり燃焼が速いため、大量の水による冷却か、泡消火剤を用いる<br>● 消火は、火災の初期なら可能だが、危険物の量が多い場合は困難となる |
| 第六類 | ● 一般には水や泡消火剤を用いる<br>● 流出事故の際には、乾燥砂をかけるか中和剤で中和する<br>● 発生するガスの吸引を防ぎ、皮膚を保護するためマスクを使用して風上から消火する |

水をかける際は危険物が飛散しないようにしないとだめですね

PART 2 危険物の性質並びにその火災予防及び消火の方法

## 練習問題

**問1** 第四類危険物の一般的な消火方法について、誤っているものは次のうちどれか。

1 可燃物の除去による消火方法は困難である。
2 乾燥砂による消火方法は効果的である。
3 強化液を霧状に放射する消火は効果的である。
4 ハロゲン化物等を使用する消火は、化学的に燃焼反応を抑制することとなり、効果的である。
5 引火点が低いので、棒状注水による冷却消火が用いられる。

**問2** 第四類危険物の火災に適応する消火剤の効果として、最も適切なものは次のうちどれか。

1 注水して危険物を希釈し、液温を引火点以下に下げる。
2 蒸気の発生を抑制し、可燃性蒸気の濃度を下げる。
3 空気を遮断したり、燃焼反応を化学的に抑止したりする。
4 一般に、霧状の水や強化液を放射して消火する。
5 ガソリンの火災には、棒状の水で消火する。

**問3** アセトンの火災の消火方法として、不適切なものは次のうちどれか。

1 耐アルコール泡消火剤
2 二酸化炭素消火剤
3 棒状の水
4 消火粉末
5 ハロゲン化物消火剤

## 19 ● 共通する消火の方法

**よく出る**
**問4** エタノールやアセトンが大量に燃えているときの消火方法として、次のA〜Eのうち適切なものはいくつあるか。

A 膨張ひる石散布　　B 耐アルコール泡放射　　C 棒状強化液放射
D 棒状注水　　　　　E 二酸化炭素放射

1　1つ
2　2つ
3　3つ
4　4つ
5　なし

**問5** 泡消火器には、水溶性液体用の泡消火器とその他の一般の泡消火器がある。次の危険物の火災を消火する場合、一般の泡消火器では適切でないものはA〜Eのうちいくつあるか。

A アセトン　　B キシレン　　C 酢酸
D 灯油　　　　E ピリジン

1　1つ
2　2つ
3　3つ
4　4つ
5　なし

**よく出る**
**問6** 油火災及び電気火災に適した消火剤の組合せで、正しいものは次のうちどれか。

1　ハロゲン化物　───　泡　──────　二酸化炭素
2　ハロゲン化物　───　霧状の強化液　──　消火粉末
3　消火粉末　────　二酸化炭素　───　棒状の強化液
4　二酸化炭素　───　泡　──────　霧状の強化液
5　棒状の強化液　──　ハロゲン化物　───　消火粉末

## 練習問題 正解と解説

### 問1　5　　⇒P.120 1

1　○　液体のため流動性があり、可燃物の除去による消火は困難である。
2　○　乾燥砂による消火は、空気の遮断による方法で効果的である。
3　○　消火に使用される薬剤には、霧状の強化液、泡、ハロゲン化物、二酸化炭素、粉末等がある。
4　○　ハロゲン化物等を使用する消火は、化学的に燃焼反応を抑制する効果があり、また窒息効果もある。
5　×　引火点が低いから冷却消火が有効であるとは限らない。液体の性状を持ち一般に液比重が1より小さいため、注水すると危険物が水面に浮き火災範囲を広げて危険である。

### 問2　3　　⇒P.120 1

1　×　液比重が1より小さい危険物の場合、注水すると水面に広がり、火災範囲が広がってしまう。又、注水しても液温は下がりにくい。
2　×　消火薬剤には、蒸気の発生を抑制し可燃性蒸気の濃度を下げる効果はない。
3　○　乾燥砂等を使用した空気の遮断か、又はハロゲン化物等を使用して燃焼反応を化学的に抑制する方法が効果的である。
4　×　霧状の水でも1の解説と同じ。霧状の強化液を放射して消火する方法は効果的である。
5　×　水面に浮いたまま燃え広がるので、水による冷却消火は不適切である。

### 問3　3　　⇒P.120 1

1　○　耐アルコール泡消火剤は有効である。
2　○　二酸化炭素消火剤は有効である。
3　×　アセトンは比重0.8で、水によく溶ける。棒状の水ではアセトンが水面に浮かぶため、危険性が増大する。
4　○　消火粉末は有効である。
5　○　ハロゲン化物消火剤は有効である。

## 19 ● 共通する消火の方法

**問4　2**　　⇒P.120 **1**

エタノールやアセトンが大量に燃えているときの適切な消火方法は、耐アルコール泡放射と二酸化炭素放射の2つである。

膨張ひる石も適してはいるが、これは、初期の比較的小規模な火災を対象とする第五種消火設備のため、設問の「大量に燃えているとき」には適さない。

したがって、2が正解である。

**問5　3**　　⇒P.120 **1**

水溶性液体用の泡消火器とは、耐アルコール泡消火器を意味する。

アセトン、酢酸、ピリジンは水溶性液体のため、耐アルコール泡消火薬剤を用いて消火する。すなわち、一般の泡消火器では不適切なものはA、C、Eの3つとなる。

したがって、3が正解である。

**問6　2**　　⇒P.120 **1**

1　×　泡が適さない。
2　○　油火災及び電気火災に適した消火剤は霧状の強化液、二酸化炭素、ハロゲン化物、消火粉末である。
3　×　棒状の強化液が適さない。
4　×　泡が適さない。
5　×　棒状の強化液が適さない。

# Section 20 第四類危険物の事故事例と対策

## 1 事故事例と対策

危険物取扱者の試験では、事故事例を教訓とした対策問題が出されることもある。

| 事故事例 | 事故要因 | 事故対策 |
|---|---|---|
| 1 廃止した地下貯蔵タンクを掘り起こし、タンク内に水を充てんせずタンクを溶断し解体した<br>タンク溶断中に爆発を起こし、鏡板が吹き飛んだため作業員が負傷した | ・廃止したタンク内の可燃性蒸気が完全に取り除かれていなかったため、タンクを溶断したときの火花が、燃焼範囲内の可燃性蒸気に引火した | ①タンクの解体は、タンクを掘り起こした場所では行わない<br>②タンク内をよく洗浄した後、**タンク内に水を完全に充てん**する<br>③水を充てんする代わりに**窒素**などの**不燃性ガス**を封入し、タンク内に残っている可燃性蒸気を置換する方法もある<br>④タンク内の洗浄及び充てんは、静電気の発生を防ぐため高圧で行わない<br>⑤残油はできる限り抜き取るが、その際静電気が蓄積しないよう、タンク及び受け皿を接地して除電する<br>⑥タンク内の**可燃性蒸気**が完全になくなるまでは、火花の発生する工具を使用しない |
| 2 軽トラックの荷台に、灯油18ℓ入りポリエチレン容器8個を、密栓せず容器の転倒防止の措置をせずに積載し、運搬した<br>赤信号で急ブレーキをかけたが間に合わず、信号待ちの乗用車と衝突した。その衝撃で容器が転倒し、灯油が荷台から路上に流出した | ・基準に適合した運搬容器を用いていない<br>・容器を密栓せず、転倒防止の措置をしなかった<br>・運転手が安全運転を心掛けず、前方不注意で事故を起こした | ①基準に適合した**運搬容器**を用い、必ず**密栓**する<br>②運搬容器が転倒、破損しないように**防止措置**を講じて積載する<br>③運搬容器の**横積み積載を禁止**する<br>④容器の収納口を**上方に向けて**積載する<br>⑤運転手は交通事故等を起こさないよう**安全運転**を心掛ける |
| 3 酸化しやすいヒマワリ油などの不飽和脂肪酸を主成分とする塗料を使用し、作業後に塗料を拭き取ったウエス（ぼろ布）を袋に入れて放置したところ火災が発生した | ・不飽和脂肪酸が主成分の塗料が染みこんだウエスを袋に入れ、通風・換気の悪い場所に長時間放置したことで酸化熱が蓄積し、発煙・発火した | ①塗料の染みこんだ布やウエスは**自然発火**のおそれがあるので、使用したウエスは必ず焼却するか、水の入った容器に入れて処理する<br>②塗料を取扱うときは、製品の注意表示や取扱説明書を必ず読み、**注意事項**に従って処理を行う |

| | | |
|---|---|---|
| 4 表示を確認せず、ガソリンを入れていたタンクに誤って灯油を入れてしまいタンクが爆発した | ・表示の未確認<br>・タンク内に充満していたガソリンの可燃性蒸気が灯油に吸収され、燃焼範囲の濃度になった<br>・灯油を注入したときに発生した静電気の火花で引火した | ①種類の異なる危険物をタンクに入れないよう**表示を必ず確認**する<br>②作業は**危険物取扱者**自身が行うか、又は**立ち会う** |
| 5 冬場、自動車整備工場（一般取扱所）でガソリンを抜き取り、ペール缶に入れた一緒に作業する予定だった乙四類の危険物取扱者が不在だったので、アルバイト作業員一人でガソリンをペール缶から金属製ろうとでポリエチレン容器に移し替えていたところ、放電火花がガソリン蒸気に引火し、作業員がやけどを負った | ・ガソリンを取扱う容器にポリエチレン製を用い、接地（アース）をしていなかった<br>・ガソリンを取扱える危険物取扱者が立ち会わなかった<br>・金属製ろうとを使用してガソリンを容器に移し替える際、流速が速かった<br>・ガソリン蒸気に、発生した静電気の放電火花が引火した | ①ガソリンを取扱う容器は**金属製**にし、**接地（アース）**をする<br>②冬場は特に**静電気**が発生・蓄積しやすいので、静電気が逃げやすいよう散水してから作業する<br>③**指定された注入速度**で作業を行い、**帯電**を少なくする<br>④危険物の取扱い作業は**通風・換気のよい場所**で行う<br>⑤作業者の着衣等は**帯電防止**のものを使用する<br>⑥少量の危険物の取扱い作業であっても、当該危険物を取扱える**危険物取扱者**自身が行うか立ち会う |
| 6 従業員が給油取扱所の固定給油設備の前面カバーを取り外して点検を行った<br>前回点検した際も油汚れがあったが、少量であったため放置しておいた<br>その結果、地下専用タンクの送油管と固定給油設備の接続部付近にほこりの混じった黒い油汚れが著しく付着していた | ・前回の点検時、油汚れがあったにもかかわらず、重点的に点検しなかったため、油漏れなど、異常の早期発見ができなかった<br>・固定給油設備のポンプ周囲や下部ピット内の清掃が不十分だった | ①前面カバーは定期的に取り外し、ポンプや配管等に**漏れがないか点検**する<br>②固定給油設備の下部ピットから漏油しても地下に浸透しないよう、内部を防水モルタルなど（アスファルトは不適）で被覆し、**防水措置**をする<br>③ポンプや配管の一部に油ごみが著しく付着しているときなどは、その付近に**漏れの疑い**があるため**重点的に点検**する<br>④点検を容易にするため、ポンプ周囲及び下部ピット内は、**常に清掃**する<br>⑤給油中は、ノズルから空気（気泡）を吐き出していないか**吐出状態を監視し確認**する |

## 練習問題

**よく出る**

**問1** 次の事故事例を教訓とした今後の対策として、誤っているものはどれか。

〈事故事例〉
廃止した地下貯蔵タンクを掘り起こした場所で溶断・解体していたところ爆発した。タンクの鏡板が吹き飛び、解体作業に従事していた作業員が負傷した。

1　タンクや受け皿を接地して可燃性蒸気の発生を防ぎ、残油をできるだけ抜き取ること。
2　窒素等の不燃性ガスを封入し、タンク内に残っている可燃性蒸気を置換すること。
3　タンクを解体するときは、タンクを掘り起こした場所で実施しないこと。
4　タンク内をよく洗浄した後、水をタンク内に完全に充てんすること。
5　タンク内の洗浄は、静電気発生防止のため、高圧洗浄によりすばやく実施すること。

**問2** 次の事故事例を教訓とした今後の対策として、誤っているものはどれか。

〈事故事例〉
給油取扱所の従業員が、固定給油設備の前面カバーを取り外し、点検していたところ地下専用タンクの送油管と固定給油設備の接続部付近から油がにじみ出ていた。

1　いつでも点検しやすいよう、ポンプ周囲や下部ピット内は常に清掃しておくこと。
2　下部ピットから漏えいしても、地下に浸透しないよう内部をアスファルトで被覆し、防水措置をしておくこと。
3　ポンプや配管の一部に油ごみが著しく付着しているのを発見したときは、その周囲に漏れがないか重点的に点検すること。
4　前面カバーを定期的に取り外し、ポンプや配管に漏れがないか点検し、漏れがあったら直ちに修理すること。
5　給油中はノズルからの吐出状態を常に監視し、気泡が出ていないか確認すること。

**よく出る**

**問3** 次の事故事例を教訓とした今後の対策として、誤っているものはどれか。

〈事故事例〉
軽トラックの荷台に、灯油18ℓ入りポリエチレン容器8個をエレファントノズルをつけた状態で、容器の転倒防止をせずに積載し運搬した。赤信号で急ブレーキをかけたが間に合わず、信号待ちをしていた乗用車と衝突した。その衝撃で容器が転倒し、灯油が荷台から路上に流出した。

1　ポリエチレン容器を用い、漏れないよう収納率は空間容積を考慮すること。
2　容器が車台で移動したり転倒したりしないよう、固定状態を確認してから出発すること。
3　基準に適合した運搬容器を用い、密栓してから横積みに整頓して積載すること。
4　運転手は、交通事故を起こさないよう安全運転を心掛けること。
5　危険物の運搬では、運搬容器に損傷を与えるおそれのあるものを同時に積載しないこと。

**問4** 次の事故事例を教訓とした今後の対策として、誤っているものはどれか。

〈事故事例〉
セルフ型スタンド（給油取扱所）で、顧客自らが給油を行おうと自動車燃料タンクの給油口キャップをゆるめた際、噴出したガソリン蒸気に静電気が放電し、引火して火災が起こった。

1　顧客用給油設備のホース機器などの見やすいところに「静電気除去」に関する事項を表示すること。
2　地盤面に随時散水し、人体などに帯電している静電気を逃がしやすくすること。
3　ガソリン蒸気に静電気が放電しないよう、給油口キャップを開放する前は金属（除電装置）などに触れて除電すること。
4　給油取扱所の従業員などは、帯電防止服や帯電防止靴の着用を励行すること。
5　固定給油設備などのホース及びノズルの電気の導通を良好に保つこと。又その部分は電気の不良導体を使用すること。

**問5** 次の事故事例を防止する手段として、不適切なものはどれか。

〈事故事例〉

冬場、自動車整備工場（一般取扱所）で、抜き取ったガソリンを一時ペール缶に入れておいた。従業員がこのペール缶から金属製ろうとを使用し、ガソリンをポリエチレンの容器に移し替えていたところ、ガソリン蒸気に発生した静電気の放電火花が引火したため火災になり、やけどを負った。

1 湿度の低い季節は静電気が発生しやすいので、静電気が逃げやすいよう散水してから行うこと。
2 危険物の取扱作業は、通風又は換気のよい場所で行うこと。
3 ポリエチレン製ではなく金属製の容器を使い、接地をして作業すること。
4 可燃性蒸気の発生を少なくするため、短時間で移し替えが終わるよう流入を速めること。
5 少量の危険物の取扱作業であっても、当該危険物を取扱える危険物取扱者自身が行うか立ち会うかすること。

**問6** 次の事故事例を教訓とした今後の対策として、誤っているものはどれか。

〈事故事例〉

タンクローリーの運転手が、ローリーの配管に残っているガソリンをペール缶に抜き取り、さらにそれを金属製ろうとを使って別の容器に移し替えていたところ、発生した静電気でスパークし、ガソリン蒸気に引火し火災となった。

1 移し替え作業は、静電気が逃げやすいよう散水してから行うこと。又、湿度の低い冬季は静電気が発生しやすいので注意すること。
2 ガソリンを取扱う容器やろうとは基準に適合したものを使い、静電気発生防止のため容器を接地（アース）すること。
3 ガソリンの取扱作業は通風又は換気のよい場所で、取扱える甲種・乙四類危険物取扱者自らが作業すること。
4 注入では指定された速度で、静電気の帯電を少なくすること。
5 作業者は、帯電防止服及び帯電防止靴を着用すること。

練習問題 正解 と 解説　　20・第四類危険物の事故事例と対策

問1　5　　⇒P.126 1 1

1　○　静電気の蓄積を防ぐためタンク及び受け皿を接地し、残油をできるだけ抜き取るようにする。
2　○　窒素等の不燃性ガスを封入してタンク内に残っている可燃性蒸気を置換し、燃焼が起こらないようにする。
3　○　タンクを解体するときは、火災や事故等の危険性があることから、タンクを掘り起こした場所で実施してはならない。
4　○　タンク内をよく洗浄した後、水をタンク内に完全に充てんし、可燃性蒸気が残らないようにする。
5　×　タンク内に可燃性蒸気が残っているおそれがあるので、タンク内を洗浄する際は、静電気発生防止のため高圧洗浄を行わないことにする。

問2　2　　⇒P.126 1 6

1　○　点検を容易にするため、固定給油設備のポンプ周囲及び下部ピット内は常に清掃しておく必要がある。清掃が不十分だと油漏れなどの確認が遅れ、事故につながる。
2　×　下部ピットから漏油しても地下に浸透しないよう、内部を防水モルタル等で被覆し、防水措置をしておく。アスファルトは油に溶けるため、給油設備所内では使用しない。
3　○　ポンプ及び配管等の一部に油ごみ等が著しく付着しているときは、その付近で油が漏れている疑いがある。その周囲を重点的に点検する必要がある。
4　○　前面カバーを定期的に取り外し、配管等に漏れがないか点検する。長年使用しているうちに、接続部にゆるみや亀裂が生じることがある。
5　○　給油中はノズルから空気（気泡）を吐き出していないかなど、吐出状態を監視する。気泡を吐き出していたら、流速が速くなっているケースが考えられ、静電気が発生するおそれがある。

**問3** 3　　○P.126 1 2

1　○　運搬容器は基準に適合したものを用いる必要がある。又、必ず密栓しなければならない。
2　○　基準に適合した運搬容器を用い、転倒しないよう防止措置を講じて積載する必要がある。
3　×　運搬容器は、けっして横にせず、収納口を上方に向けて積載しなければならない。
4　○　交通事故が原因で、危険物が流出したり引火して火災が起こったりする。そのため運転手は、交通事故を起こさないよう安全運転を心掛ける。
5　○　運搬容器に損傷があると、危険物や蒸気が漏れ、引火の危険性が高まる。そのため、危険物を運搬する際は、運搬容器に損傷を与えるおそれのあるものを同時に積載しないようにする。

**問4** 5

1　○　危険物取扱作業に不慣れな顧客もガソリンを注油するため、静電気除去の重要性を知らせる必要がある。
2　○　乾燥している場所では静電気の発生・蓄積を防ぐことが必要で、特に冬場は注意する。
3　○　給油は、体内に蓄積されている静電気を放電してから行わないと、ガソリン蒸気に引火するおそれがあるため危険である。
4　○　人体にも帯電するので、その予防策として着衣にも帯電防止用のものを取り入れる。
5　×　不良導体では、静電気が蓄積して危険である。

## 問5 　4　　⇨P.127 １ 5

1 ○ 特に冬場など湿度の低い季節は静電気が発生しやすいので、静電気が逃げやすいよう散水して湿度を上げ、静電気の発生を防ぐ。
2 ○ 危険物の取扱作業は、通風又は換気のよい場所で行い、可燃性蒸気が滞留しないよう注意する。
3 ○ 容器は、ポリエチレン製ではなく金属製を使用し、接地して静電気を蓄積しないようにする。
4 × 短時間で移し替えが終わるよう流入を速めると、静電気が発生しやすくなり危険である。
5 ○ 少量の危険物の取扱作業であっても、当該危険物を取扱える危険物取扱者自身が行うか立ち会うかする必要がある。

## 問6 　3

1 ○ 乾燥している場所では静電気の発生・蓄積を防ぐことが必要で、散水は効果的である。特に冬季は湿度が低いため注意する。
2 ○ 接地（アース）せずにガソリンを移し替えていたなど、作業員の危険物の取扱いに関する保安教育の不備が考えられる。
3 × 甲種又は乙四類危険物取扱者が、作業するか立ち会うかして作業すればよい。
4 ○ 移し替えるガソリンの流速が速すぎて静電気が発生し、火花放電によりガソリン蒸気に引火した。指定の注入速度を守ること。
5 ○ 人体にも帯電するので、その予防策として着衣にも帯電防止用のものを取り入れる。

## 合格アドバイス

試験前夜は、早めに寝て、当日は早起きし頭脳もすっきりとした状態で本番に臨みましょう。記憶の定着は睡眠時です。徹夜で覚えようとしてもなかなか覚えられません。最後の見直しは翌朝早めに起きて行いましょう。試験会場には余裕をもって着くようにします。あせって駆けこむようでは、問題に落ち着いて取り組めません。心の余裕が試験の結果を左右します。

### 受験生の心得 5か条

**その1 ● 試験直前は新しい問題に手を出さない**

わからない問題が出てくると不安になります。すでにやった問題を見直すだけで十分です。

**その2 ● 鉛筆、消しゴム、受験票を忘れずに**

試験前夜の寝る前に、持っていくものをカバンに入れ、確認しておきましょう。

**その3 ● 答案用紙の記入ミスに注意**

誤記・マークミスがないよう試験終了前に必ず確認しましょう。受験番号等の記入漏れは、解答がたとえすべて正解でも不合格になってしまいます。

**その4 ● 時間配分に気をつけよう**

まず、全体の問題を確認し、自信をもって解答できるものから手をつけましょう。わからなかったり、二択で迷ったりした問題は後回しにしましょう。

**その5 ● わからなくてもマークする**

どちらにするか悩む問題や、さっぱりわからない問題でも、必ずマーキングしてください。当てずっぽうでも、正解だったらもうけもの。空白のままでは損ですよ。

脳のエネルギー源はブドウ糖です。学習を始める前に、ブドウ糖入りのチョコレートや飲み物を補給すると、学習効果が上がるかもしれません。私も学習前や試験直前にはよくブドウ糖入りチョコレートをひとかじりして臨んでいます。ただし、食べすぎにはご注意を！おなかをこわしては元も子もありません。合格をめざして頑張ってください。

# PART 3

# 危険物に関する法令

Section 21～35

# Section 21 消防法上の危険物

## 1 危険物の定義

私たちの周りには毒物、火薬類、高圧ガスといった危険物が数多く存在しているが、危険物取扱者が取扱う「危険物」については、消防法によって次のように定義されている。

> 「危険物とは、別表第一の品名欄に掲げる物品で、同表に定める区分に応じ同表の性質欄に掲げる性状を有するものをいう」（法第2条第7項）
>
> 別表第一 ➡ P.231「巻末資料」

危険物取扱者が取扱う「危険物」は、消防法別表第一の品名欄に掲げられている物品で、さらに、性質欄の性状を有するものだけを指す。常温（20℃）で気体のものはなく、固体又は液体のいずれかであることに注意しよう。

固体か液体か、類ごとの区別が頻出

## 2 危険物の種類と性質

| 類 | | 性質 |
|---|---|---|
| 第一類 | 酸化性固体 | そのもの自体は燃焼しないが、ほかの物質を強く酸化させる。可燃物と混合したとき、熱や摩擦などによって激しい燃焼を起こす |
| 第二類 | 可燃性固体 | 火炎により着火しやすい固体。比較的低温（40℃未満）で着火しやすい。燃焼が速く、消火が困難 |
| 第三類 | 自然発火性物質及び禁水性物質 | 自然発火性物質は空気に触れると自然発火し、禁水性物質は水に触れると発火若しくは可燃性ガスを発生する |

## 21 ● 消防法上の危険物

| 第四類 | 引火性液体 | ガソリンなど、引火する危険性の大きい液体 |
|---|---|---|
| 第五類 | 自己反応性物質 | 加熱分解などの自己反応により、比較的低い温度で多量の熱を発生する。加熱、摩擦、衝撃で爆発することもある |
| 第六類 | 酸化性液体 | そのもの自体は燃焼しないが、ほかの可燃物の燃焼を促進する |

水素ガス、プロパンガス、高圧ガス等の「気体」は、消防法の「危険物」には含まれません

危険物 期待はずれで 気体なし

### 3 第四類危険物の品名の定義

| 特殊引火物 | ジエチルエーテル、二硫化炭素その他1気圧において、**発火点が100℃以下**のもの又は**引火点が－20℃以下で沸点が40℃以下**のもの |
|---|---|
| 第一石油類 | アセトン、ガソリンその他1気圧において**引火点が21℃未満**のもの |
| アルコール類 | 1分子を構成する**炭素の原子の数が1個から3個までの飽和1価アルコール**（変性アルコールを含む）。ただし、その含有量が**60%未満**の水溶液を除く |
| 第二石油類 | 灯油、軽油その他1気圧において引火点が**21℃以上70℃未満**のもの |
| 第三石油類 | 重油、クレオソート油その他1気圧において**引火点が70℃以上200℃未満**のもの |
| 第四石油類 | ギヤー油、シリンダー油その他1気圧において**引火点が200℃以上250℃未満**のもの |
| 動植物油類 | 動物の脂肉など又は植物の種子若しくは果肉から抽出したもので、1気圧において**引火点が250℃未満**のもの |

## 練習問題

**問1** 消防法上の危険物に関する記述として、誤っているものは次のうちどれか。

1 危険物とは、消防法別表第一の品名欄に掲げる物品で、同表に定める区分に応じ、同表の性質欄に掲げる性状を有するものをいう。
2 危険物は、その性質により第一類から第六類に類別されている。
3 酸化性固体、可燃性固体、引火性液体、自己反応性物質等の類別がある。
4 消防法別表第一の品名欄に掲げられているもののほかに、政令で定められているものもある。
5 危険物には、常温（20℃）において固体、液体及び気体のものがある。

**問2** 法別表第一の危険物の説明として、正しいものは次のうちどれか。

1 甲種、乙種、丙種危険物に分類されている。
2 危険性が特に高い危険物は、特類に分類されている。
3 第一類から類が増すごとに危険性が高くなる。
4 第三類は「自然発火性物質及び禁水性物質」とされている。
5 第六類は「酸化性固体」とされている。

**問3** 次のA～Eのうち、法別表第一に危険物の品名として掲げられているものはいくつあるか。

A 鉄粉　　B プロパン　　C 黄リン
D 水素　　E 過酸化水素

1 1つ
2 2つ
3 3つ
4 4つ
5 5つ

## 21 ● 消防法上の危険物

**よく出る**
**問4** 法令上、次の文の（　）内に当てはまるものはどれか。

「特殊引火物とは、ジエチルエーテル、二硫化炭素その他1気圧において発火点が100℃以下のもの、又は（　）のものをいう」

1　引火点が−20℃以下
2　引火点が21℃未満
3　沸点が40℃以下
4　引火点が21℃未満で沸点が40℃以下
5　引火点が−20℃以下で沸点が40℃以下

**よく出る**
**問5** 法令に定める危険物の説明として、正しいものは次のうちどれか。

1　第一石油類とはアセトン、ガソリンその他1気圧において引火点が−21℃以下のものをいう。
2　第二石油類とは灯油、軽油その他1気圧において引火点が21℃以下のものをいう。
3　第三石油類とは重油、クレオソート油その他1気圧において引火点が21℃以上200℃未満のものをいう。
4　第四石油類とはギヤー油、シリンダー油その他1気圧において引火点が200℃以上250℃未満のものをいう。
5　動植物油類とは動物の脂肉や植物の種子、若しくは果肉から抽出したもので、1気圧において引火点が200℃未満のものをいう。

**問6** 法令上、次の文の（　）内のA・Bに当てはまる語句の組合せとして、正しいものはどれか。

「アルコール類とは、1分子を構成する炭素の原子の数が（　A　）までの飽和1価アルコール（変性アルコールを含む）をいい、その含有量が（　B　）未満の水溶液を除く」

1　A：1個から2個　B：50%
2　A：1個から3個　B：50%
3　A：1個から3個　B：60%
4　A：2個から4個　B：50%
5　A：2個から4個　B：60%

## 練習問題 正解と解説

**問1　5**　　⇒P.136 **1** / P.136 **2** / P.231

1　○　法第2条第7項に規定されている「危険物」の定義である。
2　○　法別表第一では、危険物を性質によって6種類に類別している。
3　○　酸化性固体、可燃性固体、自然発火性物質及び禁水性物質、引火性液体、自己反応性物質、酸化性液体の6種類に類別されている。
4　○　法別表第一では第四類以外について「その他のもので政令で定めるもの」を品名欄に掲げており、「危険物の規制に関する政令」第1条において第一類、第三類、第五類、第六類のそれぞれについて法別表第一以外の品名を定めている（第二類は未制定）。
5　×　危険物には消防法上、常温（20℃）で気体のものは含まれていない。

**問2　4**　　⇒P.136 **2** / P.231

1　×　甲種～丙種は危険物取扱者の免状の種類で、危険物の分類ではない。
2　×　類別で「特類」は存在しない。
3　×　第一類～第六類の類別は、危険性の大小によるものではない。
4　○　第三類は「自然発火性物質及び禁水性物質」である。
5　×　第六類は「酸化性液体」である。「酸化性固体」は第一類である。

**問3　3**　　⇒P.136 **2** / P.231

A、C、Eの3つである。Bのプロパンとdの水素はどちらも常温（20℃）で気体でありどの類にも掲げられていない。

Aの鉄粉は第二類に掲げられている。

Cの黄リンは第三類に掲げられている。

Eの過酸化水素は第六類に掲げられている。

> 消防法の「危険物」は、常温（20℃）で固体又は液体のいずれかであることを忘れないようにしましょう。水素ガス、プロパンガス等の気体は含まれません

## 21 ● 消防法上の危険物

**問4　5**　➡P.137 3

特殊引火物とは、ジエチルエーテル、二硫化炭素その他1気圧において、発火点が100℃以下のもの又は引火点が-20℃以下で沸点が40℃以下のものをいう。

例　ジエチルエーテル：発火点160℃、引火点-45℃、沸点35℃
　➡発火点は100℃以下ではないが、引火点が-20℃以下で沸点が40℃以下なので特殊引火物である。

**問5　4**　➡P.137 3

1　×　第一石油類は、1気圧において引火点21℃未満である。
2　×　第二石油類は、1気圧において引火点21℃以上70℃未満である。
3　×　第三石油類は、1気圧において引火点70℃以上200℃未満である。
4　○　第四石油類は、1気圧において引火点200℃以上250℃未満である。
5　×　動植物油類は、1気圧において引火点250℃未満である。

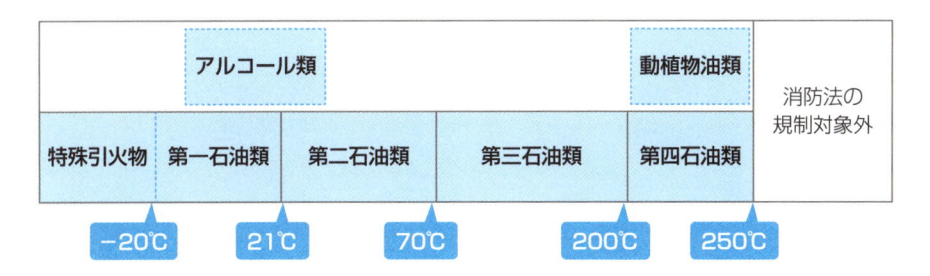

| | アルコール類 | | | 動植物油類 | 消防法の規制対象外 |
|---|---|---|---|---|---|
| 特殊引火物 | 第一石油類 | 第二石油類 | 第三石油類 | 第四石油類 | |
| -20℃ | 21℃ | 70℃ | 200℃ | 250℃ | |

**問6　3**　➡P.137 3

アルコール類とは、1分子を構成する炭素の原子の数が1個から3個までの飽和1価アルコール（変性アルコールを含む）をいい、その含有量が60％未満の水溶液を除く。したがって、3が正解である。

> 第四類危険物の定義は、品名ごとにしっかりと覚えておく必要があります。特に引火点の範囲は頻出です

# Section 22 指定数量と倍数の計算

## 1 第四類危険物の指定数量

指定数量とは、危険物を貯蔵又は取扱う場合に消防法による規制を受けるかどうかの基準となる数量をいう。「危険物の規制に関する政令」別表第三により、危険物ごとにその危険性を勘案して定められている。

| 区 分 | 性 質 | 主な物品名 | 指定数量 |
|---|---|---|---|
| 特殊引火物 | − | ジエチルエーテル<br>二硫化炭素<br>アセトアルデヒド<br>酸化プロピレン | 50ℓ |
| 第一石油類 | 非水溶性 | ガソリン<br>ベンゼン<br>トルエン | 200ℓ |
| 第一石油類 | 水溶性 | アセトン | 400ℓ |
| アルコール類 | − | メタノール（メチルアルコール）<br>エタノール（エチルアルコール）<br>n-プロピルアルコール<br>イソプロピルアルコール | 400ℓ |
| 第二石油類 | 非水溶性 | 灯油<br>軽油<br>キシレン | 1,000ℓ |
| 第二石油類 | 水溶性 | 酢酸 | 2,000ℓ |
| 第三石油類 | 非水溶性 | 重油<br>クレオソート油<br>ニトロベンゼン | 2,000ℓ |
| 第三石油類 | 水溶性 | グリセリン | 4,000ℓ |
| 第四石油類 | − | ギヤー油<br>シリンダー油<br>可塑剤 | 6,000ℓ |
| 動植物油類 | − | アマニ油（乾性油）<br>ナタネ油（半乾性油）<br>ヤシ油（不乾性油） | 10,000ℓ |

※第一類〜第六類の指定数量は資料（P231）を参照。

22 ● 指定数量と倍数の計算

## 2 指定数量による規制

指定数量は、危険性の高いものほど少なく、低いものほど多くなっている。指定数量以上の危険物を貯蔵し、又は取扱う危険物施設では、貯蔵取扱いの基準や位置、構造、設備等の技術上の基準が定められている。

例 ガソリン：第一石油類の非水溶性液体
→ 指定数量が200ℓなので、200ℓ以上のガソリンを貯蔵又は取扱う場合には消防法による規制を受けることになる。

> 第四類の指定数量（左ページ）から水溶性の指定数量が非水溶性の2倍であることがわかります。これは、水溶性の方が非水溶性より危険性が低いからです

## 3 指定数量の倍数の計算

指定数量の倍数とは、実際に貯蔵又は取扱う危険物の数量が、指定数量の何倍に当たるかを表す数値である。指定数量の異なる危険物A・B及びCを同一の場所で貯蔵又は取扱う場合、次の式によって指定数量の倍数を求める。

$$\frac{Aの貯蔵量（取扱量）}{Aの指定数量} + \frac{Bの貯蔵量（取扱量）}{Bの指定数量} + \frac{Cの貯蔵量（取扱量）}{Cの指定数量}$$

例 ガソリン100ℓ、メタノール200ℓ、軽油400ℓを、同一の場所で貯蔵している場合
→ 指定数量は、ガソリン（第一石油類の非水溶性）→ 200ℓ
　　　　　　メタノール（アルコール類）→ 400ℓ
　　　　　　軽油（第二石油類の非水溶性）→ 1,000ℓ

上の式から、$\frac{100}{200} + \frac{200}{400} + \frac{400}{1,000} = 0.5 + 0.5 + 0.4 = 1.4$

したがって、指定数量の1.4倍の危険物を貯蔵していることになる。

個々の危険物の指定数量の倍数がたとえ1未満でも、合計して1以上になれば指定数量以上の危険物を貯蔵又は取扱うものとして、消防法による規制を受けることになる。

## 練習問題

**よく出る**

**問1** 法令で定める第四類危険物の指定数量について、誤っているものは次のうちどれか。

1 第一石油類、第二石油類及び第三石油類は、いずれも水溶性液体の指定数量が非水溶性液体の2倍になっている。
2 特殊引火物の指定数量は、第四類の危険物のうち最も少ない。
3 第一石油類の水溶性液体とアルコール類の指定数量は同じである。
4 第二石油類の水溶性液体と第三石油類の非水溶性液体の指定数量は、どちらも4,000ℓである。
5 動植物油類の指定数量は、10,000ℓと定められている。

**よく出る**

**問2** 法令上、危険物の品名、物品名及び指定数量の組合せで、誤っているものは次のうちどれか。

| | 〈品名〉 | 〈物品名〉 | 〈指定数量〉 |
|---|---|---|---|
| 1 | 特殊引火物 | ジエチルエーテル | 50ℓ |
| 2 | 第一石油類 | アセトン | 200ℓ |
| 3 | アルコール類 | イソプロピルアルコール | 400ℓ |
| 4 | 第三石油類 | グリセリン | 4,000ℓ |
| 5 | 第四石油類 | ギヤー油 | 6,000ℓ |

**問3** 法令上、次のA～Cの危険物を同一の場所に貯蔵する場合、指定数量の倍数の合計として、正しいものはどれか。

| | 指定数量 | 貯蔵量 |
|---|---|---|
| A | 50ℓ | 240ℓ |
| B | 400ℓ | 1,600ℓ |
| C | 2,000ℓ | 8,400ℓ |

1 4.18倍
2 5.12倍
3 12.6倍
4 13.0倍
5 25.6倍

## 22 ● 指定数量と倍数の計算

**よく出る**

**問4** 法令上、同一の貯蔵所で下記の危険物を同時に貯蔵する場合、指定数量の倍数の合計は次のうちどれか。

ガソリン ———— 500ℓ
エタノール ———— 800ℓ
灯油 ———————— 2,500ℓ
重油 ———————— 1,000ℓ

1　7.5倍
2　8.0倍
3　9.5倍
4　12.0倍
5　15.0倍

**問5** 軽油を300ℓ貯蔵している場所に次の危険物を同時に貯蔵する場合、指定数量の倍数の合計が1以上になるものはどれか。

1　ジエチルエーテル ———— 30ℓ
2　トルエン ———————— 80ℓ
3　アセトン ———————— 300ℓ
4　酢酸 —————————— 900ℓ
5　グリセリン ——————— 1,000ℓ

**問6** 法令上、同一の貯蔵所で下記の危険物を貯蔵している場合、指定数量の倍数の合計は次のうちどれか。

ガソリン18ℓ入りの金属缶30本
軽油200ℓ入りの金属製ドラム缶35本
重油200ℓ入りの金属製ドラム缶40本

1　10.1倍
2　13.7倍
3　16.4倍
4　21.8倍
5　45.7倍

こたえは次のページ

# 練習問題 正解 と 解説

## 問1  4   ⇒P.142 ①／P.143 ②

1 ○ 水溶性液体は、非水溶性液体に比べ消火が容易で危険性も低いことから、指定数量が非水溶性液体の2倍に設定されている。
2 ○ 危険性の高いものほど指定数量は少なく定められている。
3 ○ どちらも400ℓと定められている。
4 × どちらも2,000ℓと定められている。
5 ○ 動植物油類は危険性が低いため、指定数量が大きく定められている。

> 第一石油類の水溶性、アルコール類
> ⇒ どちらも指定数量は400ℓ
> 
> 第二石油類の水溶性、第三石油類の非水溶性
> ⇒ どちらも指定数量は2,000ℓ

## 問2  2   ⇒P.142 ①／P.231

1 ○ 特殊引火物は、水溶性・非水溶性を問わず、指定数量が50ℓである。
2 × 第一石油類は、ガソリン等の非水溶性液体であれば指定数量は200ℓだが、アセトンは水溶性液体なので指定数量は400ℓである。
3 ○ アルコール類は、すべて指定数量が400ℓである。
4 ○ グリセリンは第三石油類水溶性液体なので、指定数量は4,000ℓである。
5 ○ 第四石油類は、すべて指定数量が6,000ℓである。

## 問3  4   ⇒P.143 ③

指定数量の異なる危険物A、B及びCを同一の場所で貯蔵する場合は、次の式で求められる。

$$\text{指定数量の倍数の合計} = \frac{\text{Aの貯蔵量}}{\text{Aの指定数量}} + \frac{\text{Bの貯蔵量}}{\text{Bの指定数量}} + \frac{\text{Cの貯蔵量}}{\text{Cの指定数量}}$$

$$= \frac{240}{50} + \frac{1,600}{400} + \frac{8,400}{2,000}$$

$$= 4.8\text{倍} + 4.0\text{倍} + 4.2\text{倍}$$

$$= 13.0\text{倍}$$

したがって、4が正解である。

## 22 ● 指定数量と倍数の計算

### 問4　1　　⇒P.142 1 / P.143 3

指定数量は、ガソリン（第一石油類の非水溶性）→ 200ℓ
　　　　　エタノール（アルコール類）→ 400ℓ
　　　　　灯油（第二石油類の非水溶性）→ 1,000ℓ
　　　　　重油（第三石油類の非水溶性）→ 2,000ℓ

∴ 指定数量の倍数の合計 $= \dfrac{500}{200} + \dfrac{800}{400} + \dfrac{2,500}{1,000} + \dfrac{1,000}{2,000}$

　　　　　　　　　　　$= 2.5倍 + 2.0倍 + 2.5倍 + 0.5倍$

　　　　　　　　　　　$= 7.5倍$

したがって、1が正解である。

> 第四類危険物は、品名・性質ごとに指定数量を確実に覚えておかなければなりません

### 問5　3　　⇒P.142 1 / P.143 3

軽油（第二石油類の非水溶性）は指定数量1,000ℓなので、300ℓは0.3倍の貯蔵に当たる。1～5の危険物の倍数をそれぞれ求めると

1　ジエチルエーテル（特殊引火物）→ 指定数量50ℓ　∴ 30ℓは0.6倍
2　トルエン（第一石油類の非水溶性）→ 指定数量200ℓ　∴ 80ℓは0.4倍
3　アセトン（第一石油類の水溶性）→ 指定数量400ℓ　∴ 300ℓは0.75倍
4　酢酸（第二石油類の水溶性）→ 指定数量2,000ℓ　∴ 900ℓは0.45倍
5　グリセリン（第三石油類の水溶性）→ 指定数量4,000ℓ
　∴ 1,000ℓは0.25倍

したがって、軽油との合計で指定数量の倍数が1以上となる3が正解である。

### 問6　2　　⇒P.142 1 / P.143 3

- ガソリンの貯蔵量：18ℓ入りの金属缶 × 30本 = 540ℓ。
  指定数量は第一石油類の非水溶性なので200ℓ。∴ 540ℓは2.7倍…①
- 軽油の貯蔵量：200ℓ入りの金属製ドラム缶 × 35本 = 7,000ℓ。
  指定数量は第二石油類の非水溶性なので1,000ℓ。∴ 7,000ℓは7倍…②
- 重油の貯蔵量は200ℓ入りの金属製ドラム缶 × 40本 = 8,000ℓ。
  指定数量は第三石油類の非水溶性なので2,000ℓ。∴ 8,000ℓは4倍…③

したがって、① + ② + ③ = 2.7 + 7 + 4 = 13.7倍となり、2が正解である。

# Section 23 危険物規制及び製造所等の区分

## 1 危険物規制の概要

指定数量以上（＝倍数1以上）の危険物の**貯蔵**又は**取扱い**は、**消防法**（同法に基づく政令・規則・告示等）による規制を受ける。これに対し、指定数量未満の危険物の貯蔵又は取扱いは、消防法ではなく**各市町村の火災予防条例**による規制を受ける。又危険物の**運搬**については、指定数量とは関係なく**消防法**による規制を受ける。まとめると、次のようになる。

◆危険物の貯蔵又は取扱い

| 指定数量 | 以上 | **消防法**による規制 |
|---|---|---|
| | 未満 | 市町村**条例**による規制 |

◆危険物の運搬

| 指定数量 | 無関係 | **消防法**による規制 |
|---|---|---|

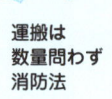

運搬は数量問わず消防法

## 2 危険物の仮貯蔵・仮取扱い

消防法では、指定数量以上の危険物を貯蔵所以外の場所で貯蔵したり、製造所等（製造所・貯蔵所・取扱所）以外の場所で取扱ったりすることを原則として禁止している。

ただし、指定数量以上の危険物を貯蔵又は取扱う場合であっても、例外として、**消防長又は消防署長**に申請し、**承認**を受ければ**10日以内の期間**に限り、製造所等以外の場所での貯蔵又は取扱いを認めている。

これを危険物の**仮貯蔵・仮取扱い**という。

指定数量以上の危険物
- 原則 製造所等で貯蔵・取扱い
- 例外 消防長又は消防署長の承認
  ⇒10日以内の期間に限り
  　製造所等以外の場所で**仮貯蔵・仮取扱い**

10日間以内なら例外として認められます

23 ● 危険物規制及び製造所等の区分

## 3 製造所等の区分

危険物を貯蔵又は取扱う「製造所等」は、次のように区分されている。

| 区分 | | 名称 | 説明 |
|---|---|---|---|
| 製造所 | 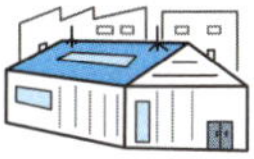 | 製造所 | 危険物を製造する施設 |
| 貯蔵所 |  | 屋内貯蔵所 | 屋内の場所 |
| | 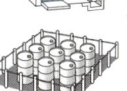 | 屋外貯蔵所 | 屋外の場所　※貯蔵・取扱いできる危険物<br>● 第二類危険物の硫黄、引火性固体（引火点0℃以上のもの）<br>● 第四類危険物の「特殊引火物」以外のもの。ただし、第一石油類は引火点0℃以上のもの（ガソリン、アセトンなどは不可） |
| |  | 屋内タンク貯蔵所 | 屋内にあるタンク |
| |  | 屋外タンク貯蔵所 | 屋外にあるタンク |
| | 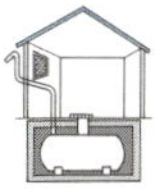 | 地下タンク貯蔵所 | 地盤面下に埋没されているタンク |
| |  | 簡易タンク貯蔵所 | 簡易タンク<br>※タンク1基の容量が少量（600ℓ以下） |
| |  | 移動タンク貯蔵所 | 車両に固定されたタンク（タンクローリー） |
| 取扱所 | 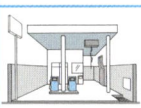 | 給油取扱所 | 自動車等の燃料タンクに給油設備で直接給油する取扱所（ガソリンスタンド） |
| | 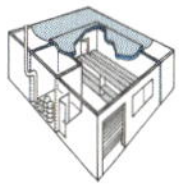 | 販売取扱所 | 危険物を容器入りのまま販売する店舗<br>● 第一種：指定数量の倍数が15以下<br>● 第二種：指定数量の倍数が15を超え40以下 |
| |  | 移送取扱所 | 配管やポンプ等の設備で危険物の移送を行う取扱所（パイプライン等） |
| | 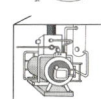 | 一般取扱所 | 給油・販売・移送取扱所以外の取扱所 |

PART 3 危険物に関する法令

149

## 練習問題

**問1** 危険物の規制について、誤っているものは次のうちどれか。

1. 危険物は、消防法及び同法に基づく政令、規則、告示等のほか、各市町村の火災予防条例によって規制される。
2. 指定数量以上の危険物を貯蔵又は取扱う場合は、消防法及び同法に基づく政令、規則、告示等による規制を受ける。
3. 指定数量未満の危険物の運搬については、各市町村の火災予防条例によって規制される。
4. 指定数量以上の危険物を、貯蔵所以外の場所で貯蔵することや、製造所等以外の場所で取扱うことは、原則として禁止されている。
5. 指定数量未満の危険物を貯蔵又は取扱う場合は、各市町村の火災予防条例によって規制される。

**問2** 法令上、指定数量以上の危険物を製造所等以外の場所において仮貯蔵する場合の基準として、正しいものは次のうちどれか。

1. あらかじめ市町村長に申請する。
2. 貯蔵できる期間は1ヶ月以内である。
3. 貯蔵できる危険物の量は、指定数量の2倍までである。
4. 仮貯蔵の基準は、火災予防条例によって個々に定められている。
5. 消防長又は消防署長の承認を得る。

**問3** 法令上、次の文の（　）内のA～Dに入る語句の組合せとして、正しいものは次のうちどれか。

「（ A ）の危険物は、製造所等以外の場所における貯蔵・取扱いが原則として禁止されている。ただし、（ B ）の承認を受ければ、（ A ）の危険物を（ C ）以内の期間に限り、（ D ）又は取扱うことができる」

| | A | B | C | D |
|---|---|---|---|---|
| 1 | 指定数量以上 | 市町村長等 | 10日 | 仮に使用し |
| 2 | 指定数量未満 | 都道府県知事 | 1ヶ月 | 仮に貯蔵し |
| 3 | 指定数量以上 | 消防長又は消防署長 | 10日 | 仮に貯蔵し |
| 4 | 指定数量未満 | 市町村長等 | 1週間 | 仮に使用し |
| 5 | 指定数量以上 | 消防長又は消防署長 | 1ヶ月 | 仮に貯蔵し |

## 問4 法令上、製造所等についての記述として、誤っているものは次のうちどれか。

1 給油取扱所とは、給油設備によって自動車等の燃料タンクに直接給油するため危険物を取扱う取扱所をいう。
2 配管及びポンプ、並びにこれらに付属する設備によって危険物の移送を行う取扱所を、移送取扱所という。
3 屋外貯蔵所とは、屋外の場所において危険物を貯蔵し、又は取扱う貯蔵所をいう。
4 店舗で容器入りのまま販売するための危険物を取扱う取扱所を、一般取扱所という。
5 簡易タンク貯蔵所とは、簡易タンクにおいて危険物を貯蔵し、又は取扱う貯蔵所をいう。

### よく出る
## 問5 法令上、製造所等についての記述として、正しいものは次のうちどれか。

1 屋内貯蔵所…屋内にあるタンクにおいて危険物を貯蔵し、又は取扱う貯蔵所のこと
2 地下タンク貯蔵所…屋外にあるタンクにおいて危険物を貯蔵し、又は取扱う貯蔵所のこと
3 移動タンク貯蔵所…車両、鉄道の貨車又は船舶に固定されたタンクにおいて、危険物を貯蔵し、又は取扱う貯蔵所のこと
4 製造所…ボイラーで重油等を消費する施設のこと
5 第二種販売取扱所…指定数量の倍数が、15を超え40以下の危険物を取扱う販売取扱所のこと

### よく出る
## 問6 法令上、屋外貯蔵所で貯蔵できる危険物の組合せとして、正しいものは次のうちどれか。

1 硫黄 ―――― エタノール
2 硫化リン ―――― ジエチルエーテル
3 ガソリン ―――― 引火性固体（引火点0℃以上のもの）
4 動植物油類 ―――― アセトン
5 灯油 ―――― マグネシウム

## 練習問題 正解 と 解説

**問1　3**　　⇒P.148 **1**

1　○　指定数量以上の貯蔵・取扱いは消防法（同法に基づく政令・規則・告示等を含む）による規制を受け、指定数量未満の貯蔵・取扱いは各市町村の火災予防条例によって規制を受ける。又危険物の運搬については、常に消防法による規制を受ける。
2　○　指定数量以上の貯蔵・取扱いは、消防法による規制を受ける。
3　×　危険物の運搬は、指定数量にかかわらず消防法によって規制される。
4　○　消防法では、製造所等以外の場所で指定数量以上の危険物の貯蔵や取扱いを、原則として禁止している。
5　○　指定数量未満の貯蔵・取扱いは、各市町村の火災予防条例によって規制される。

**問2　5**　　⇒P.148 **2**

1　×　申請先は、市町村長ではなく消防長又は消防署長である。
2　×　仮貯蔵の期間は、10日以内の期間である。
3　×　このような制限はない。
4　×　市町村の火災予防条例ではなく、消防法によって定められている。
5　○　消防長又は消防署長に申請し、承認を得る必要がある。

**問3　3**　　⇒P.148 **2**

指定数量以上の危険物は、製造所等以外の場所における貯蔵・取扱いが原則として禁止されている。ただし、消防長又は消防署長の承認を受ければ、指定数量以上の危険物を10日以内の期間に限り、仮に貯蔵し又は取扱うことができる。したがって、3が正解である。

仮貯蔵
許されるのは
10日以内

## 問4  4  ⇒P.149 3

1. ○ ガソリンスタンドがこれに該当する。
2. ○ パイプライン施設等がこれに該当する。
3. ○ 屋外貯蔵所は、屋外の場所において危険物を貯蔵又は取扱う貯蔵所である。貯蔵・取扱いできる危険物が限定されていることに注意する。
4. × これは販売取扱所である。一般取扱所とは、給油取扱所、販売取扱所、移送取扱所以外の取扱所をいう。
5. ○ タンク1基の容量が600ℓ以下と少量に定められている。

> 第二類の引火性固体と第四類の石油類には条件がついていたね

## 問5  5  ⇒P.149 3

1. × これは屋内タンク貯蔵所についての記述である。屋内貯蔵所とは、屋内の場所で危険物を貯蔵し又は取扱う貯蔵所をいう。
2. × これは屋外タンク貯蔵所についての記述である。地下タンク貯蔵所とは、地盤面下に埋没されたタンクで危険物を貯蔵し又は取扱う貯蔵所をいう。
3. × 移動タンク貯蔵所とは、一般にタンクローリーとよばれ、車両に固定されたタンクで危険物を貯蔵し又は取扱う貯蔵所をいう。鉄道の貨車や船舶に固定されたタンクなどは含まない。
4. × 製造所とは、危険物を製造する施設をいう。なお、ボイラーで重油等を消費する施設は一般取扱所に該当する。
5. ○ 取扱う危険物の量は第一種（指定数量の倍数が15以下の危険物を取扱う）より第二種の方が多いことを覚えておこう。

## 問6  1  ⇒P.149 3

屋外貯蔵所で貯蔵・取扱いできる危険物は、次のものに限られている。
- 第二類危険物のうち硫黄、引火性固体（引火点0℃以上のもの）
- 第四類危険物のうち特殊引火物以外（第一石油類は引火点0℃以上のみ）

硫化リンとマグネシウムは第二類だが、硫黄、引火性固体ではないので不可。ジエチルエーテルは特殊引火物、ガソリンとアセトンは第一石油類だが引火点が0℃未満なので不可。したがって、1の組合せだけが正しい。

# Section 24 各種申請手続きと届出

## 1 製造所等の設置・変更

製造所等を設置する場合や、製造所等の位置・構造・設備を変更する場合は、市町村長等に申請して許可を受ける必要がある。申請先の「市町村長等」には以下のように、都道府県知事が含まれていることに注意する。

| 市町村長等 | 消防本部及び消防署を設置する市町村の場合 | 市町村長 |
|---|---|---|
| | 上記以外の市町村の場合 | 都道府県知事 |

許可を受けるまでは工事に着手できず、又工事が完了したら市町村長等に申請し完成検査を受けなければならない。手続きの流れを見ておこう。

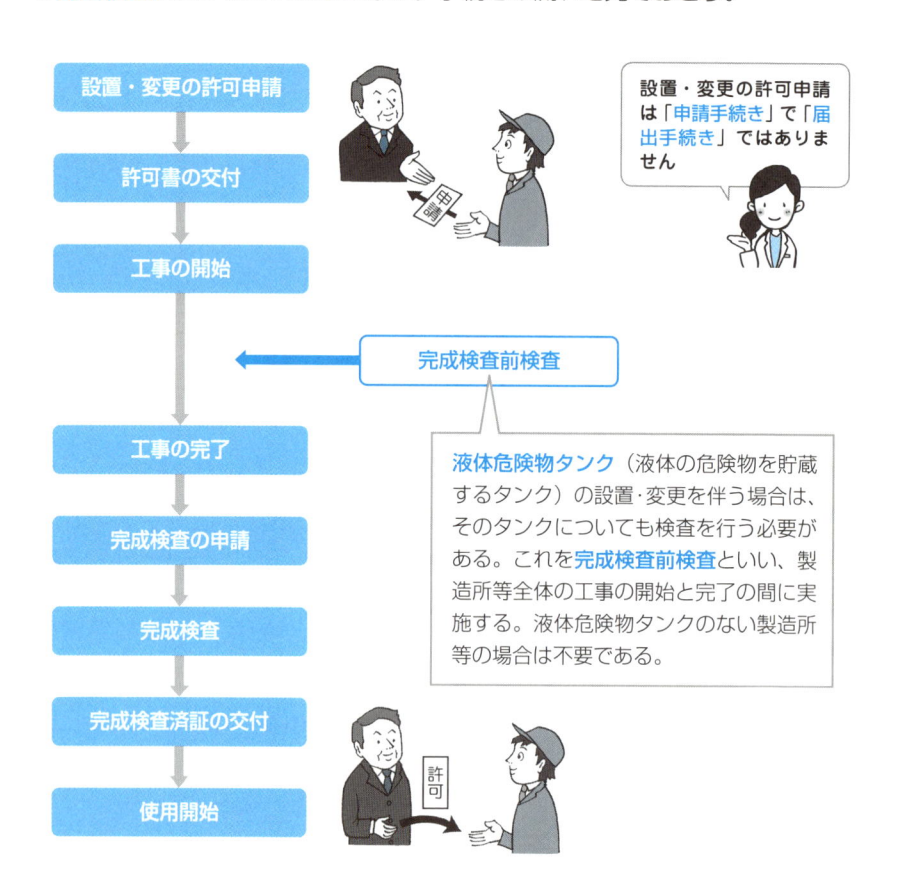

設置・変更の許可申請
↓
許可書の交付
↓
工事の開始
↓
← 完成検査前検査
↓
工事の完了
↓
完成検査の申請
↓
完成検査
↓
完成検査済証の交付
↓
使用開始

設置・変更の許可申請は「申請手続き」で「届出手続き」ではありません

液体危険物タンク（液体の危険物を貯蔵するタンク）の設置・変更を伴う場合は、そのタンクについても検査を行う必要がある。これを完成検査前検査といい、製造所等全体の工事の開始と完了の間に実施する。液体危険物タンクのない製造所等の場合は不要である。

## 2 製造所等の仮使用

製造所等の**一部のみを変更**する場合、その変更工事が完成検査に合格するまでの間、施設の全体を使用できないのは不都合である。そこで、以下のような「**仮使用**」の制度が認められている。ポイントを押さえておこう。

> 製造所等の「仮使用」
> - 製造所等の**一部**について**変更工事**を行う場合、
> - **市町村長等**の**承認**を受けることにより、
> - 完成検査を受ける前、**工事と関係のない部分**を仮に使用すること

## 3 申請手続きと届出手続き

### ①申請手続き（行政庁から許可や承認等を得なければならない手続き）

| 申請の種類 | 手続きの内容 | 申請先 |
|---|---|---|
| 許可 | 製造所等の**設置** | **市町村長等** |
|  | 製造所等の位置・構造・設備の**変更** |  |
| 承認 | 製造所等の**仮使用** | **消防長又は消防署長** |
|  | 危険物の**仮貯蔵・仮取扱い** |  |
| 認可 | 予防規程の作成・変更 | **市町村長等** |
| 検査 | **完成検査** | **市町村長等** |
|  | **完成検査前検査** |  |
|  | 保安検査 |  |

### ②届出手続き（行政庁に届け出るだけでよい手続き）

| 届出を必要とする手続き | 届出の期限 | 届出先 |
|---|---|---|
| 製造所等の**譲渡・引渡し** | 遅滞なく | **市町村長等** |
| 製造所等の**用途の廃止** |  |  |
| **危険物保安監督者**の選任・解任 |  |  |
| **危険物保安統括管理者**の選任・解任 |  |  |
| 危険物の**品名、数量又は指定数量の倍数の変更**（製造所等の位置・構造・設備の変更を伴わないもの） | 変更しようとする日の**10日前**まで |  |

## 練習問題

**問1** 法令上、製造所等を設置する場合の手続きについて、正しいものは次のうちどれか。

1 設置工事を行う10日前までに市町村長等に届け出る。
2 市町村長等から設置の許可を受けた後、設置工事に着手する。
3 設置工事に着手した後、市町村長等に届け出る。
4 設置工事に着手する前に、消防長又は消防署長に許可申請を行う。
5 市町村長等に設置許可の申請をすれば、直ちに工事に着手できる。

**問2** 法令上、製造所等の設置から使用開始までの手続きとして、誤っているものは次のうちどれか。

1 給油取扱所を設置する場合、市町村長等の許可を受けなければならない。
2 第四類の屋外貯蔵所を設置する場合、完成検査前検査を受けなければならない。
3 製造所を設置した場合、完成検査を受けなければならない。
4 屋外タンク貯蔵所を設置する場合、仮使用の承認申請は行えない。
5 第四類の屋内タンク貯蔵所を設置する場合、完成検査前検査を受けなければならない。

**問3** 次の文の（　）内のA〜Dに当てはまる語句の組合せとして、正しいものは次のうちどれか。

「製造所等（移送取扱所を除く）を設置する場合には、消防本部及び消防署を置く市町村の区域では当該（ A ）、その他の区域では当該区域を管轄する（ B ）の許可が必要である。工事が完了したら（ C ）を申請し、技術上の基準に適合していることが認められると、（ D ）が交付される」

| | A | B | C | D |
|---|---|---|---|---|
| 1 | 市町村長 | 都道府県知事 | 完成検査 | 完成検査済証 |
| 2 | 市町村長等 | 都道府県知事 | 完成検査 | 許可証 |
| 3 | 消防長又は消防署長 | 市町村長等 | 完成検査前検査 | 許可証 |
| 4 | 消防長又は消防署長 | 市町村長 | 完成検査 | タンク検査済証 |
| 5 | 市町村長 | 都道府県知事 | 完成検査前検査 | 完成検査済証 |

## 24 ● 各種申請手続きと届出

**よく出る**

**問4** 法令上、製造所等の仮使用の説明として、正しいものは次のうちどれか。

1 危険物を10日以内の期間、製造所等以外の場所で貯蔵すること。
2 製造所等を、設置工事の着手から完了までの間に仮に使用すること。
3 完成検査によって欠陥箇所が見つかり、完成検査済証が交付されなかった場合に、基準に適合している部分のみを使用すること。
4 製造所等を全面的に変更する場合、工事完了部分から使用していくこと。
5 製造所等の一部を変更する場合に、変更工事に関係する部分以外について、市町村長等の承認を受けて完成検査前に仮に使用すること。

**よく出る**

**問5** 法令上、次の申請の内容について、必要となる申請の種類及び申請先の組合せとして、誤っているものは次のうちどれか。

| | 〈申請の内容〉 | 〈種類〉 | 〈申請先〉 |
|---|---|---|---|
| 1 | 貯蔵する危険物の品名又は数量の変更（製造所等の位置、構造又は設備の変更はなし） | 許可 | 市町村長等 |
| 2 | 製造所等の位置、構造又は設備の変更 | 許可 | 市町村長等 |
| 3 | 指定数量以上の危険物の、製造所等以外の場所での仮貯蔵 | 承認 | 所轄消防長・消防署長 |
| 4 | 製造所等の変更工事に関係しない部分の仮使用 | 承認 | 市町村長等 |
| 5 | 予防規程の内容の変更 | 認可 | 市町村長等 |

**問6** 法令上、次の文の（　　）内のA・Bに当てはまる語句の組合せとして、正しいものは次のうちどれか。

「製造所等の位置、構造又は設備を変更せず、貯蔵又は取扱う危険物の品名、数量又は指定数量の倍数だけを変更する場合は、（ A ）その旨を（ B ）に届け出なければならない」

| | A | B |
|---|---|---|
| 1 | 変更した日から10日以内に | 市町村長等 |
| 2 | 変更しようとする日の10日前までに | 市町村長等 |
| 3 | 遅滞なく | 市町村長等 |
| 4 | 変更しようとする日の10日前までに | 消防長又は消防署長 |
| 5 | 遅滞なく | 消防長又は消防署長 |

# 練習問題 正解 と 解説

## 問1　2　　○P.154 **1**

1 ×　製造所等の設置には市町村長等の許可が必要で、そのために許可の申請手続きをする。届出手続きではない。
2 ○　市町村長等の許可を受け、はじめて設置工事に着手できる。
3 ×　工事着手前に設置の許可申請をして、市町村長等の許可を受けなければならない。
4 ×　設置許可の申請先は市町村長等である。
5 ×　許可を受けない限り、申請しただけでは工事に着手できない。

## 問2　2　　○P.154 **1** ／ P.155 **2**

1 ○　給油取扱所も「製造所等」なので、設置する場合には市町村長等の許可が必要である。
2 ×　完成検査前検査は、製造所等の設置・変更工事の際、液体危険物タンクの設置・変更を伴う場合に必要とされるものである。屋外貯蔵所にはそもそも液体危険物タンクがないので、完成検査前検査は関係ない。
3 ○　設置工事の完了後、完成検査を受けなければならない。
4 ○　「仮使用」とは、製造所等の変更工事を行う際に認められている制度であり、設置工事の場合は行えない。
5 ○　第四類の屋内タンク貯蔵所の設置工事には液体危険物タンクの設置を伴うため、完成検査前検査を受けなければならない。

## 問3　1　　○P.154 **1**

移送取扱所を除く製造所等を設置する場合は、消防本部及び消防署を置く市町村の区域では当該市町村長の、その他の区域では当該区域を管轄する都道府県知事の許可が必要である。工事が完了したら完成検査を申請し、技術上の基準に適合していることが認められると、完成検査済証が交付される。
したがって、1が正解である。

> 申請先の「市町村長等」には、市町村長のほかに都道府県知事も含まれていることを忘れないようにしましょう

24 ● 各種申請手続きと届出

## 問4　5　→P.155 2

1　×　これは危険物の仮貯蔵についての記述である。
2　×　製造所等の仮使用は、設置工事については認められていない。
3　×　仮使用は、完成検査を受ける前において、工事と関係ない部分を使用するものであり、完成検査で不備が発見された場合の制度ではない。
4　×　製造所等の一部を変更する場合に工事と関係ない部分を使用するための制度であり、全面的な変更では工事と関係ない部分がない。
5　○　製造所等の設置・変更の許可申請同様、仮使用の承認申請も申請先は市町村長等である。

## 問5　1　→P.155 3

1　×　危険物の品名、数量又は指定数量の倍数の変更は、そもそも申請手続きではなく、届出手続きである。
2　○　製造所等の位置、構造又は設備の変更については、市町村長等に許可の申請を行う。
3　○　仮貯蔵については、所轄消防長又は消防署長に承認の申請を行う。
4　○　仮使用については、市町村長等に承認の申請を行う。
5　○　予防規程の内容の変更については、市町村長等に認可の申請を行う。

> 仮使用、仮貯蔵のように「仮」のつくものには承認の申請手続きが必要と覚えましょう

## 問6　2　→P.155 3

製造所等の位置、構造又は設備を変更せず、貯蔵又は取扱う危険物の品名、数量又は指定数量の倍数だけを変更する場合は、変更しようとする日の10日前までにその旨を市町村長等に届け出なければならない。
したがって、2が正解である。
なお、危険物の品名、数量又は指定数量の倍数の変更の際に製造所等の位置、構造又は設備の変更を伴う場合には、製造所等の変更の許可申請をするだけでよい。

## Section 25 危険物取扱者制度と保安講習

### 1 危険物取扱者

**危険物取扱者**とは、危険物取扱者試験に合格し、都道府県知事から**免状の交付**を受けた者をいう。免状には**甲種**、**乙種**及び**丙種**の3種類がある。製造所等では、危険物取扱者以外の者だけで危険物を取扱うことはできない。製造所等における危険物の取扱いは、**指定数量にかかわらず**、次の①又は②に限られる。

> ①**危険物取扱者自身**（甲種、乙種、丙種）が行う
> ②**危険物取扱者（甲種又は乙種）の立会い**のもとに危険物取扱者以外の者が行う

このため製造所等には、危険物を取扱うため必ず危険物取扱者を置かなければならない。

◆甲種・乙種・丙種危険物取扱者の比較

|  | 取扱い | 立会い |
| --- | --- | --- |
| 甲種 | すべての類の危険物 | すべての類の危険物 |
| 乙種 | 免状を取得した類の危険物 | 免状を取得した類の危険物 |
| 丙種 | 第四類のうち特定の危険物 | できない |

- **甲種危険物取扱者**が立ち会えば、危険物取扱者以外の無資格者でも、第一類～第六類のすべての危険物を取扱うことができる。
- **乙種危険物取扱者**は、**免状を取得した類**の危険物（免状に記載されている）についてのみ、取扱い及び立会いができる。
- **丙種危険物取扱者**は、無資格者が危険物を取扱う際の立会いはできない。

### 2 丙種危険物取扱者が取扱える危険物

丙種危険物取扱者が取扱える危険物は、**第四類**のうち次のものに限られる。

| 特殊引火物 | なし | 第三石油類 | **重油**、**潤滑油**のほか、引火点130℃以上のもの |
| --- | --- | --- | --- |
| 第一石油類 | **ガソリン**のみ | | |
| アルコール類 | なし | 第四石油類 | **すべて取扱える** |
| 第二石油類 | **灯油**、**軽油**のみ | 動植物油類 | **すべて取扱える** |

## 3 保安講習（＝危険物の取扱作業の保安に関する講習）

製造所等で現に危険物の取扱作業に従事している危険物取扱者には、都道府県知事が行う保安講習を一定の時期に受講することが義務づけられている。受講の義務とその時期は甲種、乙種、丙種とも同じである。

◆保安講習の受講義務者と受講の時期

| 受講義務者 | 危険物取扱者のうち、製造所等において現に危険物取扱作業に従事している者 |
|---|---|
| 受講の時期 | 危険物の取扱いに従事することとなった日から1年以内に受講し、その後は3年ごとに受講を繰り返す |

危険物の取扱いに従事することとなった日から1年以内に受講することが原則だが、危険物の取扱いに従事することとなった日から過去2年以内に免状の交付（又は保安講習）を受けている場合は、免状の交付（又は保安講習）を受けた日以後の最初の4月1日から3年以内に受講すればよい。

> 危険物取扱者であっても現に危険物取扱作業に従事していなければ、受講義務はありません

◆過去2年以内に免状の交付（又は保安講習）を受けている場合

- 免状の交付（又は保安講習）を受けた日
- 危険物の取扱いに従事することとなった日
- 2年以内
- 3年以内 → 3年以内 → 3年以内 → ……
- あとは3年ごとに受講を繰り返す
- 免状の交付（又は保安講習）を受けた日以後の最初の4月1日

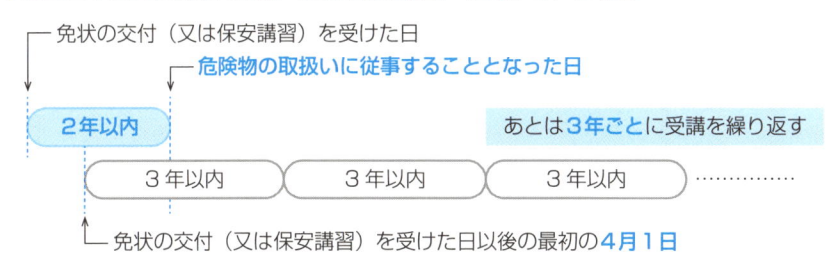

## 練習問題

**問1** 法令上、危険物取扱者について、誤っているものは次のうちどれか。
1. 危険物取扱者は、危険物の取扱作業に従事するときは、貯蔵又は取扱いの技術上の基準を遵守するとともに、当該危険物の保安の確保について細心の注意を払わなければならない。
2. 危険物取扱者以外の者は、指定数量未満であれば、危険物取扱者の立会いがなくても危険物を取扱うことができる。
3. 乙種危険物取扱者は、免状を取得した類の危険物を取扱うことができる。
4. 甲種危険物取扱者は、すべての危険物を取扱うことができる。
5. 危険物取扱者以外の者は、甲種危険物取扱者の立会いがあれば、すべての危険物を取扱うことができる。

**問2** 法令上、製造所等において危険物取扱者以外の者による危険物取扱いの立会いについて、誤っているものは次のうちどれか。
1. 危険物取扱者以外の者であっても、甲種又は乙種危険物取扱者の立会いがあれば、危険物の取扱いができる。
2. 甲種危険物取扱者は、第一類危険物の取扱いに立ち会うことができる。
3. 第三類危険物の免状を有する乙種危険物取扱者は、第三類危険物の取扱いに立ち会うことができる。
4. 第四類危険物の免状のみを有する乙種危険物取扱者は、第五類危険物の取扱いに立ち会うことはできない。
5. 丙種危険物取扱者は、第四類の第四石油類の取扱いに立ち会うことができる。

**問3** 丙種危険物取扱者が取扱える危険物として、誤っているものは次のうちどれか。
1. ジエチルエーテル
2. ガソリン
3. 軽油
4. 第三石油類の引火点130℃以上のもの
5. 第四石油類のすべて

**問4** 法令上、危険物取扱者について、正しいものは次のうちどれか。

1 すべての乙種危険物取扱者は、丙種危険物取扱者が取扱える危険物を自ら取扱うことができる。
2 給油取扱所において、乙種危険物取扱者が不在のため、ベテランの丙種危険物取扱者の立会いのもと、無資格の従業員が給油を行った。
3 屋内タンク貯蔵所において、丙種危険物取扱者だけでエタノールの取扱いを行った。
4 販売取扱所において、丙種危険物取扱者が灯油を容器に詰め替えた。
5 屋内貯蔵所において、貯蔵する危険物をガソリンからベンゼンに変更したが、品名は変わらないため、従来のまま丙種危険物取扱者が取扱った。

**問5** 法令上、危険物の取扱作業の保安に関する講習の受講義務について、正しいものは次のうちどれか。

1 丙種危険物取扱者には受講義務がない。
2 危険物取扱者は、すべて受講義務がある。
3 製造所等で危険物取扱作業に従事している者は、すべて受講義務がある。
4 危険物取扱作業の従事者のうち、法令に違反した者に受講義務がある。
5 受講義務があるのは、製造所等において、現に危険物取扱作業に従事している危険物取扱者だけである。

**問6** 法令上、保安講習に関する次の文の（　）内のA～Dに該当する語句の組合せとして、正しいものは次のうちどれか。

「危険物の取扱いに従事することとなった日から（ A ）以内に受講することが原則だが、危険物の取扱いに従事することとなった日から過去（ B ）以内に免状の交付又は保安講習を受けている場合は、免状の交付又は保安講習を受けた日以後の最初の（ C ）から（ D ）以内に受講すればよい」

|   | A | B | C | D |
|---|---|---|---|---|
| 1 | 1年 | 2年 | 4月1日 | 3年 |
| 2 | 3年 | 2年 | 4月1日 | 1年 |
| 3 | 1年 | 3年 | 1月1日 | 2年 |
| 4 | 2年 | 1年 | 4月1日 | 3年 |
| 5 | 3年 | 2年 | 1月1日 | 1年 |

# 練習問題 正解 と 解説

## 問 1　2　⇒P.160 ①

1　○　「危険物の規制に関する政令」第31条第2項に、危険物取扱者の責務として規定されている。
2　×　危険物取扱者以外の者は、指定数量にかかわらず甲種又は乙種の危険物取扱者の立会いがなければ危険物を取扱うことはできない。
3　○　乙種の危険物取扱者が取扱えるのは、免状を取得した類の危険物のみである。
4　○　甲種危険物取扱者は、第一類〜第六類のすべての危険物が取扱える。
5　○　甲種危険物取扱者の立会いがあれば、危険物取扱者以外の者でもすべての危険物が取扱える。

> たとえ指定数量未満で、製造所等の所有者から指示があっても、無資格者だけで危険物を取扱うことは認められません

## 問 2　5　⇒P.160 ①

1　○　甲種又は乙種危険物取扱者の立会いがあれば、危険物取扱者以外の者も危険物の取扱いができる。
2　○　甲種危険物取扱者は、第一類〜第六類のすべての取扱いに立ち会える。
3　○　乙種危険物取扱者は、免状を受けた類の危険物の取扱いに立ち会える。
4　○　乙種危険物取扱者は、免状を受けた類以外の危険物の取扱いには立ち会えない。
5　×　丙種危険物取扱者は、たとえ自分自身では取扱うことのできる危険物であっても、危険物取扱者以外の者が取扱う場合に立ち会うことは一切できない。

## 問 3　1　⇒P.160 ②

丙種危険物取扱者は第四類のうちの、特定の危険物のみ取扱うことができる。

1　×　ジエチルエーテルは第四類だが、特殊引火物なので取扱えない。
2　○　第一石油類はガソリンのみ取扱うことができる。
3　○　第二石油類は灯油及び軽油のみ取扱うことができる。
4　○　第三石油類は重油、潤滑油及び引火点130℃以上のもののみ取扱える。
5　○　第四石油類及び動植物油類は、すべて取扱うことができる。

## 25 • 危険物取扱者制度と保安講習

**問4** **4**　⇒P.160 ① / P.160 ②

1 × 第四類の免状を取得していない乙種危険物取扱者は、丙種危険物取扱者が取扱える危険物を取扱うことはできない。
2 × たとえベテランでも、丙種危険物取扱者による立会いは認められない。
3 × エタノール（アルコール類）は、丙種危険物取扱者が取扱える危険物に含まれない。
4 ○ 灯油は、丙種危険物取扱者が取扱える危険物である。
5 × 品名は同じ第一石油類だが、ベンゼンは丙種危険物取扱者が取扱える危険物に含まれない。

**問5** **5**　⇒P.161 ③

1 × 受講義務は、甲種、乙種、丙種を問わず一律である。
2 × 危険物取扱者であっても、現に危険物取扱作業に従事していない者には受講義務がない。
3 × 危険物取扱作業に従事している者であっても、危険物取扱者以外の者には受講義務がない。
4 × 保安講習は、法令違反者が対象の講習ではない。
5 ○ 危険物取扱者であって、かつ製造所等で現に危険物取扱作業に従事している者に受講義務がある。

> ①②の両方を満たす者 ⇒ 保安講習を受講する
> ①甲種、乙種、丙種いずれかの危険物取扱者である
> ②製造所等で現に危険物取扱作業に従事している

**問6** **1**　⇒P.161 ③

危険物の取扱いに従事することとなった日から1年以内に受講することが原則だが、危険物の取扱いに従事することとなった日から過去2年以内に免状の交付又は保安講習を受けている場合は、免状の交付又は保安講習を受けた日以後の最初の4月1日から3年以内に受講すればよい。
したがって、1が正解である。

# Section 26 危険物取扱者免状の交付・書換え

## 1 免状の交付と書換え

危険物取扱者免状は、危険物取扱者試験に合格した者に対して**都道府県知事**が交付する。免状の交付を受ける者は、**受験した都道府県**の知事に申請する。危険物取扱者の免状は国家資格なので、免状を取得した都道府県に限らず、全国どこでも有効である。

◆**免状の記載事項**

- 免状の交付年月日、交付番号
- **氏名**、生年月日
- 本籍地の属する**都道府県**
- 免状の種類、取扱うことができる危険物、甲種・乙種危険物取扱者がその取扱作業に関して立ち会うことができる危険物の種類
- **過去10年以内に撮影した写真**

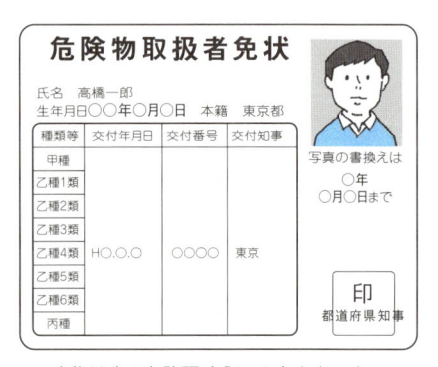

※実物は車の免許証くらいの大きさです

免状の**記載事項に変更が生じたとき**は、遅滞なく、**免状の書換え**を申請しなければならない。通常は次の場合である。

> ①免状に記載されている**氏名**、**本籍地の属する都道府県**が変わったとき
> ②免状に添付されている**写真**が撮影から**10年を経過**したとき

「過去10年以内に撮影した写真」が免状の記載事項の一つとされているため、10年経過すると記載事項に変更が生じたことになります

書換えの申請先は、**免状を交付**した都道府県知事又は**居住地**若しくは**勤務地**を管轄する都道府県知事のうち、いずれでもよい。
なお、免状の書換えは資格の「更新」ではないことに注意する（危険物取扱者免状に更新の制度はない）。

## 2 免状の再交付

免状の再交付とは、免状を**亡失**・**滅失**・**汚損**・**破損**した場合に、再び交付を求めることをいう。再交付の申請先は、免状の**交付**又は**書換え**をした都道府県知事に限られる。次の点が重要となる。

- 免状の**汚損**又は**破損**によって再交付を申請する場合は、申請書に免状を添えて提出しなければならない
- 免状を亡失して再交付を受けたにもかかわらず、亡失した免状を発見した場合は、**再交付を受けた都道府県知事**に、発見した免状を**10日以内**に返却しなければならない

◆免状についての申請（提出）のまとめ

| 手続き | 内容 | 申請（提出）先 |
|---|---|---|
| 交付 | 危険物取扱者試験に合格した | ●受験した都道府県の知事 |
| 書換え | ●氏名あるいは本籍地（都道府県）が変わった<br>●写真が10年経過した | ●**免状を交付**した都道府県知事<br>●**居住地**の都道府県知事<br>●**勤務地**の都道府県知事 |
| 再交付 | 免状を**亡失**・**滅失**・**汚損**・**破損**した | ●**免状を交付**した都道府県知事<br>●**書換え**をした都道府県知事 |
| 亡失した免状を発見 | 発見した免状を**10日以内**に返却する | ●**再交付**を受けた都道府県知事 |

## 3 免状の返納命令と不交付

### ①免状の返納命令

危険物取扱者が**消防法令に違反**しているときは、**免状を交付した都道府県知事**は、その危険物取扱者に**免状の返納**を命じることができる。

### ②免状の不交付

都道府県知事は、次の者に対しては免状の交付を中止することができる。

- 都道府県知事から危険物取扱者免状の**返納**を命じられ、その日から起算して**1年**を経過しない者
- 消防法令に違反し**罰金以上の刑**に処せられた者で、その執行を終わり、又は執行を受けることがなくなった日から起算して**2年**を経過しない者

## 練習問題

**よく出る**

**問1** 法令上、危険物取扱者免状について、誤っているものは次のうちどれか。

1 免状は、全国どこでも有効である。
2 免状の種類には、甲種、乙種及び丙種の3種類がある。
3 乙種の免状には、取扱うことのできる危険物の種類が記載されている。
4 免状の交付を受けている者は、10年ごとに免状の更新手続きをしなければならない。
5 免状の記載事項に変更があるときは、遅滞なく免状の書換えを申請しなければならない。

**問2** 法令上、危険物取扱者免状の書換えが必要とされる事項として、正しいものは次のうちどれか。

1 勤務地が変わった。
2 現住所が変わった。
3 添付されている写真が、撮影してから10年を経過した。
4 都道府県は変わらないが、本籍地の市町村が変わった。
5 保安講習を受講した。

**よく出る**

**問3** 法令上、危険物取扱者免状の交付を受けている者が免状を亡失・滅失・汚損又は破損した場合の再交付の申請について、正しいものは次のうちどれか。

1 居住地の市町村長等に申請することができる。
2 免状を汚損又は破損した場合は、居住地の都道府県知事に申請しなければならない。
3 免状を汚損又は破損した場合は、申請書に免状を添えて提出しなければならない。
4 免状を亡失又は滅失した場合は、免状を交付した都道府県知事に申請しなければならない。
5 免状の再交付は、免状を亡失・滅失・汚損又は破損してから10日以内に申請しなければならない。

## 26 ● 危険物取扱者免状の交付・書換え

**よく出る**

**問4** 法令上、次の記述の（　）内のA・Bに該当する語句の組合せとして、正しいものはどれか。

「免状を亡失して再交付を受けた者が亡失した免状を発見した場合には、その免状を（A）以内に、（B）都道府県知事に提出しなければならない」

1　A 10日　　　B 再交付を受けた
2　A 1ヶ月　　B 書換えをした
3　A 10日　　　B 免状を交付した
4　A 1週間　　B 免状を交付した
5　A 1ヶ月　　B 再交付を受けた

**よく出る**

**問5** 法令上、危険物取扱者免状の書換えと、再交付の申請先の都道府県知事（以下「知事」という）として、正しい組合せは次のうちどれか。

| | 〈書換えの申請先〉 | 〈再交付の申請先〉 |
|---|---|---|
| 1 | 居住地の知事のみ | 書換えをした知事のみ |
| 2 | 免状交付知事又は居住地の知事 | 免状交付知事又は居住地の知事 |
| 3 | 居住地又は勤務地の知事 | 免状交付知事又は勤務地の知事 |
| 4 | 免状交付知事のみ | 居住地又は勤務地の知事 |
| 5 | 免状交付知事又は居住地若しくは勤務地の知事 | 免状交付知事又は書換えをした知事 |

**問6** 法令上、危険物取扱者免状の交付について、誤っているものはどれか。

1　免状の交付を受けた者が消防法令に違反した場合は、免状の返納を命じられることがある。
2　保安講習を受講する義務のある危険物取扱者が、保安講習を受講しなかった場合は、免状の返納を命じられることがある。
3　免状の返納を命じられ、その日から起算して1年を経過しない者に対しては、都道府県知事は免状の交付を中止することができる。
4　消防法令に違反して懲役以上の刑に処せられた者は、その執行を終わり、又は執行を受けることがなくなった日から起算して1年を経過しなければ、都道府県知事から免状の交付を受けられないことがある。
5　すでに免状の交付を受けている者は、既得免状と同一の種類の免状の交付を重複して受けることはできない。

## 練習問題 正解と解説

### 問1  4  ⇒P.166 ❶

1 ○ 免状を取得した都道府県に限らず、全国どこでも有効である。
2 ○ P.160-❶参照。
3 ○ 乙種危険物取扱者の取得した類等が表示されている。
4 × 危険物取扱者免状に更新の制度はない。
5 ○ 免状の記載事項に変更があった場合は、遅滞なく書換えを申請する義務がある。

> ● 氏名、本籍地の属する都道府県が変わった
> ● 写真が10年を経過したときは免状の書換えが必要です

### 問2  3  ⇒P.166 ❶

1 × 勤務地は、免状の記載事項ではない。
2 × 現住所は、免状の記載事項ではない。
3 ○ 「過去10年以内に撮影した写真」が免状の記載事項とされているため、撮影後10年を経過したときは、書換えを申請しなければならない。
4 × 「本籍地の属する都道府県」が記載事項とされているため、都道府県が変わらなければ免状の書換えは不要である。
5 × 保安講習の受講で、免状の書換えが必要となることはない。

### 問3  3  ⇒P.166 ❷

亡失、滅失、汚損、破損のいずれの場合でも、免状の再交付の申請先は、その免状を交付した都道府県知事又は書換えをした都道府県知事である。

1 × 免状について、「市町村長等」が申請先になることはない。
2 × 居住地の都道府県知事が免状の書換えをしている場合は、その都道府県知事に申請できるが、「居住地の都道府県知事に申請しなければならない」というのは誤り。
3 ○ 免状の汚損又は破損により再交付を申請する場合は、申請書に免状を添えて提出しなければならない。
4 × 免状を交付した都道府県知事又は書換えをした都道府県知事に申請できる。
5 × 再交付の申請で、10日以内という制限は定められていない。

## 26 • 危険物取扱者免状の交付・書換え

### 問4　1　⇒P.167 2

免状を亡失して再交付を受けた者が亡失した免状を発見した場合は、10日以内にその免状を、再交付を受けた都道府県知事に提出しなければならない。
したがって、1が正解である。

**◆免状についての申請（提出）期限のまとめ**

| | |
|---|---|
| 免状の書換え | 遅滞なく |
| 免状の再交付 | 期限は特に設けられていない |
| 亡失した免状を発見し提出する場合 | 10日以内 |

### 問5　5　⇒P.167 2

危険物取扱者免状の書換え・再交付の申請先は以下のとおり。

| | |
|---|---|
| 書換え | ・免状を交付した都道府県知事<br>・居住地の都道府県知事<br>・勤務地の都道府県知事 |
| 再交付 | ・免状を交付した都道府県知事<br>・書換えをした都道府県知事 |

再交付の方が書換えより申請先が限定されていることを覚えておきましょう

したがって、5が正解である。

### 問6　4　⇒P.167 3

1　○　免状の交付を受けた者が消防法令に違反した場合、免状を交付した都道府県知事は、免状の返納を命じることができる。
2　○　保安講習の受講義務があるにもかかわらず受講しないのは、消防法令の違反に当たるため、免状の返納を命じられることがある。
3　○　消防法令に違反し、免状の返納命令を受けてから1年を経過しない者は、危険物取扱者試験に合格しても免状を交付されないことがある。
4　×　「懲役」ではなく、「罰金」以上である。又その執行を終わり、又は執行を受けることがなくなった日から起算して1年、ではなく2年である。
5　○　危険物の規制に関する規則（第50条の3）により、「免状の交付を現に受けている者は、既得免状と同一の種類の免状の交付を重ねて受けることができない」と定められている。

# Section 27 危険物保安監督者ほか

## 1 危険物保安監督者

### ①危険物保安監督者とその選任・解任

危険物保安監督者…危険物取扱作業の保安に関する監督業務を行う者

- **資格**：**甲種**又は**乙種**危険物取扱者のうち、製造所等で**6ヶ月以上**危険物取扱いの**実務経験**を有する者（乙種は免状を取得した類の保安監督のみ）
   *丙種危険物取扱者は、危険物保安監督者の資格がない
- **選任と解任**：製造所等の**所有者等**（所有者、管理者又は占有者）が行う
   *選任・解任を行ったときは、遅滞なく市町村長等に届け出る
- **選任する製造所等**

| 選任を常に必要とする施設 | 選任の必要がまったくない施設 |
| --- | --- |
| ・製造所<br>・屋外タンク貯蔵所<br>・給油取扱所<br>・移送取扱所 | ・移動タンク貯蔵所のみ |

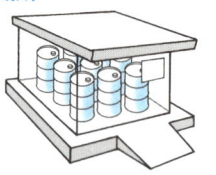

> 危険物の種類や指定数量の大小によって選任が必要となる施設もありますが、試験対策ではこれで十分です

### ②危険物保安監督者の主な業務

- 危険物の取扱作業の実施に際し、その作業が技術上の基準及び予防規程等の保安に関する規定に適合するよう、**作業者に必要な指示**を与える
- 火災等の災害が発生した場合、**作業者を指揮して応急の措置を講じる**とともに、直ちに**消防機関等に連絡**する
- 危険物施設保安員を置く製造所等の場合は、**危険物施設保安員に必要な指示**を行い、危険物施設保安員を置かない製造所等の場合は、危険物保安監督者自らが危険物施設保安員の業務を行う
- 火災等の災害防止に関し、製造所等に**隣接する製造所等**、その他関連する施設の関係者との間に連絡を保つ

## 2 危険物施設保安員

### ①危険物施設保安員とその選任・解任

危険物施設保安員…危険物保安監督者のもとで保安業務の補佐を行う者
- 資格：特になし（危険物取扱者以外の者も危険物施設保安員になれる）
- 選任と解任：製造所等の所有者等が行う（市町村長等への届出は不要）
- 選任する製造所等

  危険物施設保安員の選任が必要とされる製造所等は以下のとおり。

  | 製造所 | 指定数量の倍数が100以上のもの |
  |---|---|
  | 一般取扱所 |  |
  | 移送取扱所 | 指定数量に関係なく必要 |

  規則により、一部除外される施設もあります

### ②危険物施設保安員の主な業務

- 製造所等の構造・設備が技術上の基準に適合するよう定期点検及び臨時点検を実施し、点検場所の状況や保安のために行った措置を記録し、保存する
- 製造所等の構造及び設備に異常を発見した場合、危険物保安監督者等に連絡するとともに、適当な措置を講じる
- 火災が発生したときや火災発生の危険性が著しいときは、危険物保安監督者と協力し、応急措置を講じる
- 製造所等の計測装置・制御装置・安全装置等の機能が適正に保持されるよう保安管理する

## 3 危険物保安統括管理者

危険物保安統括管理者…第四類危険物を大量に取扱う事業所で、事業所全般の危険物の保安に関する業務を統括管理する者
- 資格：特になし（危険物取扱者以外の者も危険物保安統括管理者になれる）
- 選任と解任：製造所等の所有者等が行う

  ＊遅滞なく市町村長等に届け出る
- 選任する事業所：以下の第四類危険物を取扱う製造所等を有する事業所

  | 製造所 | 指定数量の3,000倍以上のもの |
  |---|---|
  | 一般取扱所 |  |
  | 移送取扱所 | 指定数量以上のもの |

  規則により、一部除外される施設もあります

## 練習問題

**よく出る**

**問1** 法令上、危険物保安監督者の選任を常に必要とする施設と、選任の必要がまったくない施設の組合せとして、正しいものは次のうちどれか。

〈選任を常に必要とする施設〉　〈選任の必要がまったくない施設〉
1　製造所　　　　　　　　　　屋外タンク貯蔵所
2　給油取扱所　　　　　　　　屋外貯蔵所
3　屋外タンク貯蔵所　　　　　移動タンク貯蔵所
4　移送取扱所　　　　　　　　屋外貯蔵所
5　屋内タンク貯蔵所　　　　　移動タンク貯蔵所

**よく出る**

**問2** 危険物保安監督者の選任に関する次の文の下線部A～Dのうち、誤っているものの組合せは次のうちどれか。

「政令で定める製造所等の所有者等は、A 甲種又は乙種の危険物取扱者のうち、製造所等において危険物の取扱作業にB 1年以上従事した経験を有する者から危険物保安監督者を選任する必要があり、この選任についてはC 都道府県知事にD 届け出なければならない」

1　A・B
2　A・C
3　B・C
4　B・D
5　C・D

**よく出る**

**問3** 法令上、危険物保安監督者の業務として、誤っているものは次のうちどれか。

1　事業所全体としての危険物の保安に関する業務を、統括的に管理する。
2　危険物の取扱作業の実施に際し、作業が技術上の基準及び予防規程等の保安に関する規定に適合するよう、作業者に必要な指示を与える。
3　危険物施設保安員を置かない製造所等においては、危険物保安監督者自身が危険物施設保安員の業務を行う。
4　災害の防止に関し、製造所等に隣接する製造所等その他との間に連絡を保つ。
5　火災発生の際は、作業者を指揮して応急措置を講じ、直ちに消防機関等に連絡する。

## 問4 法令上、危険物施設保安員に関する記述として、誤っているものは次のうちどれか。

1 製造所等の計測装置等の機能が適正に保持されるよう、保安管理する。
2 定期点検及び臨時点検を実施したときは、それを記録し保存する。
3 火災発生の際は、危険物保安監督者と協力し応急措置を講じる。
4 危険物施設保安員を選任したとき、市町村長等への届出は不要である。
5 製造所では、指定数量にかかわらず危険物施設保安員を選任しなければならない。

## 問5 法令上、第四類危険物を取扱う製造所等のうち、これを有する事業所が危険物保安統括管理者を選任しなければならないとされる製造所等として、正しいものはどれか。

1 すべての移送取扱所
2 指定数量の倍数100以上を取扱う製造所
3 指定数量の倍数100以上を取扱う一般取扱所
4 指定数量の3,000倍以上を取扱う屋外タンク貯蔵所
5 指定数量の3,000倍以上を取扱う製造所

**よく出る**

## 問6 法令上、危険物施設保安員及び危険物保安統括管理者について、正しいものは次のうちどれか。

1 どちらも選任及び解任は市町村長等が行う。
2 危険物保安統括管理者は、危険物取扱者でなくてもよい。
3 危険物施設保安員は、甲種又は乙種危険物取扱者でなければならない。
4 危険物施設保安員又は危険物保安統括管理者の立会いがあれば、無資格者でも危険物の取扱いができる。
5 危険物施設保安員及び危険物保安統括管理者は、製造所等において6ヶ月以上危険物取扱いの実務経験を有する者でなければならない。

## 練習問題 正解と解説

**問1　3**　⇒P.172 ①

- 危険物保安監督者の選任を常に必要とする施設
  → 製造所、屋外タンク貯蔵所、給油取扱所、移送取扱所の４つ
- 選任の必要がまったくない施設 → 移動タンク貯蔵所

したがって、3が正解である。なお、屋外貯蔵所は、指定数量の倍数が30以下の場合は選任の必要がなく、又屋内タンク貯蔵所は、引火点40℃以上の第四類危険物のみを貯蔵又は取扱う場合には選任の必要がないとされている。

**問2　3**　⇒P.172 ①

- A　甲種又は乙種の危険物取扱者で正しい。
- B　実務経験は１年以上ではなく、６ヶ月以上でよい。
- C　都道府県知事ではなく、市町村長等である。
- D　危険物保安監督者の選任は遅滞なく届け出なければならないので、正しい。

以上より、誤っているものはＢとＣの２つである。したがって、3が正解となる。

> 丙種危険物取扱者は、危険物保安監督者にはなれません

**問3　1**　⇒P.172 ①

1　×　これは危険物保安監督者の、ではなく危険物保安統括管理者の業務である。
2　○　危険物取扱作業が危険物の貯蔵又は取扱いに関する技術上の基準及び予防規程等保安に関する規程に適合するよう、作業者に必要な指示を与える。
3　○　危険物施設保安員を置く製造所等では、危険物施設保安員に必要な指示を行い、危険物施設保安員を置かない製造所等では、危険物保安監督者自らが危険物施設保安員の業務を行う。
4　○　火災等の災害の防止に関して、製造所等に隣接する製造所等その他関連する施設の関係者との間に連絡を保つ。
5　○　火災等の災害が発生した場合は、作業者を指揮して応急措置を講じるとともに、直ちに消防機関等に連絡する。

**27 ● 危険物保安監督者ほか**

**問4　5**　⇒P.173 **2**

1　○　危険物施設保安員は計測装置、制御装置、安全装置等の機能が適正に保持されるよう保安管理しなければならない。
2　○　定期点検及び臨時点検を実施し、点検場所の状況や保安のために行った措置を記録・保存する。
3　○　火災が発生したとき又はその危険性が著しいときは、危険物保安監督者と協力し応急措置を講じる。
4　○　危険物施設保安員の選任・解任に、届出は不要である。
5　×　製造所の場合、危険物施設保安員を選任しなければならないのは、指定数量の倍数が100以上のものである。

**問5　5**　⇒P.173 **3**

危険物保安統括管理者を選任しなければならないのは、第四類危険物を取扱う製造所等のうち、次に掲げるものを有する事業所である。
● 指定数量の3,000倍以上を取扱う製造所又は一般取扱所
● 指定数量以上を取扱う移送取扱所

したがって、5が正解である。

● 危険物保安監督者
● 危険物施設保安員　｝製造所等ごとに選任
● 危険物保安統括管理者…事業所ごとに選任

**問6　2**　⇒P.173 **2**／P.173 **3**

1　×　選任及び解任は、どちらも製造所等の所有者等が行う。
2　○　事業所において事業の実施を統括管理する者を充てなければならないが、資格は定められていないため、危険物取扱者以外の者でも危険物保安統括管理者になれる。
3　×　危険物施設保安員の資格については規程がない。
4　×　甲種又は乙種危険物取扱者以外の者が危険物施設保安員や危険物保安統括管理者に選任されている場合は、それらの者が立会っても、無資格者は危険物の取扱いができない。
5　×　危険物保安監督者とは異なり、危険物施設保安員及び危険物保安統括管理者に、このような実務経験は必要とされない。

# Section 28 予防規程

## 1 予防規程とは

予防規程…火災予防のために、製造所等がそれぞれの実情に合わせて作成する具体的な自主保安基準のこと。

- 遵守義務者：製造所等の所有者等のほか、その従業者も危険物取扱者であるか否かにかかわらず、予防規程を守らなければならない。
- 予防規程を定めなければならない製造所等

予防規程の作成義務がある製造所等は、政令で次のものに限られている。

| 指定数量にかかわらず作成 | 給油取扱所、移送取扱所 | |
|---|---|---|
| 指定数量の倍数が一定以上の場合のみ作成 | 10倍以上のもの | 製造所、一般取扱所 |
| | 100倍以上のもの | 屋外貯蔵所 |
| | 150倍以上のもの | 屋内貯蔵所 |
| | 200倍以上のもの | 屋外タンク貯蔵所 |

規則により、一部除外される施設もあります

## 2 予防規程の認可

予防規程の作成義務がある製造所等では、その製造所等の所有者等が予防規程を定めて市町村長等の認可を受けなければならない。

市町村長等は、その予防規程が危険物の貯蔵又は取扱いの技術上の基準に適合していない場合や、火災の予防に適当でないと認めるときは認可してはならず、必要に応じて予防規程の変更を命じることもできる。

また、予防規程を変更した場合も、作成した場合同様、市町村長等の認可を受ける必要がある。

予防規程の認可は「申請手続き」の一つです
⊃P.155

## 3 予防規程に定めなければならない事項

予防規程には、製造所等の火災予防に必要な事項を定めなければならず、定めるべき事項は「危険物の規制に関する規則」(第60条の2)に列挙されている。主なものを見ておこう。

- 危険物の保安に関する業務を管理する者の**職務**及び**組織**に関すること
- **危険物保安監督者**が、旅行、疾病その他の事故によってその職務を行うことができない場合に、その**職務を代行する者**に関すること
- 化学消防自動車の設置その他自衛の消防組織に関すること
  (なお、自衛消防組織の編成が義務づけられるのは、危険物保安統括管理者を選任しなければならない事業所と同一である)
- 危険物の保安に係わる作業に従事する者に対する**保安教育**に関すること
- 危険物の保安のための**巡視**、**点検**及び**検査**に関すること
- 危険物施設の**運転**又は**操作**に関すること
- 危険物の**取扱作業の基準**に関すること
- 製造所及び一般取扱所にあっては、危険物の取扱工程又は設備等の変更に伴う危険要因の把握及び当該危険要因の対策に関すること
- 顧客に自ら給油等をさせる給油取扱所にあっては、顧客に対する監視、その他保安のための措置に関すること
- 災害その他の**非常の場合にとるべき措置**に関すること
- **地震発生時**における施設及び設備に対する**点検**、**応急措置等**に関すること
- 製造所等の位置、構造及び設備を明示した**書類及び図面の整備**に関すること
- 上に掲げるもののほか、危険物の保安に関し必要な事項

> 予防規程は自主保安基準ですが、記載事項を自由に決められるわけではないことに注意しましょう

予防規程の目的は、製造所等の「火災の予防」であるため、次の事項は定められない。

- 発生した火災及び消火のために受けた損害の調査等に関すること
- 労働災害を予防するためのマニュアルなど

## 練習問題

**よく出る**

**問1** 法令上、A〜Eに掲げる製造所等のうち、指定数量の倍数が一定以上の場合のみ予防規程を作成しなければならないとされているものの組合せとして、正しいものはどれか。

A　製造所
B　給油取扱所
C　屋内タンク貯蔵所
D　屋内貯蔵所
E　移送取扱所

1　A・C　　2　A・D　　3　B・C
4　B・E　　5　D・E

**よく出る**

**問2** 法令上、予防規程に関する記述として、誤っているものは次のうちどれか。

1　予防規程は、製造所等の危険物保安監督者が作成するものとされている。
2　市町村長等は、基準に適合しない予防規程を認可してはならない。
3　製造所等の所有者等及び従業者は、危険物取扱者でなくても予防規程を遵守しなければならない。
4　火災予防のため必要に応じて、市町村長等から予防規程の変更を命じられることがある。
5　予防規程を変更する場合も、市町村長等の認可を受けなければならない。

**問3** 法令上、予防規程に定めなければならない事項に該当しないものは、次のうちどれか。

1　危険物の保安のための巡視、点検及び検査に関すること。
2　危険物保安監督者が旅行、疾病その他の事故によってその職務を行えない場合の、その職務を代行する者に関すること。
3　製造所等の位置、構造及び設備を明示した書類や図面の整備に関すること。
4　地震発生時における施設及び設備に対する点検、応急措置等に関すること。
5　製造所等において発生した火災及び消火のために受けた損害の調査に関すること。

**問4** 予防規程に定めるべき事項として、次のA〜Dの記述のうち、誤っているものはいくつあるか。

A 地震防災対策強化地域にあっては、警戒宣言が発せられた場合の、応急措置に関することが書かれている。
B 製造所及び一般取扱所にあっては、危険要因の把握として、設備等の変更に伴う危険要因の対策についてのみ書かれている。
C 顧客に自ら給油等をさせる給油取扱所にあっては、顧客に対する監視、その他保安のための措置に関することが書かれている。
D 移送取扱所においては、配管の工事現場の責任者の条件、その他配管の工事現場の保安監督体制に関することが書かれている。

1 なし
2 1つ
3 2つ
4 3つ
5 4つ

**問5** 法令上、予防規程に関する記述として、正しいものは次のうちどれか。
1 予防規程は、製造所等の火災を予防するため、危険物取扱者が作成してもよい。
2 製造所等の構造を変更したため予防規程を変更したが、認可を受けている予防規程だったので、市町村長等に認可申請はしなかった。
3 火災発生の予防を目的とした自衛消防組織を設けている製造所等では、予防規程の認可は必要としない。
4 政令で定める製造所、貯蔵所又は取扱所の所有者、管理者又は占有者は、火災を予防するため予防規程を定め、消防長又は消防署長の認可を受けなければならない。
5 市町村長等は、製造所又は取扱所の位置、構造及び設備が適合していないと認めるときは修理、改善又は移転すべきことを命じることができる。

# 練習問題 正解 と 解説

## 問1　2　⇒P.178 ❶

A　製造所は、指定数量の倍数が10以上のもののみ作成義務がある。
B　給油取扱所は、指定数量にかかわらず作成義務がある。
C　屋内タンク貯蔵所には、そもそも予防規程の作成義務がない。
D　屋内貯蔵所は、指定数量の倍数が150以上のもののみ作成義務がある。
E　移送取扱所は、指定数量にかかわらず作成義務がある。

以上より、指定数量の倍数が一定以上の場合のみ予防規程を作成しなければならないのは、AとDの2つである。したがって、2が正解となる。

## 問2　1　⇒P.178 ❶ ／ P.178 ❷

1　×　作成は危険物保安監督者ではなく、製造所等の所有者等が作成することとされている。
2　○　予防規程が危険物の貯蔵又は取扱いの技術上の基準に適合していない場合など、火災予防に適当でないと認めるときは認可してはならない。
3　○　製造所等の所有者等のほか、その従業者も、危険物取扱者であるか否かにかかわらず、予防規程の遵守義務者に含まれる。
4　○　市町村長等は、火災予防のため必要に応じて、予防規程の変更を命じることができる。
5　○　予防規程の作成及び変更は、いずれも市町村長等の認可が必要となる。

> 予防規程の変更命令については
> 「35 行政命令」でも学習します
> ⇒P.224

## 問3　5　⇒P.179 ❸

1～4は、いずれも「予防規程に定めなければならない事項」として規則に列挙されている。
5は、すでに発生した火災によって生じる損害の調査に関する事項であり、「火災予防」という予防規程の目的と直接は関係ないため、予防規程に定めなければならない事項ではない。

## 問4　2　→P.179 ③

予防規程は、製造所等の火災を予防するため、製造所等がそれぞれの実情に合わせて作成する具体的な自主保安基準で、規則第60条の2によって定められている。

A ○ 震災予防措置としては「地震時の応急対策」「避難場所への対策」「地震後の安全措置」があげられている。

B × 製造所及び一般取扱所にあっては、設備変更に伴う危険要因の把握とともに、取扱工程の危険要因の把握もあげられている。

C ○ 顧客に自ら給油等をさせる給油取扱所では、保安管理対策として、顧客の監視やその他の安全対策があげられている。

D ○ このほか移送取扱所の事項として「配管の周囲において移送取扱所の施設以外の工事を行う場合の、その配管の保安に関すること」もあげられている。

したがって、2が正解である。

## 問5　5　→P.179 ②

1 × 危険物取扱者ではなく、製造所等の所有者等が作成し、所有者、管理者又は占有者だけでなく、その従事者も予防規程を守らなければならないとされている。

2 × すでに市町村長等の認可を受けている予防規程でも、変更するときは認可を再度受けなければならない。

3 × 市町村長等の認可は必要である。

4 × 消防長又は消防署長ではなく、市町村長等の認可が必要である。

5 ○ 製造所等における設備等の基準維持義務として、消防法に定められている。

予防規程は
市町村長か。
覚えたぞ！

# Section 29 定期点検

## 1 定期点検とは

政令で定める一定の製造所等では、その所有者等に対し製造所等を定期に点検し、その点検記録を作成して保存することが義務づけられている。これを**定期点検**という。

- **点検事項**：製造所等の位置、構造及び設備が、政令で定める技術上の基準に適合しているかどうかについて点検する
- **定期点検の時期**：原則として**1年に1回以上**行う
- **点検記録の保存期間**：原則として**3年間保存**しなければならない
- **点検記録の記載事項**：次の4点を記録する

> ①点検をした製造所等の名称
> ②点検の方法及び結果
> ③点検をした年月日
> ④点検をした危険物取扱者若しくは危険物施設保安員又は点検に立ち会った危険物取扱者の氏名

> 定期点検について、行政機関・消防機関への届出や報告等の義務はありません

- **定期点検を実施しなければならない製造所等**

| | | |
|---|---|---|
| 指定数量にかかわらず実施 | ・地下タンク貯蔵所<br>・地下タンクを有する製造所<br>・地下タンクを有する給油取扱所<br>・地下タンクを有する一般取扱所<br>・移動タンク貯蔵所<br>・移送取扱所 | |
| 指定数量の倍数が一定以上の場合のみ実施<br>（予防規程の場合と同じ） | 10倍以上のもの | 製造所、一般取扱所 |
| | 100倍以上のもの | 屋外貯蔵所 |
| | 150倍以上のもの | 屋内貯蔵所 |
| | 200倍以上のもの | 屋外タンク貯蔵所 |

> 規則により、一部除外される施設もあります

## 2 定期点検を行える者

定期点検は、原則として**危険物取扱者**又は**危険物施設保安員**が行わなければならない。

- 危険物取扱者は、甲種又は乙種のほか、丙種でも定期点検ができる
- 危険物施設保安員は、危険物取扱者でない者でも定期点検ができる

例外として、**危険物取扱者の立会い**があれば、危険物取扱者以外の者でも定期点検を行える。又、定期点検は丙種危険物取扱者も立会いができることに注意しよう。以上のほか、「漏れの点検」その他についても特別な規定がある。

> 丙種危険物取扱者は、危険物取扱者でない者による危険物の取扱いの場合には立会いができません。定期点検については立ち会うことができます

## 3 漏れの点検その他

### ①漏れの点検

下表のア～エを設けた製造所等では、通常の定期点検のほかに、ア～エについて「漏れの点検」を行わなければならない。それぞれ「点検の方法に関する知識及び技能を有する者」が一定の時期に行い、記録を保存する義務がある。

| 漏れの点検の対象設備 | 点検時期（原則） | 保存期間 |
|---|---|---|
| ア　地下貯蔵タンク | 1年に1回以上 | 3年間 |
| イ　二重殻タンクの強化プラスチック製の外殻 | 3年に1回以上 | |
| ウ　地下埋設配管 | 1年に1回以上 | |
| エ　移動貯蔵タンク（移動タンク貯蔵所のタンク） | 5年に1回以上 | 10年間 |

### ②固定式の泡消火設備に関する点検

固定式の泡消火設備を設けた屋外タンク貯蔵所の定期点検では、泡消火設備の泡の適正な放出を確認する一体的な点検を行う。この点検は「泡の発泡機構、泡消火薬剤の性状・性能の確認等に関する知識と技能を有する者」が行う。

### ③内部点検

引火性液体の危険物を貯蔵又は取扱う屋外タンク貯蔵所で容量が一定以上のものは、13年又は15年の周期で屋外貯蔵タンクの内部点検を実施する。

## 練習問題

**問1** 法令上、製造所等の定期点検について、正しいものは次のうちどれか。ただし、規則で定める漏れの点検及び固定式の泡消火設備に関する点検を除く。

1 すべての製造所等が対象である。
2 一定の製造所等に対し、市町村長等が定期的に実施するものである。
3 危険物施設保安員を定めている製造所等は、定期点検を免除される。
4 原則として、1年に1回以上行わなければならない。
5 点検記録は、1年間保存しなければならない。

**問2** 法令上、A～Eの製造所等のうち、定期点検を実施しなければならないものの組合せとして、正しいものは次のうちどれか。

A 地下タンク貯蔵所
B 簡易タンク貯蔵所
C 地下タンクを有する給油取扱所
D 指定数量の倍数が10以上の製造所
E 屋内タンク貯蔵所

1 A・B・D
2 A・C・D
3 A・C・E
4 B・C・E
5 B・D・E

**問3** 定期点検の点検記録に記載しなければならない事項として、規則で定められていないものは次のうちどれか。

1 点検をした製造所等の名称
2 点検をした年月日
3 点検の実施を市町村長等に届け出た年月日
4 点検の方法及び結果
5 点検をした危険物取扱者若しくは危険物施設保安員、又は点検に立ち会った危険物取扱者の氏名

## 29 ● 定期点検

**よく出る**
**問4** 法令上、定期点検を行うことができる者として、適切でないものは次のうちどれか。ただし、規則で定める漏れの点検及び固定式の泡消火設備に関する点検を除く。

1 乙種危険物取扱者
2 甲種危険物取扱者の立会いを受けた、免状の交付を受けていない者
3 丙種危険物取扱者の立会いを受けた、免状の交付を受けていない者
4 免状の交付を受けていない危険物施設保安員
5 免状の交付を受けていない危険物保安統括管理者

**問5** 法令上、移動タンク貯蔵所の定期点検について、正しいものは次のうちどれか。ただし、規則で定める漏れの点検を除く。

1 重油を貯蔵又は取扱う移動タンク貯蔵所は、定期点検が免除される。
2 指定数量の倍数が10未満の移動タンク貯蔵所は、定期点検が免除される。
3 移動タンク貯蔵所の所有者等であれば、免状の交付を受けていなくても、危険物取扱者の立会いなしに定期点検を行うことができる。
4 丙種危険物取扱者は、移動タンク貯蔵所の定期点検を行うことができる。
5 移動タンク貯蔵所の定期点検は、3年に1回行うこととされている。

**問6** 法令上、製造所等の定期点検について、誤っているものはどれか。

1 危険物施設保安員は、危険物取扱者の立会いがなくても定期点検(規則で定める漏れの点検及び固定式の泡消火設備に関する点検を除く)を行うことができる。
2 定期点検は、製造所等の位置、構造及び設備が、当該製造所等で定められた予防規程に適合しているかどうかについて行う。
3 地下タンクを有する一般取扱所は、定期点検を実施しなければならない。
4 二重殻タンクの強化プラスチック製の外殻については、漏れの点検を原則として3年に1回以上行うこととされている。
5 点検記録の保存期間は、移動貯蔵タンクの漏れの点検及び屋外貯蔵タンクの内部点検にかかわる点検記録を除き3年間とされている。

# 練習問題 正解と解説

## 問1　4　⇒P.184 1

1　×　定期点検の対象となる製造所等は、政令が定めるものに限られている。
2　×　定期点検は、政令が定める製造所等の所有者等が実施する。
3　×　このような規定はない。
4　○　定期点検は、1年に1回以上行うことが原則とされている。
5　×　点検記録は3年間保存することが原則とされている。

> 定期点検の対象外とされている製造所等は次の3つ
> ● 屋内タンク貯蔵所
> ● 簡易タンク貯蔵所
> ● 販売取扱所

## 問2　2　⇒P.184 1

A　地下タンク貯蔵所は、指定数量に関係なく実施しなければならない。
B　簡易タンク貯蔵所は、定期点検の対象とされていない。
C　地下タンクを有する給油取扱所は、指定数量に関係なく実施しなければならない。
D　製造所は、地下タンクを有するもの又は指定数量の倍数が10以上のものについて、定期点検を実施しなければならない。
E　屋内タンク貯蔵所は、定期点検の対象とされていない。

以上から、定期点検を実施しなければならないものはA、C、Dの3つである。したがって、2が正解となる。

> 「地下タンク」は、地上からは漏れていることがわからないので「すべて対象」と覚えましょう

## 問3　3　⇒P.184 1

1・2・4・5は、点検記録に記載しなければならない事項として規則に定められている。

これに対し、定期点検については行政機関あるいは消防機関への届出や報告等の義務がなく、そもそも点検の実施を市町村長等に届け出ることがない。

したがって、3が正解となる。

## 29 ● 定期点検

**問4** **5** ➡P.185 **2**

1 ○ 危険物取扱者は甲種、乙種、丙種とも定期点検が行える。
2 ○ 危険物取扱者の立会いがあれば、危険物取扱者の免状を受けていない者でも定期点検を行える。
3 ○ 丙種危険物取扱者も、定期点検の立会いができる。
4 ○ 危険物施設保安員であれば、危険物取扱者の免状を受けていない者でも定期点検が行える。
5 × 免状を受けていない危険物保安統括管理者は、危険物取扱者による立会いがない限り定期点検は行えない。

**問5** **4** ➡P.184 **1** / P.185 **2** / P.185 **3**

1 × 移動タンク貯蔵所は、貯蔵又は取扱う危険物の品名・物品名、指定数量の大小にかかわらず、定期点検を実施しなければならない。
2 × 1の解説参照。
3 × 移動タンク貯蔵所の所有者等でも、免状を受けていない者は、危険物取扱者の立会いがない限り、定期点検は行えない。
4 ○ 移動タンク貯蔵所に限らず、丙種危険物取扱者は定期点検を行える。
5 × 定期点検は、原則として1年に1回以上行う。又、移動貯蔵タンクの「漏れの点検」は、原則として5年以内に1回行うこととされている。

**問6** **2** ➡P.184 **1** / P.185 **2** / P.185 **3**

1 ○ 危険物施設保安員であれば、危険物取扱者の立会いがなくても定期点検を行える。
2 × 製造所等で定められた予防規程ではなく、政令で定める技術上の基準に適合しているかどうかについて点検する。
3 ○ 地下タンクを有する一般取扱所は、指定数量にかかわらず実施する。
4 ○ 二重殻タンクの強化プラスチック製の外殻の漏れの点検は、原則として3年に1回以上行わなければならない。
5 ○ 移動貯蔵タンクの漏れの点検では10年間、屋外貯蔵タンクの内部点検では点検周期の2倍の期間(26年又は30年)保存するが、それ以外は3年間保存するものとされている。

# Section 30 保安距離・保有空地

## 1 保安距離

**保安距離**…付近の住宅・学校・病院等（**保安対象物**という）に対し、製造所等の火災・爆発等の影響が及ばないよう、延焼防止や避難等のために保安対象物と製造所等の間に確保する距離のこと

具体的には、保安対象物から製造所等の外壁又はこれに相当する工作物の外側までの距離を指す。保安対象物ごとに政令及び規則で定められている保安距離は、原則として次のとおりである。

| 保安対象物 | | 保安距離 |
|---|---|---|
| ①一般の住居（製造所等と同一の敷地内にあるものは除く） | | 10m以上 |
| ②学校、病院、劇場その他多数の人を収容する施設<br>例 小学校・中学校・高等学校・幼稚園等、児童福祉施設、老人福祉施設、障害者支援施設、病院、映画館、公会堂 | | 30m以上 |
| ③重要文化財等に指定された建造物 | | 50m以上 |
| ④高圧ガス、液化石油ガスの施設 | | 20m以上 |
| ⑤特別高圧架空電線<br>（「架空電線」＝空中にかけ渡す電線） | 使用電圧<br>7,000V超～35,000V以下 | 水平距離で<br>3m以上 |
| | 使用電圧<br>35,000V超 | 水平距離で<br>5m以上 |

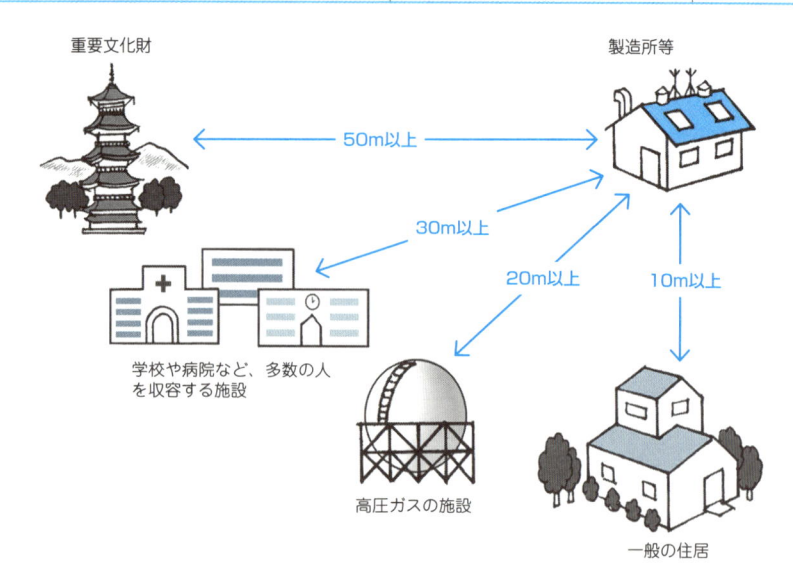

## 2 保有空地

保有空地…火災時の消防活動及び延焼防止のため、製造所等の周囲に確保する空地のこと

保有空地には、物品はいっさい置けない。
保有空地の幅は、製造所等の種類や貯蔵する危険物の倍数、建築物の構造等によって異なる。

例 製造所の保有空地の幅（一般取扱所も同じ）

| 指定数量の倍数が10以下のもの | 3m以上 |
|---|---|
| 指定数量の倍数が10を超えるもの | 5m以上 |

## 3 保安距離・保有空地を必要とする製造所等

保安距離、保有空地ともに、すべての製造所等で必要とされているわけではない。政令によって保安距離、保有空地が必要とされている製造所等と、必要とされていない製造所等を以下にまとめる。

| 保安距離 | 保有空地 |
|---|---|
| ▼必要とする製造所等（5種類）<br>製造所<br>屋内貯蔵所<br>屋外貯蔵所<br>屋外タンク貯蔵所<br>一般取扱所 | ▼必要とする製造所等（7種類）<br>保安距離を必要とする製造所等<br>　＋　簡易タンク貯蔵所<br>　　　（屋外に設けるもの）<br>　＋　移送取扱所<br>　　　（地上設置のもの） |
| ▼必要としない製造所等<br>屋内タンク貯蔵所<br>地下タンク貯蔵所<br>簡易タンク貯蔵所<br>移動タンク貯蔵所<br>給油取扱所<br>販売取扱所<br>移送取扱所 | ▼必要としない製造所等<br>屋内タンク貯蔵所<br>地下タンク貯蔵所<br>移動タンク貯蔵所<br>給油取扱所<br>販売取扱所 |

## 練習問題

**問1** 法令上、次の建築物等のうち、製造所等から保安距離を保たなければならない旨の規定がないものはどれか。

1. 重要文化財等に指定された建造物
2. 使用電圧6,000Vの特別高圧架空電線
3. 幼稚園
4. 老人福祉施設
5. 映画館

**よく出る**

**問2** 法令上、製造所等から保安距離を保たなければならない旨の規定がある施設とその距離との組合せとして、誤っているものは次のうちどれか。

1. 高圧ガス施設 ……… 50m以上
2. 病院 ……………… 30m以上
3. 小学校 …………… 30m以上
4. 一般の住居（製造所等と同一の敷地内にあるものは除く）……… 10m以上
5. 使用電圧が7,000V超〜35,000V以下の特別高圧架空電線
   ……… 水平距離3m以上

**よく出る**

**問3** 次に掲げる製造所等のうち、学校や病院等の建築物等から保安距離を保たなければならない旨の規定がないものはどれか。

1. 製造所
2. 給油取扱所
3. 屋内貯蔵所
4. 屋外貯蔵所
5. 屋外タンク貯蔵所

## 問4 法令上、製造所等の周囲に保たなければならない保有空地について、誤っているものは次のうちどれか。

1 学校や病院等に対して一定の保安距離を確保しなければならない施設は、保有空地を設ける必要がない。
2 保有空地の幅は、製造所等の種類や貯蔵する危険物の指定数量の倍数等によって異なる。
3 保有空地には、物品等を放置してはならない。
4 地下タンク貯蔵所は、保有空地を必要としない。
5 屋外に設ける簡易タンク貯蔵所は、保有空地を必要とする。

**よく出る**
## 問5 次の製造所等のうち、その周囲に保有空地を設けなければならない旨の規定があるものはいくつあるか。

屋内貯蔵所　　販売取扱所
屋外貯蔵所　　屋外タンク貯蔵所
地上設置の移送取扱所

1 1つ
2 2つ
3 3つ
4 4つ
5 5つ

**よく出る**
## 問6 次の製造所等のうち、その周囲に保有空地を設けなければならない旨の規定がある施設の組合せとして、正しいものはどれか。

1　屋外貯蔵所　　　　一般取扱所　　　　給油取扱所
2　屋内タンク貯蔵所　製造所　　　　　　屋外に設ける簡易タンク貯蔵所
3　屋内貯蔵所　　　　屋外タンク貯蔵所　地上設置の移送取扱所
4　製造所　　　　　　販売取扱所　　　　地上設置の移送取扱所
5　移動タンク貯蔵所　屋外貯蔵所　　　　屋外に設ける簡易タンク貯蔵所

## 練習問題 正解と解説

**問1** 2　　⇒P.190 1

1「重要文化財に指定された建造物」は、保安距離を保たなければならない保安対象物である。又、3「幼稚園」、4「老人福祉施設」、5「映画館」はすべて「多数の人を収容する施設」に含まれており、保安距離を保たなければならない保安対象物に該当する。

これに対し、特別高圧架空電線は、使用電圧7,000V超のものに保安距離が定められているので、2「使用電圧6,000Vの特別高圧架空電線」は含まれない。

**問2** 1　　⇒P.190 1

1　×　高圧ガス、液化石油ガス施設の保安距離は20m以上である。保安距離が50m以上なのは、重要文化財等に指定された建造物のみである。
2　○　病院は「多数の人を収容する施設」なので保安距離は30m以上である。
3　○　小学校その他の学校も「多数の人を収容する施設」であり、保安距離は30m以上である。なお、大学・短期大学はこれに含まれないので注意すること。
4　○　製造所等の敷地外にある一般の住居は、保安距離10m以上である。
5　○　使用電圧7,000V超～35,000V以下のものは水平距離3m以上と、使用電圧35,000V超のものは水平距離5m以上とされている。

**問3** 2　　⇒P.191 3

「保安距離」を保たなければならない製造所等は、以下の5種類である。

- 製造所
- 屋内貯蔵所
- 屋外貯蔵所
- 屋外タンク貯蔵所
- 一般取扱所

保安距離が必要なのは「○○タンク貯蔵所」では屋外タンク貯蔵所、「○○取扱所」では一般取扱所のみです

2「給油取扱所」はこれに含まれていない。

## 30 ● 保安距離・保有空地

**問4　1**　⇒P.191 2 / P.191 3

1　×　保安距離を確保しなければならない施設（製造所等）は5種類あるが、すべて保有空地を設ける必要がある。
2　○　保有空地の幅は、製造所等の種類、貯蔵する危険物の指定数量の倍数、建築物の構造等によって異なる。
3　○　保有空地には、物品を置くことはいっさいできない。
4　○　地下タンク貯蔵所には、保有空地を確保する必要はない。
5　○　簡易タンク貯蔵所のうち、屋外に設けるものについては保有空地が必要とされている。

**問5　4**　⇒P.191 3

保有空地が必要とされる製造所等は、保安距離を必要とする5種類の製造所等に、簡易タンク貯蔵所（屋外に設けるもの）と移送取扱所（地上設置のもの）を加えた7種類である。
したがって、保有空地を設けなければならないのは、販売取扱所を除いた4つである。

- 製造所
- 屋内貯蔵所
- 屋外貯蔵所
- 屋外タンク貯蔵所
- 一般取扱所

＋

- 簡易タンク貯蔵所（屋外に設けるもの）
- 移送取扱所（地上設置のもの）

**問6　3**　⇒P.191 3

1　×　給油取扱所は保有空地を必要としない。
2　×　屋内タンク貯蔵所は保有空地を必要としない。
3　○　いずれも保有空地を必要とする製造所等である。
4　×　販売取扱所は保有空地を必要としない。
5　×　移動タンク貯蔵所は保有空地を必要としない。

> 保安距離を必要とする5つの施設をまず覚えておくと、保有空地を必要とする施設も覚えやすくなります

# Section 31 各製造所等の基準と標識・掲示板

## 1 製造所の基準

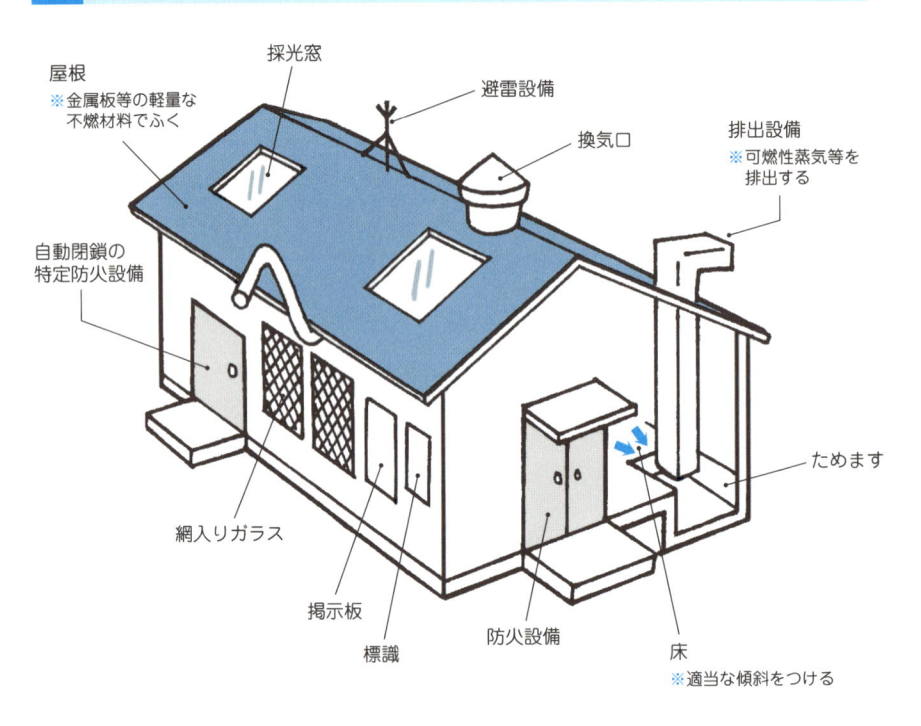

(図：製造所の構造）

各部の名称：
- 屋根　※金属板等の軽量な不燃材料でふく
- 採光窓
- 避雷設備
- 換気口
- 排出設備　※可燃性蒸気等を排出する
- 自動閉鎖の特定防火設備
- 網入りガラス
- 掲示板
- 標識
- 防火設備
- 床　※適当な傾斜をつける
- ためます

| 屋根 | 不燃材料でつくり、金属板その他の軽量な不燃材料でふく |
|---|---|
| 壁、柱、床、梁、階段 | 不燃材料でつくるとともに、延焼のおそれのある外壁は、出入口以外に開口部のない耐火構造の壁にする |
| 窓、出入口 | 防火設備（防火戸）を設け、延焼のおそれのある外壁に設ける出入口には、随時開けられる自動閉鎖の特定防火設備を設ける<br>窓及び出入口にガラスを用いる場合は、網入りガラスとする |
| 床（液体危険物を取扱う建築物） | 危険物が浸透しない構造にするとともに、適当な傾斜をつけ、漏れた危険物を一時的に貯留する「ためます」等を設ける |
| 地階 | 設けられない |
| 採光、換気等 | 危険物を取扱うのに必要な採光・照明・換気の設備を設ける |
| 排出設備 | 可燃性蒸気等が滞留しないよう屋外の高所に排出する設備を設ける |
| 避雷設備 | 指定数量の倍数が10以上の製造所に設ける |

## 2 屋外タンク貯蔵所の基準（防油堤について）

液体危険物の屋外貯蔵タンクの周囲には、危険物の流出を防止するための**防油堤**を設ける。

| 容量 | 引火点を有する液体危険物の貯蔵の場合、**タンク容量の110％以上**とする（2基以上ある場合は容量最大タンクの110％以上） |
|---|---|
| 高さ | **0.5m以上**とする |
| 水抜口 | 水抜口及びこれを開閉する弁等を設ける |
| 階段 | 高さ1m超の防油堤には堤内に出入りする階段等をおおむね**30mごと**に設置する |

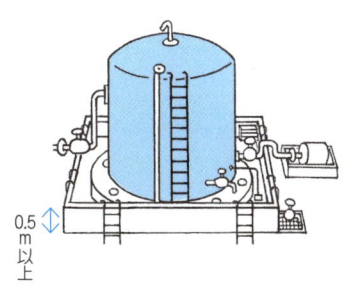

## 3 移動タンク貯蔵所の基準

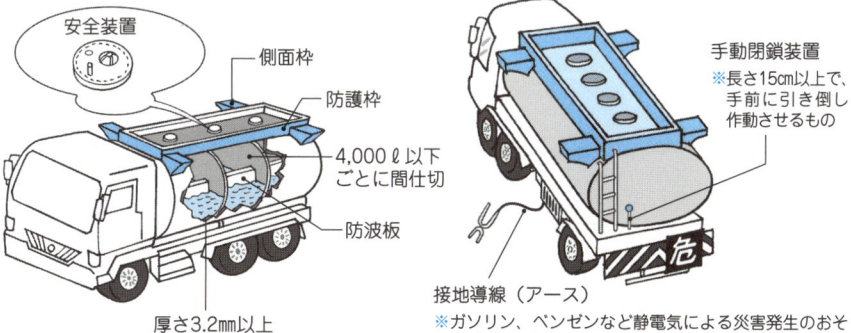

| 常置場所 | 屋外 | 防火上安全な場所 |
|---|---|---|
| | 屋内 | 壁、床、梁及び屋根が**耐火構造**又は**不燃材料**の**建築物の1階** |
| タンクの材料等 | | **厚さ3.2mm以上の鋼板**などでつくり、外面には**さび止めの塗装**を施す |
| 容量・間仕切 | | 容量は**30,000ℓ以下**とし、内部には**4,000ℓ以下**ごとに**間仕切**を設ける |
| 防波板等 | | 間仕切で仕切られたタンク室には、それぞれマンホール及び**安全装置**を設け、容量**2,000ℓ以上**のタンク室には**防波板**を2ヶ所設ける |
| 排出口 | | 移動貯蔵タンクの下部に**排出口**を設ける場合は排出口に**底弁**を設け、非常時に直ちに底弁を閉鎖できる**手動閉鎖装置**を設ける |

## 4 給油取扱所の基準

### ①給油取扱所の構造・設備の基準

| 給油設備 | ポンプ機器及びホース機器からなる固定給油設備とする |
|---|---|
| 給油空地 | 固定給油設備のホース機器の周囲に、自動車等に直接給油したり給油を受ける自動車等が出入りしたりするための空地（給油空地）を保有すること。広さは間口10m以上、奥行6m以上が必要 |
| 危険物を取扱うタンク | 次のタンクを地盤面下に埋設して設置する以外、設けてはならない<br>● 固定給油設備、固定注油設備に接続する専用タンク（容量無制限）<br>● 廃油タンク（容量10,000ℓ以下） |
| 建築物の設置 | 給油又はこれに附帯する業務に必要な建築物以外は設置できない。設置する建築物の壁、柱、床、梁及び屋根は耐火構造又は不燃材料でつくり、窓及び出入口には防火設備を設ける |
| 周囲の塀又は壁 | 給油取扱所の周囲には火災による被害拡大を防ぐため、高さ2m以上の塀又は壁で耐火構造のもの又は不燃材料でつくられたものを設ける |

### ②建築物内に設置する屋内給油取扱所の基準

| 設置する建築物 | 壁、柱、床及び梁を耐火構造とし、建築物内に病院や診療所、幼稚園、福祉施設等を設けてはならない |
|---|---|
| 他の部分との区画 | 屋内給油取扱所に使用する部分とそれ以外の部分との区画は、開口部のない耐火構造の床又は壁とする |
| 上階がある場合 | 屋内給油取扱所の上部に上階がある場合は、危険物の漏えいの拡大や上階への延焼を防止する措置を講じる |
| 専用タンク | 危険物の過剰な注入を自動的に防止する設備を設ける |

## 5 販売取扱所の基準

第一種及び第二種販売取扱所に共通する基準をまとめておこう。

| 設置場所 | 建築物の1階に設置しなければならない |
|---|---|
| 危険物の配合室 | 床面積は6㎡以上10㎡以下とする。<br>内部に滞留した可燃性蒸気等を、屋根上に排出する設備を設ける |
| 耐火構造とする部分 | 販売取扱所に使用する部分とそれ以外の部分との隔壁及び上階の床。第二種販売取扱所ではこのほかに壁、柱、床及び梁、上階がない場合の屋根も耐火構造とする |
| 窓、出入口 | 防火設備を設ける。ただし、第二種販売取扱所の窓は延焼のおそれのない部分にしか設けられない |

**31 ● 各製造所等の基準と標識・掲示板**

## 6 標識

製造所等は、危険物の製造所等である旨を示す①の**標識**（ただし移動タンク貯蔵所のみ②）を、**見やすい箇所**に設けなければならない。

① 0.3m以上

危険物給油取扱所 （0.6m以上）

- 幅0.3m以上 長さ0.6m以上の板
- 「危険物給油取扱所」などと名称を表示する
- 地：白
- 文字：黒

② 0.3m以上0.4m以下

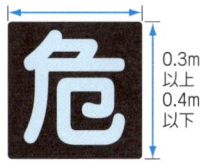

危 （0.3m以上0.4m以下）

- 0.3m平方以上0.4m平方以下の板
- 「危」と表示する
- 地：黒
- 文字：黄（反射塗料等）

## 7 掲示板

製造所等は、防火に関し必要な事項を表示した**掲示板**を、**見やすい箇所**に設けなければならない。掲示板には次の種類がある（板の大きさはすべて標識①と同じ）。

### ア 危険物の品名等を表示する掲示板

危険物の種別　第四類
危険物の品名　第一石油類（ガソリン）
貯蔵最大数量　五〇〇〇ℓ（二五倍）
危険物保安監督者　高橋太郎

- 危険物の類・品名・貯蔵（取扱い）最大数量・指定数量の倍数・危険物保安監督者の氏名又は職名を表示する
- 地：白
- 文字：黒

### イ 給油取扱所の掲示板
（給油取扱所のみ設置）

給油中エンジン停止

- 「給油中エンジン停止」と表示する
- 地：黄赤色
- 文字：黒

### ウ 危険物の性状に応じた注意事項を表示する掲示板

禁水
- 地：青
- 文字：白

- 第一類危険物
  （アルカリ金属の過酸化物又はこれを含有するもの）
- 第三類危険物
  （禁水性物品、アルキルアルミニウム、アルキルリチウム）

火気注意
- 地：赤
- 文字：白

- 第二類危険物
  （引火性固体以外のすべて）

火気厳禁
- 地：赤
- 文字：白

- 第二類危険物
  （引火性固体）
- 第三類危険物
  （自然発火性物品、アルキルアルミニウム、アルキルリチウム）
- 第四類危険物（すべて）
- 第五類危険物（すべて）

## 練習問題

**問1** 製造所の位置、構造又は設備の技術上の基準として、誤っているものは次のうちどれか。

1 屋根は不燃材料でつくるとともに、金属板その他の軽量な不燃材料でふく。
2 壁、柱、床、梁及び階段は、不燃材料でつくる。
3 床は危険物が浸透しない構造にするとともに、傾斜をつけてはならない。
4 窓及び出入口のガラスは、網入りガラスとする。
5 地階を設けることはできない。

**問2** 屋外タンク貯蔵所の防油堤について、誤っているものは次のうちどれか。

1 高さは0.5m以上と定められている。
2 第四類の危険物を貯蔵するタンクにのみ設けるとされている。
3 タンク容量がそれぞれ200kℓと300kℓである2基の屋外貯蔵タンク（いずれも引火点を有する液体危険物を貯蔵）が、同一の防油堤内に設置されている場合、この防油堤に最低限必要とされる容量は330kℓである。
4 防油堤には、その内部の滞水を外部に排水するための水抜口を設けるとともに、これを開閉する弁等を防油堤の外部に設ける。
5 高さが1mを超える防油堤には、おおむね30mごとに堤内に出入りするための階段等を設置する。

**問3** 移動タンク貯蔵所の位置、構造又は設備の技術上の基準として、誤っているものは次のうちどれか。

1 常置場所は、難燃材料でつくられた建物内でなければならない。
2 移動貯蔵タンクは、厚さ3.2mm以上の鋼板等でつくり、外面にはさび止めの塗装を施す。
3 容量2,000ℓ以上のタンク室には、防波板を設ける必要がある。
4 排出口の底弁には、長さ15cm以上のレバーを手前に引き倒して作動させる手動閉鎖装置を設ける。
5 静電気による災害発生のおそれがある液体危険物の移動貯蔵タンクには、接地導線を設ける。

## 31 ● 各製造所等の基準と標識・掲示板

**よく出る**

**問4** 法令上、給油取扱所の「給油空地」の説明として、正しいものは次のうちどれか。

1 自動車等に直接給油したり給油を受ける自動車等が出入りしたりするため、固定給油設備のホース機器の周囲に設けなければならない空地のことである。
2 火災時の消防活動や延焼防止のため、給油取扱所の周囲に設けなければならない空地のことである。
3 給油取扱所と保安対象物との間に確保しなければならない距離のことである。
4 灯油等の容器への詰替え等を行うため、固定注油設備のホース機器の周囲に設けなければならない空地のことである。
5 給油又はこれに付帯する業務に必要な建築物を設置するための空地のことである。

**問5** 屋内給油取扱所についての基準として、次のA～Dのうち、誤っているものはいくつあるか。

A 屋内給油取扱所と同一の建築物内に、病院や診療所を設けることはできないが、幼稚園であれば設けることができる。
B 屋内給油取扱所に使用される部分とそれ以外の部分との区画は、開口部のない耐火構造の床又は壁としなければならない。
C 屋内給油取扱所の上部に上階がある場合は、危険物の漏えいの拡大や上階への延焼を防止する措置を講じなければならない。
D 専用タンクには、危険物の過剰な注入を手動で防ぐ設備を設ける。

1 なし　　2 1つ　　3 2つ　　4 3つ　　5 4つ

**問6** 第一種販売取扱所についての基準として、誤っているものは次のうちどれか。

1 建築物の1階に設置しなければならない。
2 危険物の配合室は、6㎡以上10㎡以下とする。
3 危険物の配合室には、可燃性蒸気等を屋根上に排出する設備を設けなければならない。
4 建築物の第一種販売取扱所に使用する部分の窓には、防火設備を設ける。
5 建築物の第一種販売取扱所に使用する部分とそれ以外の部分との隔壁は、不燃材料でつくらなければならない。

**問7** 法令上、製造所等に設置するタンクの容量制限として、誤っているものは次のうちどれか。

1 屋外タンク貯蔵所の屋外貯蔵タンク ………… 容量制限の規定なし
2 給油取扱所の専用タンク …………………… 容量制限の規定なし
3 給油取扱所の廃油タンク …………………… 30,000ℓ以下
4 移動タンク貯蔵所の移動貯蔵タンク ………… 30,000ℓ以下
5 簡易タンク貯蔵所の簡易貯蔵タンク ………… 600ℓ以下

**問8** 法令上、製造所等に設ける標識及び掲示板について、誤っているものは次のうちどれか。

1 製造所等には、見やすい箇所に標識を設けなければならない。
2 移動タンク貯蔵所には、「危」と表示した標識を設けなければならない。
3 屋外タンク貯蔵所では、危険物の類、品名及び貯蔵最大数量、指定数量の倍数並びに危険物保安監督者の氏名又は職名を表示した掲示板を設けなければならない。
4 給油取扱所には「給油中エンジン停止」と表示した掲示板を設けなければならない。
5 「火気注意」の掲示板は地が黄赤色、文字が黒色と定められている。

**問9** 製造所等に掲げる「危険物の性状に応じた注意事項を表示する掲示板」の注意事項として、誤っているものは次のうちどれか。

1 第四類危険物 ……………………………………「火気厳禁」
2 第二類危険物（引火性固体を除く）……………「火気注意」
3 第三類危険物（自然発火性物品）………………「火気厳禁」
4 第五類危険物 ……………………………………「火気注意」
5 第一類危険物（アルカリ金属の過酸化物）……「禁水」

## 練習問題 正解と解説

31 ● 各製造所等の基準と標識・掲示板

**問1　3**　　○P.196 **1**

1　○　建物内で爆発が起きても、爆風が上に抜けるよう金属板等の軽量な不燃材料でふく。
2　○　壁、柱、床、梁及び階段は不燃材料でつくり、延焼のおそれのある外壁は耐火構造にする。
3　×　液体危険物を取扱う建築物の床は、危険物が浸透しない構造とし、適当な傾斜をつけ「ためます」等を設ける。
4　○　窓及び出入口にガラスを用いる場合は、網入りガラスとする。
5　○　地階（地盤面以下の階）は、設置できないとされている。

**問2　2**　　○P.197 **2**

防油堤は、危険物の流出を防ぐためのものであり、液体危険物（二硫化炭素を除く）を貯蔵する屋外貯蔵タンクの周囲に設けるものとされている。第四類の危険物だけに限定されてはいない。したがって、2が誤りで、それ以外の選択肢はいずれも基準に定められているとおりである。

3のように、同一の防油堤内に引火点を有する液体危険物の屋外貯蔵タンクが2基以上ある場合は、容量が最大であるタンクの110％以上とされている。そこで、容量が大きい方の300kℓの110％を計算し、330kℓとなる。2基の合計容量の110％ではないことに注意しよう。

> 屋外貯蔵タンクそのものの容量については、特に定めがなく無制限であることも覚えておきましょう

**問3　1**　　○P.197 **3**

移動貯蔵タンクの常置場所は、屋外なら防火上安全な場所、屋内なら壁、床、梁及び屋根が耐火構造、又は不燃材料でつくられた建築物の1階と定められている。難燃材料でつくられた建物内は誤りである。
したがって、1が正解となる。
それ以外の選択肢は、いずれも基準に定められているとおりである。

## 問4　1　　⇒P.198 4

1. ○　正しい。
2. ×　「保有空地」の説明である。給油取扱所には必要ない（⇒P.191）。
3. ×　「保安距離」の説明である。給油取扱所には必要ない（⇒P.190／P.191）。
4. ×　「注油空地」の説明である。給油空地以外に必要とされる。
5. ×　業務に直結したものに限られ、給油取扱所に設置できる建築物は以下のとおりである。

> - 給油取扱所の業務を行うための**事務所**
> - 給油、又は灯油・軽油の詰替えのための作業場
> - 給油等のために給油取扱所に出入りする者を対象とした**店舗**、**飲食店**又は**展示場**
> - 自動車等の点検、**整備**又は**洗浄**を行う作業場
> - 給油取扱所の所有者や管理者等が居住する住居等

給油取扱所にゲームセンター等の遊技場は設置できません

## 問5　3　　⇒P.198 4

A　病院や診療所と同様、幼稚園も設けてはならない。
D　専用タンクには危険物の過剰な注入を、手動ではなく自動的に防止する設備を設けなければならない。

B及びCは、基準に定められているとおりである。
以上から、誤っているものはAとDの2つ。
したがって、3が正解となる。

## 問6　5　　⇒P.198 5

1. ○　第一種、第二種ともに建築物の1階に設置しなければならない。
2. ○　危険物の配合室は、床面積6㎡以上10㎡以下とされている。
3. ○　危険物の配合室内部に滞留した可燃性蒸気等を、屋根上に排出するための設備を設ける必要がある。
4. ○　窓及び出入口に防火設備を設けなければならない。
5. ×　不燃材料でつくるのではなく、耐火構造としなければならない。

## 31 ● 各製造所等の基準と標識・掲示板

**問7** **3**　→P.197 **3** / P.198 **4**

> 屋外貯蔵タンク、給油取扱所の専用タンクのほか、地下タンク貯蔵所の地下貯蔵タンクも無制限だったね

1　○　屋外タンク貯蔵所の屋外貯蔵タンクは、容量について特に定めがなく、無制限とされている。
2　○　給油取扱所の専用タンクも、容量について特に定めがない。
3　×　給油取扱所の廃油タンクの容量は、10,000ℓ以下と定められている。
4　○　移動タンク貯蔵所の移動貯蔵タンク(特例基準を適用するものを除く)の容量は、30,000ℓ以下と定められている。
5　○　簡易タンク貯蔵所の簡易貯蔵タンクの容量は、600ℓ以下と定められている。

**問8** **5**　→P.199 **6** / P.199 **7**

1　○　標識、掲示板ともに、製造所等の見やすい箇所に設ける必要がある。
2　○　製造所等のうち、移動タンク貯蔵所だけ標識の種類が異なり、「危」と表示した標識を車両の前後の見やすい箇所に掲げる。
3　○　屋外タンク貯蔵所は、危険物保安監督者の選任を常に必要とする施設のため、危険物保安監督者の氏名又は職名も表示する。
4　○　給油取扱所にのみ設置が義務づけられている。
5　×　「火気注意」及び「火気厳禁」の掲示板の色は、地が赤、文字が白と定められている。

**問9** **4**　→P.199 **7**

1　○　第四類の危険物はすべて「火気厳禁」である。
2　○　第二類は引火性固体のみ「火気厳禁」で、それ以外は「火気注意」である。
3　○　第三類の禁水性物品は「禁水」、自然発火性物品は「火気厳禁」である。
4　×　第五類の危険物はすべて「火気厳禁」である。
5　○　第一類危険物のうち、アルカリ金属の過酸化物又はこれを含有するものは「禁水」である。

# Section 32 消火設備と警報設備

## 1 消火設備の種類

製造所等には、消火設備の設置が義務づけられている。消火設備は次の5種類に区分される。

| 種別 | 消火設備の種類 | 設備の内容 |
|---|---|---|
| 第一種消火設備 | 消火栓設備 | ・屋内消火栓<br>・屋外消火栓 |
| 第二種消火設備 | スプリンクラー設備 | ・スプリンクラー |
| 第三種消火設備 | 水・泡・ガス・粉末を放射する消火設備 | ・水蒸気消火設備<br>・水噴霧消火設備<br>・泡消火設備<br>・不活性ガス消火設備<br>・ハロゲン化物消火設備<br>・粉末消火設備 |
| 第四種消火設備 | 大型消火器 | ・大型消火器 |
| 第五種消火設備 | 小型消火器、その他 | ・小型消火器<br>・水バケツ又は水槽<br>・乾燥砂<br>・膨張ひる石又は膨張真珠岩 |

第四種の大型消火器、第五種の小型消火器には、それぞれ次の6種類の消火剤を放射するものがある。

- 水(棒状又は霧状)
- 強化液(棒状又は霧状)
- 泡
- 二酸化炭素
- ハロゲン化物
- 消火粉末

第四類危険物の消火には、第三〜第五種の消火設備が使われます

## 2 能力単位と所要単位

**能力単位**…その消火設備の消火能力を示す単位
**所要単位**…その製造所等にどれくらいの消火能力を有する消火設備が必要かを定める基準となる単位

所要単位は次の表に基づいて計算する。

| 製造所等の構造・危険物 | | 1所要単位当たりの数値 | |
|---|---|---|---|
| 製造所 取扱所 | 外壁が耐火構造 | 延べ面積 | 100㎡ |
| | それ以外 | 延べ面積 | 50㎡ |
| 貯蔵所 | 外壁が耐火構造 | 延べ面積 | 150㎡ |
| | それ以外 | 延べ面積 | 75㎡ |
| 危険物 | | 指定数量の | 10倍 |

> **例** ある給油取扱所の事務所等（外壁が耐火構造）が300㎡、上屋（耐火構造以外）が100㎡とします。これらの所要単位をそれぞれ求めると、
> 300÷100＝3、100÷50＝2となり、合計で5となります
> そこに小型消火器だけを設置する場合、その小型消火器1個の能力単位が4だとすると、設置する個数は、（所要単位）÷（能力単位）＝5÷4＝1.25
> ∴ 小数点以下を切り上げて、2個となります

面積や危険物の倍数等にかかわらず、消火設備が定められているものもある。

- **地下タンク貯蔵所**…第五種消火設備を2個以上
- **移動タンク貯蔵所**…**自動車用消火器**のうち、粉末消火器（3.5kg以上のもの）又はその他の消火器を**2個以上**

又、**電気設備**に対する消火設備は、電気設備のある場所の**面積100㎡**ごとに1個以上設けることとされている。

## 3 警報設備

指定数量の倍数が**10倍以上**の製造所等には、**警報設備**を設置しなければならない。ただし、**移動タンク貯蔵所には不要**とされている。警報設備には、次の5種類がある。

1. 自動火災報知設備
2. 拡声装置
3. 非常ベル装置
4. 警鐘
5. 消防機関に報知できる電話

## 練習問題

**問1** 法令上、製造所等に設置する消火設備についての記述として、正しいものは次のうちどれか。

1 消火設備は、第一種から第六種までに区分されている。
2 第一類の危険物に適応する消火設備のことを、第一種消火設備という。
3 泡を放射する小型の消火器は、第四種消火設備である。
4 消火粉末を放射する大型の消火器は、第五種消火設備である。
5 水バケツは、第五種消火設備である。

よく出る

**問2** 製造所等に設置する消火設備の種別について、次のうち第三種の消火設備に該当するものは次のうちどれか。

1 粉末消火設備
2 スプリンクラー設備
3 強化液を放射する大型の消火器
4 膨張ひる石
5 ハロゲン化物を放射する小型の消火器

よく出る

**問3** 次のA～Eのうち、消火設備の種別として、正しいものの組合せはどれか。

A 屋外消火栓設備 ……………………… 第一種消火設備
B 水噴霧消火設備 ……………………… 第二種消火設備
C 不活性ガス消火設備 ………………… 第三種消火設備
D 二酸化炭素を放射する小型消火器 …… 第四種消火設備
E 乾燥砂 ………………………………… 第五種消火設備

1 A・B・D
2 A・C・E
3 A・D・E
4 B・C・D
5 B・C・E

## 問4 製造所等に消火設備を設置する場合の所要単位を計算する方法として、誤っているものは次のうちどれか。

1 所要単位とは、その製造所等にどれくらいの消火能力を有する消火設備が必要なのかを定めるときに基準となる単位である。
2 外壁が耐火構造の製造所については、延べ面積100㎡を1所要単位とする。
3 外壁が耐火構造でない製造所については、延べ面積50㎡を1所要単位とする。
4 外壁が耐火構造の貯蔵所については、延べ面積150㎡を1所要単位とする。
5 外壁が耐火構造でない貯蔵所については、延べ面積100㎡を1所要単位とする。

### よく出る
## 問5 法令上、製造所等に設置する消火設備に関する記述として、誤っているものは次のうちどれか。

1 製造所等の所要単位を計算する場合、危険物については指定数量の10倍を1所要単位とする。
2 移動タンク貯蔵所については、第四種又は第五種の消火設備を、貯蔵する危険物の指定数量の倍数に応じて設置する。
3 地下タンク貯蔵所については、第五種消火設備を2個以上設置する。
4 電気設備については、電気設備のある場所の面積100㎡ごとに1個以上の消火設備を設ける。
5 消火設備の消火能力を示す単位を「能力単位」という。

## 問6 法令上、警報設備の設置を必要としない製造所等として、正しいものは次のうちどれか。

1 指定数量の倍数が50の移動タンク貯蔵所
2 指定数量の倍数が30の製造所
3 指定数量の倍数が20の屋外貯蔵所
4 指定数量の倍数が10の屋内貯蔵所
5 指定数量の倍数が100の屋外タンク貯蔵所

## 練習問題 正解と解説

**問1　5**　→P.206 ①

1　×　消火設備は、第一種から第五種までの5種類に区分されている。
2　×　消火設備の種別は危険物の類別とは関係なく、設備の種類によって区分されている。第一種消火設備は「消火栓設備」である。
3　×　小型消火器は、すべて第五種消火設備である。
4　×　大型消火器は、すべて第四種消火設備である。
5　○　第五種消火設備には、小型消火器のほかに水バケツ等が含まれる。

**問2　1**　→P.206 ①／P.235

1　○　粉末消火設備は、第三種消火設備である。
2　×　スプリンクラー設備は、第二種消火設備である。
3　×　大型消火器は、すべて第四種消火設備である。
4　×　膨張ひる石は、第五種消火設備である。
5　×　小型消火器は、すべて第五種消火設備である。

> 「○○消火栓」と名のつくもの　⇒　すべて第一種
> 「○○消火設備」と名のつくもの　⇒　すべて第三種

**問3　2**　→P.206 ①／P.235

A　屋外消火栓設備は、第一種消火設備で正しい。
B　水噴霧消火設備は、第三種消火設備である。
C　不活性ガス消火設備は、第三種消火設備で正しい。
D　二酸化炭素を放射する小型消火器は、第五種消火設備である。
E　乾燥砂は、第五種消火設備で正しい。

以上から、消火設備の種別として正しいものはA、C、Eの3つである。
したがって、2が正解となる。

## 32 ● 消火設備と警報設備

### 問4　5　⇒P.207 ②

1　○　製造所等の所要単位と、設置する消火設備の能力単位から、必要とされる消火設備が定められる。
2　○　外壁が耐火構造の製造所又は取扱所は、延べ面積100㎡が1所要単位。
3　○　外壁が耐火構造でない製造所又は取扱所は、延べ面積50㎡が1所要単位。
4　○　外壁が耐火構造の貯蔵所は、延べ面積150㎡が1所要単位。
5　×　外壁が耐火構造でない貯蔵所は、延べ面積75㎡を1所要単位とする。

> 外壁が耐火構造でない場合の延べ面積は、外壁が耐火構造である場合の延べ面積の2分の1になっています

### 問5　2　⇒P.207 ②

1　○　危険物については、指定数量の10倍を1所要単位とする。
2　×　移動タンク貯蔵所は、危険物の倍数等にかかわらず、自動車用消火器を2個以上設置することとされている。
3　○　地下タンク貯蔵所の場合は、面積や危険物の倍数等にかかわらず、第五種の消火設備を2個以上設置することとされている。
4　○　電気設備に対する消火設備は、電気設備のある場所の面積100㎡ごとに1個以上設けることとされている。
5　○　能力単位とは、消火設備の消火能力を示す単位のことで、所要単位との区別に注意が必要。

### 問6　1　⇒P.207 ③

自動火災報知設備その他の警報設備は、指定数量の倍数が10以上の製造所等に設置しなければならないため、2～5はすべて設置が必要である。
これに対し、移動タンク貯蔵所は警報設備の設置は不要とされている。
したがって、1が正解となる。

## Section 33 貯蔵・取扱いの基準

### 1 すべてに共通する基準

各製造所等に共通する貯蔵及び取扱いの基準のうち、主なものを確認しておこう。

①許可若しくは届出をされた品名以外の危険物、数量や指定数量の倍数を超える危険物は、貯蔵、取扱いをしない。
②みだりに火気を使用したり、係員以外の者を出入りさせたりしない。
③常に整理及び清掃を行い、みだりに空箱その他の不要な物を置かない。
④貯留設備や油分離装置にたまった危険物は、あふれないよう随時くみ上げる。
⑤危険物のくず、かす等は、1日に1回以上、その危険物の性質に応じて安全な場所で廃棄その他適当な処置を施す。
⑥危険物を貯蔵又は取扱う建築物その他の工作物又は設備は、危険物の性質に応じ、遮光又は換気を行う。
⑦危険物を貯蔵又は取扱う場合は、危険物が漏れ、あふれ、又は飛散しないよう必要な措置を講じる。
⑧危険物が残存又は残存しているおそれのある設備、機械器具、容器等を修理する場合は、安全な場所で危険物を完全に除去した後に行う。
⑨危険物を保護液中に保存する場合は、その危険物が保護液から露出しないようにする。

### 2 貯蔵の基準

#### ①同時貯蔵の禁止

| | |
|---|---|
| 原 則 | ・危険物の貯蔵所では、危険物以外の物品と危険物の同時貯蔵は禁止<br>・同一の貯蔵所において、類を異にする危険物の同時貯蔵は禁止 |
| 例 外 | 屋内貯蔵所又は屋外貯蔵所では、一定の危険物と危険物以外の物品をそれぞれ取りまとめて相互に1m以上の間隔を置く場合、あるいは類ごとに取りまとめて相互に1m以上の間隔を置く場合は、同時貯蔵ができる |

## ②屋内貯蔵所・屋外貯蔵所での貯蔵の基準

- 原則として、基準に適合した容器に収納して危険物を貯蔵する
- 原則として、高さ3mを超えて容器を積み重ねてはならない
- 屋外貯蔵所では、容器を架台で貯蔵する場合、高さが6mを超えてはならない
- 屋内貯蔵所では、容器に収納した危険物の温度が55℃を超えないようにする

## ③貯蔵タンクでの貯蔵の基準

- 屋外貯蔵タンク、屋内貯蔵タンク、地下貯蔵タンク、簡易貯蔵タンクの計量口は、計量するとき以外は閉鎖しておく
- 屋外貯蔵タンク、屋内貯蔵タンク、地下貯蔵タンクの元弁及び注入口の弁は、危険物を出し入れするとき以外は閉鎖しておく
- 屋外貯蔵タンクの防油堤の水抜口は、通常は閉鎖しておく

# 3 給油取扱所、移動タンク貯蔵所の基準

## ①給油取扱所の基準

- 自動車等に給油するときは、固定給油設備を使用して直接給油する
- 給油するときは、必ず自動車等のエンジンを停止させる
- 自動車等の一部又は全部が給油空地からはみ出したままで給油を行わない
- 給油取扱所の専用タンク等に危険物を注入する場合は、当該タンクに接続する固定給油設備又は固定注入設備の使用を中止する
- 自動車等の洗浄を行う場合は、引火点を有する液体の洗剤を使用しない

## ②移動タンク貯蔵所の基準

- 必要な書類（完成検査済証等）を、常に車両に備え付けておく
- 移動貯蔵タンクに、貯蔵又は取扱う危険物の類、品名及び最大数量を表示する
- タンクの底弁は、使用時以外は完全に閉鎖しておく
- 移動貯蔵タンクから他のタンクに液体危険物を注入するときは、そのタンクの注入口に移動貯蔵タンクの注入ホースを緊結する
- 引火点40℃未満の危険物を、移動貯蔵タンクから他のタンクに注入するときは、移動タンク貯蔵所の原動機（エンジン）を停止させる
- 原則として、移動貯蔵タンクから液体危険物を容器に詰替えてはならない
（ただし、引火点40℃以上の第四類危険物は例外が認められる場合がある）

## 練習問題

**よく出る**

**問1** 法令上、製造所等における危険物の貯蔵又は取扱いのすべてに共通する基準として、誤っているものは次のうちどれか。

1 製造所等では、許可された危険物と同じ類、同じ数量であれば品名については随時変更できる。
2 常に整理及び清掃を行い、みだりに不要な物を置かないようにする。
3 危険物が漏れたり、飛散したりしないよう必要な措置を講じる。
4 製造所等には、係員以外の者をみだりに出入りさせてはならない。
5 危険物のくず、かす等は、1日に1回以上、危険物の性質に応じて安全な場所で廃棄その他適当な処置を施す。

**よく出る**

**問2** 法令上、製造所等における危険物の貯蔵又は取扱いのすべてに共通する基準として、正しいものは次のうちどれか。

1 製造所等においては、いかなる場合にも火気を使用してはならない。
2 危険物が残存し、又は残存しているおそれのある設備、機械器具、容器等を修理する場合は、換気をしながら行う。
3 貯留設備又は油分離装置にたまった危険物は、下水等に排出する。
4 危険物を貯蔵又は取扱う建築物その他の工作物又は設備は、危険物の性質に応じ、遮光又は換気を行わなければならない。
5 危険物を保護液中に保存する場合は、その危険物の一部を保護液から露出させておく。

**よく出る**

**問3** 法令上、危険物の貯蔵の基準として、誤っているものは次のうちどれか。

1 貯蔵所には、原則として危険物以外の物品を貯蔵してはならない。
2 類を異にする危険物は、原則として同一の貯蔵所に貯蔵してはならない。
3 屋内貯蔵所では、類を異にする一定の危険物を類ごとに取りまとめ、相互に1m以上の間隔を置く場合には、同時貯蔵が認められる。
4 屋外貯蔵所では、原則として危険物を容器に収納して貯蔵する。
5 屋内貯蔵所では、容器に収納した危険物の温度が40℃を超えないようにしなければならない。

## 33 ● 貯蔵・取扱いの基準

**問4** 法令上、危険物の貯蔵の基準として、正しいものは次のうちどれか。

1 屋内貯蔵所では、危険物を収納した容器を積み重ねてはならない。
2 屋外貯蔵所で容器を架台で貯蔵する場合、高さが3mを超えてはならない。
3 屋外貯蔵タンク等の計量口は、計量しやすいよう常に開放しておく。
4 屋外貯蔵タンク等の元弁は、危険物を出し入れするとき以外は閉鎖する。
5 屋外貯蔵タンクの防油堤は滞水しやすいため、水抜口は通常開放しておく。

**問5** 法令上、次のA～Dのうち給油取扱所における危険物の取扱いの基準に適合しているものの組合せとして、正しいものはどれか。

A 車のエンジンをかけたまま給油を求められたが、エンジンを停止させてから給油を行った。
B 原動機付自転車に、鋼製ドラム缶から手動ポンプでガソリンを給油した。
C 移動タンク貯蔵所から地下の専用タンクに注油中、このタンクに接続している固定給油設備を使用して自動車に給油することになったため、給油ノズルの吐出量を抑えて給油を行った。
D 非引火性の液体洗剤を使って車の洗浄を行った。

1 A・B　　2 A・C　　3 A・D
4 B・C　　5 C・D

**問6** 法令上、移動タンク貯蔵所における危険物の貯蔵又は取扱いの基準として、誤っているものは次のうちどれか。

1 完成検査済証は、常に車両に備え付けておく必要がある。
2 移動貯蔵タンクに危険物の類、品名及び最大数量を表示する。
3 移動貯蔵タンクから他のタンクに液体危険物を注入するときは、そのタンクの注入口と移動貯蔵タンクの注入ホースを手でしっかりと押さえる。
4 移動貯蔵タンクから他のタンクに、引火点が40℃未満の危険物を注入するときは、移動タンク貯蔵所の原動機を停止させなければならない。
5 移動貯蔵タンクから容器への詰替えが認められるのは、引火点40℃以上の第四類危険物に限られる。

# 練習問題 正解 と 解説

## 問1　1　　○P.212 1

1　×　許可や届出をした品名以外の危険物、又は許可や届出のなされた数量（指定数量の倍数）を超える危険物の貯蔵・取扱いはできない。また、品名等を変更する場合には、市町村長等への届出が必要となる。

2〜5は、いずれも基準に定められているとおりである。なお、廃棄については次のような基準が定められている。

> - 危険物は、海中又は水中に流出させたり投下したりしないこと
> - 焼却する場合は、安全な場所で、燃焼又は爆発によって他に危害や損害を及ぼすおそれのない方法で行うとともに、見張人をつけること
> - 埋没する場合は、危険物の性質に応じ、安全な場所で行うこと

## 問2　4　　○P.212 1

1　×　「みだりに火気を使用しないこと」とされており、「いかなる場合にも」というのは誤りである。
2　×　「安全な場所において、危険物を完全に除去した後に行う」とされており、「換気をしながら行う」というのは誤りである。
3　×　「あふれないように随時くみ上げる」とされており、「下水等に排出する」というのは誤りである。
4　○　基準に定められているとおりである。
5　×　「保護液から露出しないようにする」が正しい。

## 問3　5　　○P.212 2 ①／P.213 2 ②

1　○　基準に定められているとおりである。
2　○　基準に定められているとおりである。
3　○　屋内貯蔵所又は屋外貯蔵所では、類を異にする一定の危険物について、このような同時貯蔵の例外が認められている。
4　○　屋内貯蔵所又は屋外貯蔵所では、基準に適合した容器に収納して危険物を貯蔵することを原則としている。
5　×　屋内貯蔵所では、容器に収納して貯蔵する危険物の温度が55℃を超えないよう必要な措置を講じることとされている。

## 33 貯蔵・取扱いの基準

**問4** **4** ➡P.213 2② / P.213 2③

1 × 屋内貯蔵所又は屋外貯蔵所では、容器を「高さ3mを超えて」積み重ねないこととされている。
2 × 架台で貯蔵する場合は、高さ「6m」を超えてはならないとされている。
3 × 計量口を開放しておくと、危険物の蒸気が発生してしまうため、「計量するとき以外は」閉鎖しておかなければならない。
4 ○ 基準に定められているとおりである。
5 × 水抜口は、開放しておくと漏えいした危険物が防油堤の外に出てしまうため、通常は「閉鎖」しておく。

> 防油堤内部に滞油又は滞水したときは、遅滞なく排出します

**問5** **3** ➡P.213 3①

A 給油するときは、自動車等のエンジンを停止させなければならないので正しい。
B 給油取扱所では、固定給油設備を使用して直接給油しなければならず、手動ポンプでドラム缶から給油することなどは認められていないので誤り。
C 給油取扱所の専用タンクに注油しているときは、そのタンクに接続している固定給油設備の使用を中止しなければならないので誤り。
D 引火点を有する液体の洗剤は使用しないこととされているので正しい。

したがって、給油取扱所における危険物の取扱いの基準に適合しているものは、AとDの2つである。したがって、3が正解となる。

**問6** **3** ➡P.213 3②

1 ○ 「完成検査済証」のほか「定期点検記録」「譲渡又は引渡の届出書」「品名、数量又は指定数量の倍数の変更の届出書」も車両に備え付ける。
2 ○ 基準に定められているとおりである。
3 × タンクの注入口に移動貯蔵タンクの注入ホースを緊結すること、とされており「手でしっかりと押さえる」というのは誤りである。
4 ○ 基準に定められているとおりである。
5 ○ 移動貯蔵タンクから容器への詰替えは原則として禁止されているが、引火点40℃以上の第四類危険物については一定の方法に従うことを条件に、認められている。

# Section 34 運搬と移送の基準

## 1 運搬の基準

運搬…トラック等の車両によって危険物を輸送すること
- 危険物が指定数量未満の場合でも消防法による規制を受ける（⇒P.148）
- 危険物の運搬について市町村長等、消防長又は消防署長に許可を申請したり届け出たりする手続きはない
- 運搬の基準は運搬容器、積載方法及び運搬方法に分けて規定されている
- 危険物を運搬する場合、危険物取扱者の車両への同乗は不要である

### ①積載方法についての主な基準

- 原則として、規則で定められた運搬容器に密封して収納し積載する
- 液体の危険物の収納率は運搬容器の内容積の98%以下とし、55℃の温度でも漏れないよう十分な空間容積をとって収納する
- 運搬容器の外部に、次の事項を表示して積載する
  - ア　危険物の品名・危険等級・化学名
  - イ　危険物の数量
  - ウ　収納する危険物に応じた注意事項
    例 第四類危険物は「火気厳禁」
- 運搬容器は収納口が上方に向くように積載する
- 運搬容器を積み重ねて積載する場合は、高さを3m以下にする

> 危険等級（第四類の場合）
> Ⅰ：特殊引火物
> Ⅱ：第一石油類、アルコール類
> Ⅲ：Ⅰ、Ⅱ以外のもの

### ②運搬方法についての主な基準

- 運搬容器が著しく摩擦又は動揺を起こさないよう運搬する
- 運搬中、危険物が著しく漏れるなど災害発生のおそれがある場合は、応急措置を講じるとともに最寄りの消防機関等に通報する
- 指定数量以上の危険物を車両で運搬する場合は次の基準を適用する
  - ア　「危」と表示した標識を、車両の前後の見やすい箇所に掲げる
  - イ　車両を一時停止させるときは安全な場所を選び、危険物の保安に注意する
  - ウ　運搬する危険物に適応する消火設備を備える

## 2 混載の禁止

類を異にする危険物を同一車両に積載することは、指定数量の**10分の1以下**の場合を除き、原則として禁止（**混載の禁止**）されている。

ただし、以下の場合は指定数量と関係なく混載が認められる。

- 第一類 ＋ 第六類
- 第二類 ＋ 第五類 か 第四類
- 第三類 ＋ 第四類
- 第四類 ＋ 第三類 か 第二類 か 第五類
- 第五類 ＋ 第二類 か 第四類
- 第六類 ＋ 第一類

> - 合計が7になる組合せは混載可能（例 第三類＋第四類）
> - 第二類、第四類、第五類は互いに混載可能

## 3 移送の基準

**移送**…移動タンク貯蔵所によって危険物を運送すること。

　　　　移動タンク貯蔵所による移送は「運搬」に含まれない

◆運搬

危険物取扱者の同乗は**不要**

◆移送

危険物取扱者の同乗が**必要**

### 移送についての主な基準

- 当該危険物を取扱うことのできる**危険物取扱者を乗車**させなければならない
- 乗車する危険物取扱者は、**免状を携帯**していなければならない
- 危険物を移送する者は、**移送開始前**に移動貯蔵タンクの底弁、マンホール及び注入口の蓋、消火器等の**点検**を十分に行わなければならない
- 長時間にわたるおそれのある移送（**連続運転が4時間**を超える移送、又は**1日当たり9時間**を超える移送）の場合は、運転要員を**2人以上**確保する
- 移動タンク貯蔵所を一時停止させるときは、安全な場所を選ぶこと

## 練習問題

**問1** 法令上、危険物の運搬の基準について、正しいものは次のうちどれか。
1 運搬の基準は、指定数量未満の危険物の運搬についても適用される。
2 指定数量を超える危険物を運搬する場合は、市町村長等に届け出なければならない。
3 指定数量を超える危険物を車両で運搬する場合は、消防長又は消防署長に届け出なければならない。
4 運搬容器についての基準はあるが、積載方法についての基準はない。
5 危険物を密閉容器に入れる場合、運搬の基準は適用されない。

よく出る
**問2** 法令上、危険物の運搬の基準として、正しいものは次のうちどれか。
1 運搬容器の外部には、収納する危険物の品名・数量のほか、その危険物の消火方法を表示する必要がある。
2 灯油を収納する運搬容器には、危険等級Ⅱの表示が必要である。
3 液体の危険物は、運搬容器の95％以下の収納率で、かつ65℃でも漏れないよう十分な空間容積をとって収納しなければならない。
4 運搬容器は、収納口を上方に向けて積載しなければならない。
5 運搬容器を積み重ねて積載する場合、高さは2m以下とされている。

よく出る
**問3** 法令上、危険物の運搬の基準として、誤っているものは次のうちどれか。
1 危険物を収納した運搬容器が、著しく摩擦又は動揺を起こさないよう運搬しなければならない。
2 運搬中、危険物が漏れて災害が発生するおそれがある場合は、応急措置を講じるほか、最寄りの消防機関等に通報しなければならない。
3 指定数量を超える危険物を車両で運搬する場合は、「危」と表示した標識を、車両の前後の見やすい箇所に掲げなければならない。
4 指定数量を超える危険物を車両で運搬する場合は、運搬する危険物に適応する消火設備を備えなければならない。
5 指定数量を超える危険物を車両で運搬する場合、危険物取扱者を乗車させなければならない。

## 34 ● 運搬と移送の基準

**よく出る**
**問4** 法令上、第四類の危険物と他の類の危険物を車両に混載して運搬する場合、正しいものは次のうちどれか。ただし、それぞれの危険物の数量は指定数量の1倍とする。

1 第一類の危険物とは混載できる。
2 第二類の危険物とは混載できない。
3 第三類の危険物とは混載できない。
4 第五類の危険物とは混載できる。
5 第六類の危険物とは混載できる。

**よく出る**
**問5** 法令上、移動タンク貯蔵所による危険物の移送について、正しいものは次のうちどれか。

1 当該危険物を取扱うことのできる危険物取扱者を乗車させる必要がある。
2 乗車する危険物取扱者は、免状の写しを携帯していなければならない。
3 移送に3時間かかる場合は、運転要員を2人以上確保する必要がある。
4 移動タンク貯蔵所を、故障などのため一時停止させる場合は、消防長の承認を受けた場所でなければならない。
5 移動タンク貯蔵所により危険物を移送している場合、消防吏員又は警察官が火災防止のために特に必要と認める場合でも、これを停止させたり免状の提示を求めたりはできない。

**よく出る**
**問6** 移動タンク貯蔵所によるガソリンの貯蔵及び移送について、A～Eのうち、正しいもののみの組合せは次のうちどれか。

A 危険物を移送する者は、移送開始前に移動貯蔵タンクの底弁、マンホール及び注入口の蓋、消火器等の点検を十分に行う。
B 完成検査済証等の書類は、事務所に保管しておく。
C 乗車する危険物取扱者の免状は、事務所に保管しておく。
D 運転者が丙種危険物取扱者であり、免状を携帯している。
E 第四類の乙種危険物取扱者が免状を携帯したうえ乗車しているが、運転は危険物取扱者でない者が行う。

1 A・B・E　　2 A・C・D　　3 A・D・E
4 B・C・D　　5 B・C・E

## 練習問題 正解と解説

**問1** 　**1**　　⇒P.218 ❶

1　○　危険物の運搬については、指定数量未満の場合でも、消防法及びこれに基づく政令、省令（基準も含まれる）によって規制される。
2　×　危険物の運搬について、市町村長等や消防長又は消防署長に許可を申請したり届け出たりする手続きはない。
3　×　上記2の解説参照。
4　×　運搬の基準には、積載方法や運搬方法についても規定されている。
5　×　このような制限はない。

**問2** 　**4**　　⇒P.218 ❶ ①

1　×　「消火方法」は、運搬容器の外部に表示する事項に含まれていない。
2　×　危険等級Ⅱは、第四類では第一石油類とアルコール類が該当する。灯油は第二石油類なので危険等級Ⅲである。
3　×　液体の危険物の収納率は運搬容器の内容積の98％以下とし、55℃でも漏れないよう十分な空間容積をとって収納する。
4　○　運搬容器は、収納口が上方に向くよう積載する。
5　×　運搬容器を積み重ねて積載する場合は、高さは3m以下にする。

**問3** 　**5**　　⇒P.218 ❶ ②

1～4は、いずれも運搬方法の基準として定められている。
これに対し、危険物を運搬する場合は指定数量にかかわらず、危険物取扱者の車両への同乗は不要である。したがって、5が誤りである。
なお、運搬車両に掲げる「危」の標識は、縦・横0.3m平方とされており、移動タンク貯蔵所に掲げるもの（⇒P.199）と色は同じだが、大きさが異なる。

> 標識と消火設備については、危険物が指定数量を超える場合にのみ適用されます

## 34 ● 運搬と移送の基準

**問4** **4** ⮕P.219 **2**

類を異にする危険物を同一の車両に混載することは、指定数量の10分の1を超える数量の場合は原則として禁止されているが、例外的に許される場合がある。第四類の危険物については第三類、第二類、第五類の危険物とのみ混載できる。したがって、4が正解となる。

**問5** **1** ⮕P.219 **3**

1 ○ 「運搬」とは異なり、「移送」の場合は危険物取扱者が乗車しなければならない。
2 × 免状の写しではなく、免状そのものを携帯する必要がある。
3 × 運転要員を2人以上確保する必要があるのは、連続運転が4時間を超える場合、又は1日当たり9時間を超える移送の場合である。
4 × 移送の基準では、休憩や故障等のため移動タンク貯蔵所を一時停止させるときは、安全な場所を選ぶこととしており、消防長の承認等は必要としていない。
5 × 消防吏員又は警察官は、危険物の移送に伴う火災防止のため特に必要があると認める場合は、走行中の移動タンク貯蔵所を停止させ、乗車している危険物取扱者に免状の提示を求めることができる。

> 危険物取扱者は免状を携帯して乗車しているので、移送中でも免状を提示することができますね

**問6** **3** ⮕P.219 **3**

A 移送の基準に定められており、正しい。
B 完成検査済証等の書類は、常に車両に備え付けておく（⮕P.213）。
C 免状は危険物取扱者が携帯しなければならない。
D 丙種危険物取扱者はガソリンの取扱いができる（⮕P.160）ので、正しい。
E 車両の運転に危険物取扱者の資格は不要なので、危険物取扱者自身が運転する必要はない。

以上から、正しいものはA、D、Eの3つであり、3が正解となる。

# Section 35 行政命令

## 1 所有者等の義務違反に対する措置命令①

製造所等の所有者等に以下のような**法令上の義務違反**がある場合、**市町村長等**はこれらの所有者等に対し、一定の措置を命じることができる。

- **基準遵守命令**
  製造所等における貯蔵又は取扱いが技術上の基準に違反しているときは、基準に従って危険物を貯蔵又は取扱うよう命じることができる

- **基準適合命令**
  製造所等の**位置**、**構造**及び**設備**が技術上の基準に適合していないときは、基準に適合するように製造所等を**修理**、**改造**又は**移転**するよう命じることができる

- **危険物保安監督者等の解任命令**
  **危険物保安監督者**や**危険物保安統括管理者**が消防法令に違反したとき、又は業務を行わせることが公共の安全維持や災害の発生防止に支障を及ぼすおそれがあるときは、所有者等に対しこれらの者を**解任**するよう命じることができる

- **応急措置命令**
  製造所等において危険物の流出その他の**事故が発生**したとき、所有者等が必要な**応急措置**を講じていないときは、応急措置を講じるよう命じることができる

## 2 所有者等の義務違反に対する措置命令②

1以外の主な措置命令を確認しておこう。

- **無許可貯蔵等の危険物に対する措置命令**
  製造所等の設置の許可又は仮貯蔵・仮取扱いの承認を受けずに指定数量を超える危険物を貯蔵又は取扱っている者に対し、市町村長等は、**危険物の除去**その他**災害防止のための必要な措置**をとるよう命じることができる

- **危険物取扱者免状の返納命令**（◯P.167参照）

- **予防規程の変更命令**（◯P.178参照）

- **緊急使用停止命令**
  市町村長等は、公共の安全維持又は災害の発生防止のため**緊急の必要**があるときは、所有者等に対し、製造所等の**一時使用停止**又は**使用制限**を命じることができる

## 3 設置許可の取消し又は使用停止命令

### ①設置許可の取消し、又は使用停止命令に該当する事項

次の事項のいずれかに該当する場合には、**市町村長等**は製造所等の**設置許可を取り消す**か、又は期間を定めて施設の**使用停止**を命じることができる。

- **無許可変更**
  変更の許可を受けずに製造所等の位置、構造又は設備を変更した

- **完成検査前使用**
  完成検査又は仮使用の承認を受けずに製造所等を使用した

- **基準適合命令違反**
  製造所等の基準適合命令（修理、改造又は移転の命令）に違反した

- **保安検査*未実施**
  政令で定める屋外タンク貯蔵所又は移送取扱所が、保安検査を受けていない
  ＊大規模な屋外タンク貯蔵所と移送取扱所の構造・設備について市町村長等が行う検査

- **定期点検未実施**
  定期点検を実施しなければならない製造所等（→P.184）が定期点検を実施せず、又は実施しても点検記録の作成・保存をしていない

### ②使用停止命令のみに該当する事項

次の事項のいずれかに該当する場合、市町村長等は製造所等の使用停止を命じることができる。

- **基準遵守命令違反**
  貯蔵又は取扱いの基準遵守命令に違反した

- **危険物保安監督者未選任等**
  危険物保安監督者又は危険物保安統括管理者を選任しなければならない製造所等が選任せず、又は選任してもその者に必要な業務をさせていない

- **解任命令違反**
  危険物保安監督者又は危険物保安統括管理者の解任命令に違反した

## 練習問題

**問1** 法令上、市町村長等からの措置命令として、誤っているものは次のうちどれか。

1 製造所等における危険物の貯蔵又は取扱いが技術上の基準に違反しているとき → 貯蔵又は取扱いの基準遵守命令
2 製造所等の位置、構造及び設備が技術上の基準に適合していないとき → 製造所等の修理、改造又は移転命令
3 製造所等において危険物の流出その他の事故が発生したとき、所有者等が必要な応急措置を講じていないとき → 応急措置命令
4 危険物保安統括管理者が消防法令に違反したとき → 保安講習受講命令
5 危険物保安監督者に業務を行わせることが、公共の安全の維持や災害発生の防止に支障を及ぼすおそれがあるとき → 解任命令

**問2** 市町村長等が命じるものとして、次のA～Eのうち、正しいもののみの組合せはどれか。

A 製造所等の緊急使用停止命令
B 走行中の移動タンク貯蔵所の停止命令
C 予防規程の変更命令
D 危険物取扱者免状の返納命令
E 無許可貯蔵等の危険物に対する措置命令

1 A・B・D　　2 A・C・E　　3 A・D・E
4 B・C・D　　5 B・C・E

**問3** 法令上、製造所等が市町村長等から設置許可の取消しを命じられる事項として、該当しないものは次のうちどれか。

1 位置、構造又は設備の無許可変更
2 完成検査前の使用
3 製造所等の位置、構造及び設備の基準適合命令違反
4 政令で定める屋外タンク貯蔵所における保安検査の未実施
5 危険物保安監督者を選任しなければならない製造所等における、危険物保安監督者の未選任

## 問4 法令上、製造所等が市町村長等から使用停止を命じられる事項として、該当しないものは次のうちどれか。

1 危険物保安監督者の解任命令に違反した。
2 危険物保安監督者を選任したが、市町村長等への届出を怠った。
3 危険物の貯蔵又は取扱いの基準遵守命令に違反した。
4 危険物保安監督者を選任したが、その者に必要な業務をさせていなかった。
5 製造所等の位置、構造又は設備を無許可で変更した。

## 問5 法令上、製造所等が市町村長等から使用停止を命じられる事項として、該当しないものは次のうちどれか。

1 屋外タンク貯蔵所において、危険物保安監督者が定められていない。
2 移送取扱所において、危険物保安監督者が免状の返納命令を受けた。
3 地下タンク貯蔵所が、定期点検を規定の期間内に行わなかった。
4 完成検査を受けずに屋内貯蔵所を使用した。
5 給油取扱所が、危険物保安監督者の解任命令を受けたのに従わなかった。

## 問6 法令違反があった場合に市町村長等から発令される命令として、誤っているものは次のうちどれか。

1 危険物保安監督者が消防法令に違反したときは、製造所等の使用の停止が命じられる。
2 製造所等における貯蔵又は取扱いが技術上の基準に違反しているときは、基準に従って危険物を貯蔵又は取扱うよう命じられる。
3 製造所等の位置、構造及び設備が技術上の基準に適合していないときは、基準に適合するよう製造所等の修理、改造又は移転を命じられる。
4 製造所等以外の場所で、仮貯蔵・仮取扱いの承認を受けずに指定数量を超える危険物を貯蔵又は取扱っているときは危険物の除去、その他災害防止のための必要な措置をとるよう命じられる。
5 公共の安全の維持又は災害の発生防止のため、緊急の必要があるときは製造所等の一時使用停止又は使用制限が命じられる。

## 練習問題 正解 と 解説

### 問1  4   ⇒P.224 **1**

1 ○ 市町村長等からの措置命令として正しい。
2 ○ 市町村長等からの措置命令として正しい。なお、「製造所等の修理、改造又は移転命令」は「基準適合命令」と同義である。
3 ○ 市町村長等からの措置命令として正しい。
4 × 危険物保安統括管理者が消防法令に違反したときは、所有者等に対し、その者を解任するよう命じられる（解任命令）。市町村長等から保安講習の受講を命じられることはない。
5 ○ 市町村長等からの措置命令として正しい。

### 問2  2   ⇒P.224 **1** ／ P.224 **2**

A 製造所等の緊急使用停止命令は、市町村長等が命じる。
B 走行中の移動タンク貯蔵所の停止命令は、市町村長等ではなく消防吏員又は警察官が命じる（⇒P.223　問5の解説）。
C 予防規程の変更命令は、市町村長等が命じる（⇒P.178）。
D 免状の返納命令は、市町村長等ではなく免状を交付した都道府県知事が命じる（⇒P.167）。
E 無許可貯蔵等の危険物に対する措置命令は、市町村長等が命じる。
以上から、正しいものはA、C、Eの3つであり、2が正解となる。

### 問3  5   ⇒P.225 **3**

1～4は、いずれも設置許可の取消しを命じられる事項に該当する。5は使用停止命令のみに該当する事項で、許可の取消しを命じられる事項ではない。この危険物保安監督者の未選任のように、人的な面での違反は使用停止命令のみの対象とされている。これに対し、設置許可の取消しを命じられる事項は、いずれも施設的な面での違反である。

- 設置許可の取消し又は
  使用停止命令に該当する事項　⇒　施設的な面での違反
- 使用停止命令のみに該当する事項　⇒　人的な面での違反

## 問4  2  ⇒P.225 ③

1 ○ 市町村長等から使用停止を命じられる事項である。
2 × 市町村長等への届出を怠ることは、使用停止命令の対象ではない。
3 ○ 市町村長等から使用停止を命じられる事項である。
4 ○ すでに選任した危険物保安監督者に必要な業務をさせていない場合も、未選任の場合同様、使用停止が命じられる事項である。
5 ○ 製造所等の無許可変更は、設置許可の取消しだけでなく、使用停止命令にも該当する事項である。

> 設置許可の取消しに該当する事項は、すべて使用停止命令にも該当します

## 問5  2  ⇒P.224 ① / P.224 ② / P.225 ③

1 ○ 屋外タンク貯蔵所は危険物保安監督者の選任を必要とする施設で、危険物保安監督者の未選任は使用停止命令に該当する事項である。
2 × 移送取扱所も危険物保安監督者の選任が必要な施設ではあるが、すでに選任されていた危険物保安監督者が免状の返納命令を受けることは、製造所等に対する使用停止命令の事項ではない。
3 ○ 地下タンク貯蔵所は、定期点検を実施しなければならない施設であり、定期点検未実施は設置許可の取消し又は使用停止命令の対象となる。
4 ○ 完成検査は、すべての製造所等が受けなければならない（⇒P.154）。これを受けずに屋内貯蔵所を使用することは「完成検査前使用」であり、設置許可の取消し又は使用停止命令の対象となる。
5 ○ 給油取扱所は危険物保安監督者の選任を必要とする施設であり、解任命令違反は使用停止命令の対象となる。

## 問6  1  ⇒P.224 ① / P.224 ② / P.225 ③

1 × まず危険物保安監督者の解任命令が出され、所有者等がこれに違反した場合に製造所等の使用停止命令が発令されることになる。
2 ○ 貯蔵又は取扱いの基準遵守命令である。
3 ○ 製造所等の基準適合命令である。
4 ○ 無許可貯蔵等の危険物に対する措置命令である。
5 ○ 緊急使用停止命令である。

# 資料集

## ◆燃焼の仕方

| 名称 | 状態 | 燃焼の仕方 | | 物質例 |
|---|---|---|---|---|
| 蒸発燃焼 | 液体 | 液体表面から蒸発した可燃性蒸気が空気と混合し、火源により燃焼 | | アルコール類<br>灯油、軽油 |
| | 固体 | 固体を加熱したときに、熱分解を起こさず蒸発（昇華）し、その蒸気が燃焼 | | 硫黄<br>ナフタリン |
| 表面燃焼 | 固体 | 表面で熱分解や蒸発をせず、高温を保ちながら酸素と反応し燃焼 | | 木炭<br>コークス |
| 分解燃焼 | | 可燃物が加熱されて分解し、発生する可燃性ガスが燃焼 | | 木材<br>石炭 |
| | | 自己燃焼<br>内部燃焼 | 分解燃焼のうち、物質中に酸素を含むものが燃焼 | セルロイド<br>ニトロセルロース |

## ◆物質の危険性と燃焼の難易　（青字は第四類危険物の危険性を表す条件）

| 危険度小<br>（燃えにくい） | 物質の危険性<br>（燃焼条件） | 危険度大<br>（燃えやすい） |
|---|---|---|
| 低い | 周囲の温度・蒸気圧 | 高い |
| | 燃焼速度 | |
| | 火炎の伝搬速度 | |
| | 乾燥度 | |
| 小さい | 発熱量・燃焼熱 | 大きい |
| | 燃焼範囲（爆発範囲） | |
| 発生しにくい | 可燃性蒸気 | 発生しやすい |
| 多い | 不燃物質の含有度 | 少ない |
| 大きい | 比熱 | 小さい |
| | 燃焼範囲の下限値 | |
| | 最小着火エネルギー | |
| | 物体の粒子 | |
| 高い | 沸点 | 低い |
| | 引火点・発火点 | |
| | 電気伝導度 | |
| | 熱伝導率 | |

## ◆自然発火のときの発熱の種類

| 発熱の種類 | 物質例など |
|---|---|
| 分解熱 | セルロイド、ニトロセルロース |
| 酸化熱 | 乾性油、石炭 |
| 吸着熱 | 活性炭、木炭粉末 |
| 発酵熱 | たい肥 |
| その他 | スチレンなどのモノマー重合熱（重合反応熱） |

◆消防法別表第一に定める危険物の類別と指定数量

| 類別・性質 | 品　名 | | 指定数量 | |
|---|---|---|---|---|
| 第一類<br>酸化性固体 | 1. 塩素酸塩類　7. ヨウ素酸塩類<br>2. 過塩素酸塩類　8. 過マンガン酸塩類<br>3. 無機過酸化物　9. 重クロム酸塩類<br>4. 亜塩素酸塩類　10. その他のもので政令で定めるもの<br>5. 臭素酸塩類　11. 前各号に掲げているもののいずれかを含有するもの<br>6. 硝酸塩類 | | 第一種酸化性固体 | 50kg |
| | | | 第二種酸化性固体 | 300kg |
| | | | 第三種酸化性固体 | 1,000kg |
| 第二類<br>可燃性固体 | 1. 硫化リン　2. 赤リン　3. 硫黄 | | | 100kg |
| | 4. 鉄粉 | | | 500kg |
| | 5. 金属粉　　　　　8. 前各号に掲げているもののいずれかを含有するもの<br>6. マグネシウム<br>7. その他のもので政令で定めるもの | | 第一種可燃性固体 | 100kg |
| | | | 第二種可燃性固体 | 500kg |
| | 9. 引火性固体 | | | 1,000kg |
| 第三類<br>自然発火性<br>物質及び<br>禁水性物質 | 1. カリウム　2. ナトリウム | | | 10kg |
| | 3. アルキルアルミニウム　4. アルキルリチウム | | | 10kg |
| | 5. 黄リン | | | 20kg |
| | 6. アルカリ金属（カリウム及びナトリウムを除く）及びアルカリ土類金属<br>7. 有機金属化合物（アルキルアルミニウム及びアルキルリチウムを除く）<br>8. 金属の水素化物<br>9. 金属のリン化物<br>10. カルシウム又はアルミニウムの炭化物<br>11. その他のもので政令で定めるもの<br>12. 前各号に掲げるもののいずれかを含有するもの | | 第一種自然発火性物質及び禁水性物質 | 10kg |
| | | | 第二種自然発火性物質及び禁水性物質 | 50kg |
| | | | 第三種自然発火性物質及び禁水性物質 | 300kg |
| 第四類<br>引火性液体 | 1. 特殊引火物 | | | 50ℓ |
| | 2. 第一石油類 | 非水溶性のもの | ガソリン、ベンゼン、トルエン | 200ℓ |
| | | 水溶性のもの | アセトン | 400ℓ |
| | 3. アルコール類 | | | 400ℓ |
| | 4. 第二石油類 | 非水溶性のもの | 灯油、軽油 | 1,000ℓ |
| | | 水溶性のもの | 氷酢酸、ぎ酸 | 2,000ℓ |
| | 5. 第三石油類 | 非水溶性のもの | 重油、クレオソート油 | 2,000ℓ |
| | | 水溶性のもの | グリセリン | 4,000ℓ |
| | 6. 第四石油類 | | ギヤー油、シリンダー油 | 6,000ℓ |
| | 7. 動植物油類 | | ヤシ油、アマニ油 | 10,000ℓ |
| 第五類<br>自己反応性<br>物質 | 1. 有機過酸化物　8. ヒドロキシルアミン<br>2. 硝酸エステル類　9. ヒドロキシルアミン塩類<br>3. ニトロ化合物　10. その他のもので政令で定めるもの<br>4. ニトロソ化合物<br>5. アゾ化合物　11. 前各号に掲げるもののいずれかを含有するもの<br>6. ジアゾ化合物<br>7. ヒドラジンの誘導体 | | 第一種自己反応性物質 | 10kg |
| | | | 第二種自己反応性物質 | 100kg |
| 第六類<br>酸化性液体 | 1. 過塩素酸<br>2. 過酸化水素<br>3. 硝酸<br>4. その他のもので政令で定めるもの<br>5. 前各号に掲げるもののいずれかを含有するもの | | | 300kg |

## ◆主な第四類危険物の性状等比較表

(青字は試験に頻出の物質)

| 区分 | 品名 | 比重 | 引火点(℃) | 発火点(℃) | 燃焼範囲(%) | 蒸気比重 | 水溶性の有無 | 毒性 |
|---|---|---|---|---|---|---|---|---|
| 特殊引火物 | ジエチルエーテル | 0.7 | −45 | 160 | 1.9〜36.0 | 2.6 | わずかに有 | 麻酔性有 |
| 特殊引火物 | アセトアルデヒド | 0.8 | −39 | 175 | 4.0〜60 | 1.5 | 有 | 有 |
| 特殊引火物 | 酸化プロピレン | 0.8 | −37 | 449 | 2.3〜36 | 2.0 | 有 | 吸入有害 |
| 特殊引火物 | 二硫化炭素 | 1.3 | −30 | 90 | 1.3〜50 | 2.6 | 無 | 有 |
| 第一石油類 | ガソリン | 0.65〜0.75 | −40 | 300 | 1.4〜7.6 | 3〜4 | 無 | |
| 第一石油類 | ベンゼン | 0.9 | −11.1 | 498 | 1.2〜7.8 | 2.8 | 無 | 有 |
| 第一石油類 | メチルエチルケトン | 0.8 | −9 | 404 | 1.4〜11.4 | 2.5 | わずかに有 | |
| 第一石油類 | 酢酸エチル | 0.9 | −4 | 426 | 2.0〜11.5 | 3.0 | わずかに有 | |
| 第一石油類 | トルエン | 0.9 | 4 | 480 | 1.1〜7.1 | 3.1 | 無 | ベンゼンより小 |
| 第一石油類 | ピリジン | 0.98 | 20 | 482 | 1.8〜12.4 | 2.7 | 有 | |
| 第一石油類 | アセトン | 0.8 | −20 | 465 | 2.5〜12.8 | 2.0 | 有 | |
| アルコール類 | メタノール | 0.8 | 11 | 464 | 6.0〜36 | 1.1 | 有 | 有 |
| アルコール類 | エタノール | 0.8 | 13 | 363 | 3.3〜19 | 1.6 | 有 | 麻酔性有 |
| アルコール類 | n-プロピルアルコール | 0.8 | 23 | 412 | 2.1〜13.7 | 2.1 | 有 | |
| アルコール類 | イソプロピルアルコール | 0.79 | 15 | 399 | 2.0〜12.7 | 2.1 | 有 | |
| 第二石油類 | キシレン(メタ) | 0.9 | 27 | 527 | 1.1〜7.0 | 3.7 | 無 | |
| 第二石油類 | クロロベンゼン | 1.11 | 28 | 593〜649 | 1.3〜9.6 | 3.88 | 無 | |
| 第二石油類 | 酢酸 | 1.05 | 39 | 463 | 4.0〜19.9 | 2.1 | 有 | |
| 第二石油類 | 灯油 | 0.8程度 | ≧40 | 220 | 1.1〜6.0 | 4.5 | 無 | |
| 第二石油類 | 軽油 | 0.85程度 | ≧45 | 220 | 1.0〜6.0 | 4.5 | 無 | |
| 第二石油類 | テレピン油 | 0.86 | 35 | 240 | 0.8以上 | 4.7 | 無 | |
| 第二石油類 | しょう脳油 | 0.87〜1.0 | 47.4 | | | | 無 | |
| 第三石油類 | 重油 | 0.9〜1.0 | 60〜150 | 250〜380 | | | 無 | |
| 第三石油類 | アニリン | 1.01 | 70 | 615 | 13〜11 | 3.2 | 無 | 有 |
| 第三石油類 | クレオソート油 | 1.0以上 | 73.9 | 336.1 | | | 無 | |
| 第三石油類 | ニトロベンゼン | 1.2 | 88 | 482 | 1.8〜40 | 4.3 | 無 | 有 |
| 第三石油類 | エチレングリコール | 1.1 | 111 | 398 | | 2.1 | 有 | |
| 第三石油類 | グリセリン | 1.3 | 199 | 370 | | | 有 | |
| 第四石油類 | ギヤー油 | 0.9 | 220 | | | | 無 | |
| 第四石油類 | シリンダー油 | 0.95 | 250 | | | | 無 | |
| 第四石油類 | モーター油 | 0.82 | 230 | | | | 無 | |
| 第四石油類 | タービン油 | 0.88 | 230 | | | | 無 | |

● 資料集

◆ 製造所等

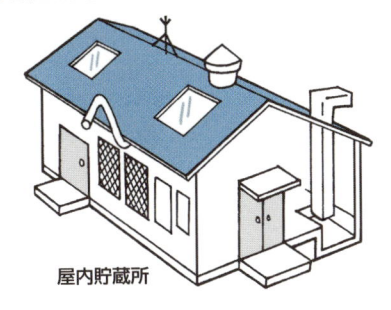

屋内貯蔵所

屋外貯蔵所

屋内タンク貯蔵所

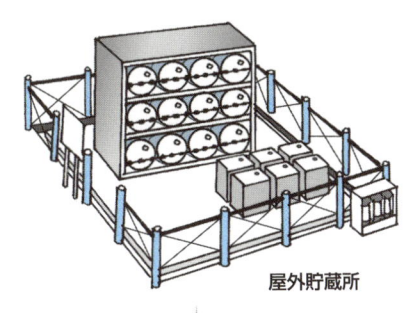

屋外タンク貯蔵所

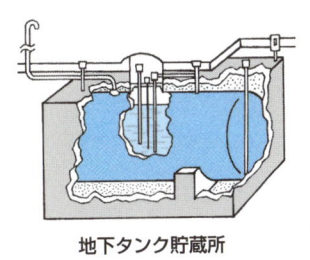

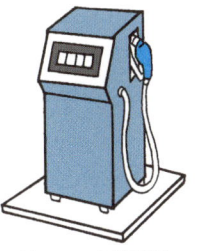

地下タンク貯蔵所

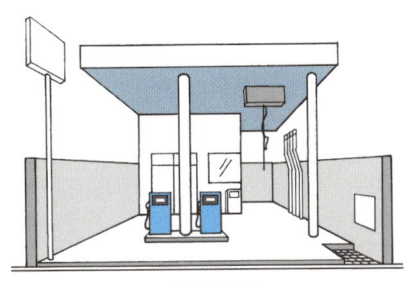

簡易タンク貯蔵所

給油取扱所

屋内給油取扱所

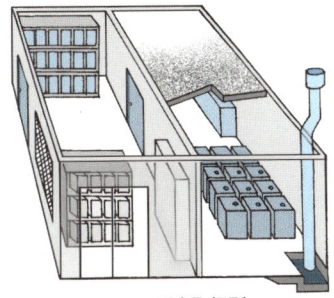

販売取扱所

資料集

## ◆製造所等に義務づけられる事項

| 区分 | 危険物保安監督者 | 危険物施設保安員 | 危険物保安統括管理者 | 予防規程 | 定期点検 | 保安距離 | 保有空地 |
|---|---|---|---|---|---|---|---|
| 製造所 | ○ | △ | △ | △ | △*3 | ○ | ○ |
| 屋内貯蔵所 | △ | × | × | △ | △ | ○ | ○ |
| 屋外タンク貯蔵所 | ○ | × | × | △ | △ | ○ | ○ |
| 屋内タンク貯蔵所 | △ | × | × | × | × | × | × |
| 地下タンク貯蔵所 | △ | × | × | × | ○ | × | × |
| 簡易タンク貯蔵所 | △ | × | × | × | × | × | △*1 |
| 移動タンク貯蔵所 | × | × | × | × | ○ | × | × |
| 屋外貯蔵所 | △ | × | × | △ | △ | ○ | ○ |
| 給油取扱所 | ○ | × | × | ○*4 | △*3 | × | × |
| 販売取扱所 | △ | × | × | × | × | × | × |
| 移送取扱所 | ○ | ○ | △ | ○ | ○ | × | △*2 |
| 一般取扱所 | △ | △ | △ | △ | △*3 | ○ | ○ |

○：義務　△：条件により義務　×：不要
*1　屋外に設ける場合
*2　地上に設ける場合
*3　地下タンクを有する場合は○
*4　自家用給油取扱所のうち屋内給油取扱所は除く

## ◆危険物保安監督者・危険物施設保安員・危険物保安統括管理者

|  | 危険物保安監督者 | 危険物施設保安員 | 危険物保安統括管理者 |
|---|---|---|---|
| 選任単位 | 製造所等ごと | 製造所等ごと | 事業所ごと |
| 資格 | ●甲種又は乙種<br>●製造所等での6ヶ月以上の実務経験 | 特になし | 特になし |
| 選任・解任の届出 | 市町村長等に届出 | 届出不要 | 市町村長等に届出 |

## ◆火災の区別

| 火災の区分 | A火災 | B火災 | C火災 |
|---|---|---|---|
| 文字表示 | 普通火災用 | 油火災用 | 電気火災用 |
| 絵表示 | | | |
| 絵表示の色 　地色 | 白色 | 黄色 | 青色 |
| 絵表示の色 　炎 | 赤色 | 赤色 | 電気閃光：黄色 |
| 絵表示の色 　可燃物 | 黒色 | 黒色 | 電気閃光：黄色 |
| 法令改正前の表示（H33.12.31まで設置可能） | （白色） | （黄色） | （青色） |

## ◆消火設備の区分

| 第1種消火設備 | 屋内消火栓、屋外消火栓 |
|---|---|
| 第2種消火設備 | スプリンクラー設備 |
| 第3種消火設備 | 水蒸気・水噴霧・泡・不活性ガス・ハロゲン化物・粉末の各消火設備 |
| 第4種消火設備 | 大型消火器 |
| 第5種消火設備 | 小型消火器、乾燥砂、膨張ひる石など |

## ◆消火器の区分

| 消火器の区分 | 適応火災 *1 | | | 主な消火作用 *2 | | |
|---|---|---|---|---|---|---|
| | A | B | C | 冷却 | 窒息 | 抑制 |
| 水 | ○ | | △ | ○ | | |
| 強化液 | ○ | △ | △ | ○ | | △ |
| 泡 | ○ | ○ | | ○ | ○ | |
| ハロゲン化物 | | ○ | ○ | | ○ | ○ |
| 二酸化炭素 | | ○ | ○ | | ○ | |
| 消火粉末（リン酸塩類等） | ○ | ○ | ○ | | ○ | ○ |
| 消火粉末（炭酸水素塩類等） | | ○ | ○ | | ○ | ○ |

*1　A：普通火災　B：油火災　C：電気火災
*2　△：霧状に放射したとき

## ◆各種消火設備（政令別表第五）

| 消火設備の区分 | | | 対象物の区分 | | | | | | | | | | | |
|---|---|---|---|---|---|---|---|---|---|---|---|---|---|---|
| | | | 建築物その他の工作物 | 電気設備 | 第一類の危険物 | | 第二類の危険物 | | | 第三類の危険物 | | 第四類の危険物 | 第五類の危険物 | 第六類の危険物 |
| | | | | | アルカリ金属の過酸化物又はこれらを含有するもの | その他の第一類の危険物 | 鉄粉、金属粉若しくはマグネシウム又はこれらのいずれかを含有するもの | 引火性固体 | その他の第二類の危険物 | 禁水性物品 | その他の第三類の危険物 | | | |
| 第1種 | 屋内消火栓設備又は屋外消火栓設備 | | ○ | | | ○ | | ○ | ○ | | ○ | | ○ | ○ |
| 第2種 | スプリンクラー設備 | | ○ | | | ○ | | ○ | ○ | | ○ | | ○ | ○ |
| 第3種 | 水蒸気消火設備又は水噴霧消火設備 | | ○ | ○ | | ○ | | ○ | ○ | | ○ | ○ | ○ | ○ |
| | 泡消火設備 | | ○ | | | ○ | | ○ | ○ | | ○ | ○ | ○ | ○ |
| | 不活性ガス消火設備 | | | ○ | | | | ○ | | | | ○ | | |
| | ハロゲン化物消火設備 | | | ○ | | | | ○ | | | | ○ | | |
| | 粉末消火設備 | リン酸塩類等を使用するもの | ○ | ○ | | ○ | | ○ | ○ | | | ○ | | ○ |
| | | 炭酸水素塩類等を使用するもの | | ○ | ○ | | ○ | ○ | | ○ | | ○ | | |
| | | その他のもの | | | ○ | | ○ | | | ○ | | | | |
| 第4種又は第5種 | 棒状の水を放射する消火器 | | ○ | | | ○ | | ○ | ○ | | ○ | | ○ | ○ |
| | 霧状の水を放射する消火器 | | ○ | ○ | | ○ | | ○ | ○ | | ○ | | ○ | ○ |
| | 棒状の強化液を放射する消火器 | | ○ | | | ○ | | ○ | ○ | | ○ | | ○ | ○ |
| | 霧状の強化液を放射する消火器 | | ○ | ○ | | ○ | | ○ | ○ | | ○ | ○ | ○ | ○ |
| | 泡を放射する消火器 | | ○ | | | ○ | | ○ | ○ | | ○ | ○ | ○ | ○ |
| | 二酸化炭素を放射する消火器 | | | ○ | | | | ○ | | | | ○ | | |
| | ハロゲン化物を放射する消火器 | | | ○ | | | | ○ | | | | ○ | | |
| | 消火粉末を放射する消火器 | リン酸塩類等を使用するもの | ○ | ○ | | ○ | | ○ | ○ | | | ○ | | ○ |
| | | 炭酸水素塩類等を使用するもの | | ○ | ○ | | ○ | ○ | | ○ | | ○ | | |
| | | その他のもの | | | ○ | | ○ | | | ○ | | | | |
| 第5種 | 水バケツ又は水槽 | | ○ | | | ○ | | ○ | ○ | | ○ | | ○ | ○ |
| | 乾燥砂 | | | | ○ | ○ | ○ | ○ | ○ | ○ | ○ | ○ | ○ | ○ |
| | 膨張ひる石又は膨張真珠岩 | | | | ○ | ○ | ○ | ○ | ○ | ○ | ○ | ○ | ○ | ○ |

● 資料集●

## ◆各種の法則 （五十音順）

### アボガドロの法則
すべての気体 1mol 当たりの体積は、0℃・1気圧（標準状態）において約 22.4ℓ であり、約 $6.02×10^{23}$ 個（アボガドロ定数）の単位粒子を含む。

　物質量（mol）＝ 単位粒子の個数 ÷ $6.02×10^{23}$

### オームの法則
同じ導線に流れる電流は、電源の電圧によってその値が異なり、電流は電圧に比例する。

$$電流\ I\ (A) = \frac{電圧\ E\ (V)}{抵抗\ R\ (Ω)}$$

### 質量保存の法則（質量不変の法則）
物質と物質の間で化学変化が起こるとき、その化学変化の前と後で物質全体の重さは変わらない。

### シャルルの法則
圧力が一定ならば、気体の体積 V は温度が 1℃上昇（又は下降）するごとに、0℃での体積の 273 分の 1 ずつ膨張（収縮）する。圧力が一定ならば、気体の体積 V は絶対温度 K に比例する。

　V＝KT（K：比例定数）

### 定比例の法則
ある 1 つの化合物の中で、化合している元素の質量の比は一定である。

　例 水（$H_2O$）1mol 18g　水素（H）2mol 2g：酸素（O）1mol 16g ＝ 1：8

### ドルトンの法則（分圧の法則）
混合気体の全圧は、それぞれの成分気体の圧力（分圧）の和に等しい。

　混合気体（全圧）＝ $P_A$（分圧）＋ $P_B$（分圧）＋ …

### ボイルの法則
温度が一定ならば、気体の体積 V は圧力 P に反比例する。

　PV＝K（K：比例定数）

### ボイル・シャルルの法則
一定質量の気体の体積は、圧力に反比例し、絶対温度に比例する。

$$P_1 \cdot \frac{V_1}{T_1} = P_2 \cdot \frac{V_2}{T_2}\ (=一定)$$

> 実際にはどんな気体分子にも体積があって、分子間力が働いているけれど、分子間力などの相互作用をともに 0 と考えた場合の仮想的な気体を理想気体というよ。
> 計算するときは、理想気体として考えれば OK！

## ◆元素の周期表

凡例:
- 原子番号 / 元素記号 / 原子量 / 元素名
- 例: ₁H 1.008 水素
- 単体が20℃・1気圧で ●=気体 ★=液体 記号なし=固体
- 非金属の典型元素 / 金属の遷移元素 / 金属の典型元素
- 注)原子量は、IUPAC原子量委員会(1994年)と日本化学会原子量小委員会(1995年)で承認された有効数字4桁の数値。

| 族＼周期 | 1 | 2 | 3 | 4 | 5 | 6 | 7 | 8 | 9 |
|---|---|---|---|---|---|---|---|---|---|
| 1 | ₁H 1.008 水素 | | | | | | | | |
| 2 | ₃Li 6.941 リチウム | ₄Be 9.012 ベリリウム | | | | | | | |
| 3 | ₁₁Na 22.99 ナトリウム | ₁₂Mg 24.31 マグネシウム | | | | | | | |
| 4 | ₁₉K 39.10 カリウム | ₂₀Ca 40.08 カルシウム | ₂₁Sc 44.96 スカンジウム | ₂₂Ti 47.87 チタン | ₂₃V 50.94 バナジウム | ₂₄Cr 52.00 クロム | ₂₅Mn 54.94 マンガン | ₂₆Fe 55.85 鉄 | ₂₇Co 58.93 コバルト |
| 5 | ₃₇Rb 85.47 ルビジウム | ₃₈Sr 87.62 ストロンチウム | ₃₉Y 88.91 イットリウム | ₄₀Zr 91.22 ジルコニウム | ₄₁Nb 92.91 ニオブ | ₄₂Mo 95.94 モリブデン | ₄₃Tc (99) テクネチウム | ₄₄Ru 101.1 ルテニウム | ₄₅Rh 102.9 ロジウム |
| 6 | ₅₅Cs 132.9 セシウム | ₅₆Ba 137.3 バリウム | 57〜71 ランタノイド | ₇₂Hf 178.5 ハフニウム | ₇₃Ta 180.9 タンタル | ₇₄W 183.8 タングステン | ₇₅Re 186.2 レニウム | ₇₆Os 190.2 オスミウム | ₇₇Ir 192.2 イリジウム |
| 7 | ₈₇Fr (223) フランシウム | ₈₈Ra (226) ラジウム | 89〜103 アクチノイド | | | | | | |
|  | アルカリ金属(Hを除く) | アルカリ土類金属(Be, Mgを除く) | | | | | | | |

| 57〜71 ランタノイド | ₅₇La 138.9 ランタン | ₅₈Ce 140.1 セリウム | ₅₉Pr 140.9 プラセオジム | ₆₀Nd 144.2 ネオジム | ₆₁Pm (145) プロメチウム | ₆₂Sm 150.4 サマリウム | ₆₃Eu 152.0 ユウロピウム |
|---|---|---|---|---|---|---|---|
| 89〜103 アクチノイド | ₈₉Ac (227) アクチニウム | ₉₀Th 232.0 トリウム | ₉₁Pa 231.0 プロトアクチニウム | ₉₂U 238.0 ウラン | ₉₃Np (237) ネプツニウム | ₉₄Pu (239) プルトニウム | ₉₅Am (243) アメリシウム |

注)( )内は最も長い半減期を持つ同位体の質量数

| 10 | 11 | 12 | 13 | 14 | 15 | 16 | 17 | 18 | 族/周期 |
|---|---|---|---|---|---|---|---|---|---|
| | | | | | | | | $_2$He 4.003 ヘリウム | 1 |
| | | | $_5$B 10.81 ホウ素 | $_6$C 12.01 炭素 | $_7$N 14.01 窒素 | $_8$O 16.00 酸素 | $_9$F 19.00 フッ素 | $_{10}$Ne 20.18 ネオン | 2 |
| | | | $_{13}$Al 26.98 アルミニウム | $_{14}$Si 28.09 ケイ素 | $_{15}$P 30.97 リン | $_{16}$S 32.07 硫黄 | $_{17}$Cl 35.45 塩素 | $_{18}$Ar 39.95 アルゴン | 3 |
| $_{28}$Ni 58.69 ニッケル | $_{29}$Cu 63.55 銅 | $_{30}$Zn 65.39 亜鉛 | $_{31}$Ga 69.72 ガリウム | $_{32}$Ge 72.61 ゲルマニウム | $_{33}$As 74.92 ヒ素 | $_{34}$Se 78.96 セレン | $_{35}$Br 79.90 ★ 臭素 | $_{36}$Kr 83.80 クリプトン | 4 |
| $_{46}$Pd 106.4 パラジウム | $_{47}$Ag 107.9 銀 | $_{48}$Cd 112.4 カドミウム | $_{49}$In 114.8 インジウム | $_{50}$Sn 118.7 スズ | $_{51}$Sb 121.8 アンチモン | $_{52}$Te 127.6 テルル | $_{53}$I 126.9 ヨウ素 | $_{54}$Xe 131.3 キセノン | 5 |
| $_{78}$Pt 195.1 白金 | $_{79}$Au 197.0 金 | $_{80}$Hg 200.6 ★ 水銀 | $_{81}$Tl 204.4 タリウム | $_{82}$Pb 207.2 鉛 | $_{83}$Bi 209.0 ビスマス | $_{84}$Po (210) ポロニウム | $_{85}$At (210) アスタチン | $_{86}$Rn (222) ラドン | 6 |
| | | | | | | | ハロゲン | 希ガス | 7 |

| $_{64}$Gd 157.3 ガドリニウム | $_{65}$Tb 158.9 テルビウム | $_{66}$Dy 162.5 ジスプロシウム | $_{67}$Ho 164.9 ホルミウム | $_{68}$Er 167.3 エルビウム | $_{69}$Tm 168.9 ツリウム | $_{70}$Yb 173.0 イッテルビウム | $_{71}$Lu 175.0 ルテチウム |
|---|---|---|---|---|---|---|---|
| $_{96}$Cm (247) キュリウム | $_{97}$Bk (247) バークリウム | $_{98}$Cf (252) カリホルニウム | $_{99}$Es (252) アインスタイニウム | $_{100}$Fm (257) フェルミウム | $_{101}$Md (258) メンデレビウム | $_{102}$No (259) ノーベリウム | $_{103}$Lr (262) ローレンシウム |

### 著者

**坂井美穂**　さかい みほ

日本文理大学工学部情報メディア学科教授。博士（工学）、技術士（生物工学部門 登録No.38550）。専門研究分野は微生物利用学、バイオテクノロジー。
危険物取扱者（甲種・乙種第4類）、公害防止管理者（水質第1種・ダイオキシン類）。
生物化学全般に造詣が深く、遺伝子や微生物利用技術の研究・発表にも精力的に取り組む。効率的な学習方法による資格取得ゼミで、危険物取扱者を目指す学生たちを熱心に指導している。著書に『乙種第4類危険物取扱者 合格テキスト＆問題集』（高橋書店）がある。

### 【所属学会】
公益社団法人日本技術士会／日本防菌防黴学会／公益社団法人日本生物工学会／公益社団法人日本農芸化学会／日本食品微生物学会／環境バイオテクノロジー学会／日本食品保全研究会　ほか

## 出るとこだけ！ 乙種第4類危険物取扱者 頻出200問

著　者　坂井美穂
発行者　高橋秀雄
編集者　原田幸雄
発行所　株式会社 高橋書店
　　　　〒170-6014 東京都豊島区東池袋3-1-1 サンシャイン60 14階
　　　　電話　03-5957-7103

ISBN978-4-471-21060-1　©TAKAHASHI SHOTEN　Printed in Japan

定価はカバーに表示してあります。
本書および本書の付属物の内容を許可なく転載することを禁じます。また、本書および付属物の無断複写（コピー、スキャン、デジタル化）、複製物の譲渡および配信は著作権法上での例外を除き禁止されています。

---

本書の内容についてのご質問は「書名、質問事項（ページ、内容）、お客様のご連絡先」を明記のうえ、郵送、FAX、ホームページお問い合わせフォームから小社へお送りください。
回答にはお時間をいただく場合がございます。また、電話によるお問い合わせ、本書の内容を超えたご質問にはお答えできませんので、ご了承ください。本書に関する正誤等の情報は、小社ホームページもご参照ください。

【内容についての問い合わせ先】
　書　面　〒170-6014 東京都豊島区東池袋3-1-1 サンシャイン60 14階　高橋書店編集部
　ＦＡＸ　03-5957-7079
　メール　小社ホームページお問い合わせフォームから　(https://www.takahashishoten.co.jp/)

【不良品についての問い合わせ先】
　ページの順序間違い・抜けなど物理的欠陥がございましたら、電話03-5957-7076へお問い合わせください。
　ただし、古書店等で購入・入手された商品の交換には一切応じられません。